信息服务
设计

甘为 著

中国电力出版社
CHINA ELECTRIC POWER PRESS

内 容 提 要

迈向服务经济时代，信息服务设计有着不可估量的价值。信息如何构成服务，如何提升服务，不仅涉及理解其技术方法，更涉及人们如何需要信息、如何使用信息。本书从用户与信息、行为与媒介、触点与情境来设置，内容涵盖用户的信息需求与行为、信息的架构与组织、信息的转译与表达、信息服务的传递与构建。每一章均系统阐述了相关的设计原理，并辅以具体的设计案例。

本书可作为服务设计、体验设计、信息设计等相关专业的教材，也可作为产品经理、软件开发、信息管理等领域的学习参考。

图书在版编目（CIP）数据

信息服务设计 / 甘为著 . 一北京：中国电力出版
社，2024.1
ISBN 978-7-5198-7889-4

Ⅰ . ①信… Ⅱ . ①甘… Ⅲ . ①信息管理 Ⅳ . ① G203

中国国家版本馆 CIP 数据核字（2023）第 102271 号

出版发行：中国电力出版社
地　　址：北京市东城区北京站西街 19 号（邮政编码 100005）
网　　址：http://www.cepp.sgcc.com.cn
责任编辑：王　倩　（010-63412607）
责任校对：黄　蓓　朱丽芳
装帧设计：王红柳
责任印制：杨晓东

印　　刷：北京盛通印刷股份有限公司
版　　次：2024 年 1 月第一版
印　　次：2024 年 1 月北京第一次印刷
开　　本：889 毫米 ×1194 毫米　16 开本
印　　张：12.5
字　　数：295 千字
定　　价：65.00 元

目录

DE

SIGN

设计基础

信息服务

信息服务是一门交叉性很强的学科，且与人们日常生活密切相关。在人们出行交通、银行金融、医疗健康、图书档案、工作学习中，信息服务几乎无处不在。它们以数据、文字、图形、图像的形式负载于各种物质，如电脑屏幕、公交站牌、地图导航、公共标识、日历、课表等。本章从生活中的信息服务现象展开，从信息论的视角理解信息表征的本质，并将信息作为一种服务的范畴与维度。

第一节　理解信息

能量、物质和信息是现代科技社会中的三大基本概念，能量和物质的概念目前指向相对明确，但信息的概念仍然甚为模糊。

信息的表现形式各种各样，可以是声音、图片、温度、体积、颜色等，信息的类别不计其数，如社交信息、天气信息、健康信息等。作为一个概念，"信息"与许多其他的概念相关，如沟通、控制、数据、形式、指令、知识、含义、模式、感知、表达等。随着信息技术的发展，"信息"这个术语已渗透到科学、技术、人文科学、经济、政治等领域。信息不仅构成了大部分行业和产业的基础，更成为了可以交易的商品和资源。

但当信息成为设计对象，深入考察信息的概念时，它的模糊性和多样性就会呈现出来。很多人误认为信息就是消息。"什么是信息""信息设计如何起作用"这类问题并不好回答，因为涉及对信息本质的理解。那么，信息设计师应该知道以下几个方面：①信息运动过程的规律怎样与知识和数据相关联；②信息怎么用视觉认知建构；③这些答案如何更好地创建信息服务设计。

一、信息的中英文释义

中文"信息"一词有着悠久的历史。早在2000多年前的西汉，就出现了"信"字。在《现代汉语词典》中，"信息"有两个解释：①音信、消息；②信息论中指用符号传送的报道，报道内容是接收符号者预先不知道的。作为日常用语，"信息"泛指人类社会传播的一切内容，人们通过获得、识别自然界和社会的不同信息来区别不同事物，从而认识和改造世界。该词在日文中被译为"情报"，我国台湾称之为"资讯"。此外，中华人民共和国国家标准GB/T 4894—2009《信息与文献术语》对"信息"给出了两种解释：一种认为，信息是一种被交流的知识，涉及事实、概念、对象、事件、观念和过程等；第二种解释为"在通信过程中为了增加知识用以代表信息的一般消息"。

英文"Information"一词源自拉丁语Informare（in+formare），意思是"赋予某物形式、形状或特征"。该拉丁语的词根源于希腊本体论和认识论中关于分类（Typos）、思想（Idea）和形式（Morphe）的概念。[1]因此，从词源学上讲，它被理解为某事物的形成原则，或赋予该事物以特定特征或品质。然而，数百年来，信息这个词一直被用来表示知识和认知的各个方面，如意义、指导、交流、表示、符号等。定义"信息"最常见的方式之一是它被描述为一个或多个人们收到的陈述或事实，并且这些陈述或事实对接收者有某种形式的价值。[2]英国的《牛津字典》将"信息"定义为：通知的动作；思想或性格的形成或塑造、训练、指导、教导；教学知识的交流。在美国《韦伯斯特字典》

1 Capurro R. Foundations of information science: Review and perspectives[A], Proceedings of the International Conference on Conception of Library and Information Science, University of Tampere, Tampere, Finland, 1991: 26-28.

2 Losee R M, A discipline independent definition of information[J]. Journal of the American Society for Information Science, 1997, 48（3）: 254-269.

1 拉斐尔·卡普罗（1945— ），哲学家，德国斯图加特传媒大学信息科学和信息伦理学教授（1986—2009），欧洲委员会科学与新技术伦理小组（EGE）成员（2000—2010），美国威斯康星大学密尔沃基分校信息研究学院信息伦理学杰出研究员（2010—2012）。他重点研究信息伦理、媒体哲学和信息科学基础。

2 Capurro R. Foundations of information science: Review and perspectives[A], Proceedings of the International Conference on Conception of Library and Information Science, University of Tampere, Tampere, Finland, 1991: 26-28.

3 钟义信. 信息科学[J]. 自然杂志, 1979（3）: 155-157.

4 钟义信（1940— ），我国著名通信理论、信息论、信息科学专家。其《信息科学原理》和《信息科学基础》成果先后获得原邮电部科技进步一等奖和二等奖。

5 钟义信. 信息科学原理[M]. 3版. 北京: 北京邮电大学出版社, 2013: 16-17.

6 克劳德·艾尔伍德·香农（Claude Elwood Shannon, 1916—2001），美国数学家、电子工程师和密码学家，信息论的创始人。1949年，香农发表了划时代的论文《通信的数学原理》（伊利诺伊大学出版社），奠定了现代信息论的基础。香农所开创的信息论（Information Theory）结合"概率论"与"系统理论"，主要是研究人类神经系统对信息的处理，信息传递过程中隐含的信息量、信息的编码与解码，以及信息途径的传输能力等。人类神经元的两种基本动作为"激发"与"休止"，类似电脑系统运算的基本单位"1"和"0"两种信号。概括地讲，预测的成分越少，所含的信息量越多；通常，信息传递量与复杂度、不确定性两者成正比关系，例如，当一个事件的确定性越高，则代表该事件所发生的几率越大，表示信息量非常小，缺乏惊喜；反之，不确定性越高，则发生的几率就越小，也就表示信息量越大，信息的复杂度与组成次序就越高，而熵值即企图把这些不确定或复杂的信息加以定量化。

7 诺伯特·维纳（Norbert Wiener, 1894—1964）是美国数学家和哲学家。《控制论——动物和机器中的控制和通信的科学》（Cybernetics: Or Control and Communication in the Animal and the Machine）是诺伯特·维纳于1948年出版的著作（麻省理工学院出版社，1961年出版第二版）。本书是控制论的奠基之作，标志着控制论的正式诞生。维纳曾于1943年在《行为、目的和目的论》中借用1845年安培创造的新词汇"Cybernetics"提出"控制论"的概念，他把生物的有目的的行为类比为机器的运作，阐明了控制论的基本思想。

中，将"信息"解释为"通讯的事实，在观察中得到的数据、新闻和知识"。

20世纪杰出的两项成就是计算机的发明和分子生物学的诞生。这两个领域在过去30年中取得的进步不仅产生了大量的数据和信息，而且对信息本身的概念也有了新的理解。此外，现代科学正在许多领域，如传播理论、生物学、神经科学、认知科学和教育等揭示信息的本质。卡普罗（Capurro）[1]认为："赋予某物以形式概念的本体论内涵在整个中世纪一直没有变化，但是当该本体论被现代科学取代时，这些内涵消失了"[2]。后来，信息的含义本质扩展了，变成了重要的技术和科学术语之一。

二、信息的本质

（一）信息的目的

信息是所有交流的基础，它用于对我们的环境进行分类的过程中，帮助我们思考现实，并传达我们对现实的想法，即信息代表现实或用于构建现实。因此，信息实现了以下双重目的。

首先，信息传达了我们对现实的表征。信息是事物的存在方式或运动的状态及其改变方式，以及这种方式或状态的直接或间接的表述，无论是自然界、人类社会还是思维领域，信息都是普遍存在的[3]。

其次，信息注定被传达给某人或某物。"信息反映观"是关于在主体认识表述下的事物运动的状态和方式，包括状态及其变化方式的形式、含义和效用，派生出的信息发送、传递、接收、控制，演化为通讯与控制学、传播学、系统学的关注内容。

北京邮电大学钟义信[4]先生区分了"本体论信息"与"认识论信息"。他提出，本体论信息泛指任何事物运动的状态和方式，包括内部结构的状态和方式，以及外部联系的状态和方式。本体论信息的表述者是事物自己，只与事物本身的因素有关。而认识论信息则是被反映的事物属性，或反映出来的事物属性。有相互作用就有反映，有反映就有信息。钟先生将认识论信息称为"全信息"，它同时考虑了事物的运动状态及其变化方式的形式（语法信息）、含义（语义信息）和价值（语用信息）[5]。钟先生提出的信息状态观点在中国学术界有广泛的影响。

对于这一点，许多国际知名学者都从自己的领域提出了信息论的观点，这对于我们深入信息的本质以及如何对其进行设计是有益且必要的。1928年，美国电子学研究者拉尔夫·哈特莱（Ralph Hartley）在《贝尔系统电话》杂志上发表了一篇题为"信息传输"（Transmission of Information）的论文，认为"信息是指有新内容、新知识的消息"。1948年，信息学的奠基人香农（Shannon）和韦弗（Weaver）在《通信的数学理论》（Mathematical Theory of Communication）中，基于数学统计法提出了信息量的概念和信息熵的著名公式，为此建立了信息的数学统计模型。香农认为，能减少不确定性的任何事物都叫信息[6]。他把信息的获得看作信宿不确定的减少或消除，所以信息具有使信宿减少不确定性的能力，信息量即不确定性减少的程度。同年，美国数学家、控制论的创始人维纳（Wiener）[7]出版了专著《控制论——动物和机器中的控制和通信与控制的科学》，创立了控制论。该书认为：信息就是信息，不是物质也不是能量。信息是我们在适应外部世界、控制外部世界的过程中，同外部世界交换的内容。1956年，英国控制论先驱阿什比（Ashby）将信息与物质世界的变异度联系起来，他

1 罗斯·阿什比（William Ross Ashby, 1903—1972），英国精神病学家和控制论的先驱。他的两本书《大脑设计》和《控制论导论》将精确和逻辑思维引入了全新的控制论学科，产生了广泛的影响。《控制论导论》用决定论和机械论术语来描述生物体内的稳态、适应、记忆和远见。

2 朱塞佩·朗高(Giuseppe Longo)在1975年出版《信息论：新的趋势与未决问题》(Information Theory: New Trends and Open Problems)。

认为信息的本质在于事物本身具有变异度，信息是被传输的变异度，变异度从一个客体向另一客体的传输就是信息过程[1]。1975年，意大利学者朗高（Longo）在《信息论：新的趋势与未决问题》中提出，信息是反映事物的形成、关系和差别的东西，它包含于事物的差异之中，而不在事物本身[2]。

DIKW模型是一个关于数据（Date）、信息（Information）、知识（Knowledge）、智慧（Wisdom）的模型（图1-1）。数据转化为智慧的DIKW模型可以从两个不同的角度来看待：语境和理解。

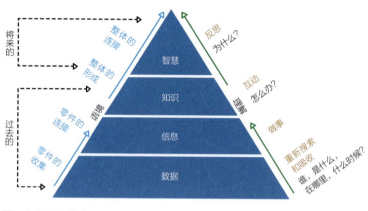

图1-1　DIKM模型

根据语境概念，一个人从收集数据部分（数据）、连接原始数据部分（信息）、形成完整有意义的内容（知识）以及概念化和连接这些完整有意义的内容（智慧）的阶段开始。

从理解的角度，DIKW金字塔也可以看作一个重新搜索和吸收、做事、互动、反思的过程。

DIKW金字塔的每一层都会回答有关初始数据的问题并为其增加价值。其中，数据层是最基本的，收集原始数据是最终获得有意义结果的首要要求。任何测量、记录、跟踪、记录等都被视为数据。由于原始数据是批量收集的，因此它包含各种有用和无用的内容。数据不回答任何问题，也不得出任何结论。信息层是通过定义关系连接而被赋予意义的数据。在这里，"意义"一词代表经过处理和可理解的数据，从组织的角度来看，信息层次阶段可以以（Who、What、When和Where）问题揭示数据中的关系。知识层意味着适当地收集信息，使其变得有用。知识阶段是一个确定性过程。当某人由于其有用性而"记住"信息时，可以说他已经积累了知识。智慧层是DIKW金字塔的最高层，可以回答与"为什么"相关的问题，将知识和见解转化为指导我们行动的学习经验。

（二）信息的结构

人类可以通过感觉器官和科学仪器等方式来获取、整理、认知信息。这是人类利用信息的前提，因此，信息的释义势必与主体的选择性相关，这被认为是信息的"人性"，以认识的方式产生的"意义"。信息所要表征的恰恰不是它的载体属性，而是被反映的属性。"意义"是把信息放在人的背景下，人们先对信息进行辨识，然后通过信息把握对象，进而建立解释和赋义。这种观点认为，不存在本体论信息，而只存在认识论意义上

1 肖峰. 重勘信息的哲学含义[J]. 中国社会科学, 2010（3）: 32-43.

2 1989年德国学者Rafael Capurro发表论文《Towards an Information Ecology》提出信息生态学概念, 认为信息生态学的目的在于利用生态学的观点与方法, 研究人与信息环境的关系, 解决信息生态失调现象, 保持信息生态系统的平衡, 并论述了信息平衡、信息污染、信息富有社会与信息贫乏社会的数字鸿沟问题。

3 戴维·贝洛（David Berlo, 1929—1996）, 美国传播理论家, 曾在密歇根州立大学任教, 后来担任伊利诺伊州立大学校长。

的信息[1]。例如, 司机知道红绿灯指示的是关于道路上的信息（图1-2）, 红绿灯传递的不是那里存在着红色的灯与绿色的灯, 而是对红绿灯的感觉或知识, 即一种信息, 信息意味着在特定的生活形式中以主题方式分享共同世界的可能性。要使信息以这种方式发挥作用, 就必须有迹象, 符号的功能是参考而非存在。

因此, 信息的中心结构是符号、对象或事物以及能够理解（或解码）符号的主体之间的关系, 即组成了符号、知晓、代理（Sign-Thing-Agent）三个要素关系。代理（Agent）可以被认为是信息的接收者、听众、读者、解释者、计算机等。符号（Sign）被称为信号、车辆或信使。知晓（About-Some-Thing）是信息、意义、内容、新闻、情报或信息。

Sign-Thing-Agent关系通常被理解为符号系统, 研究符号系统的学科称为符号学（Semiotics）。因为人类是语言的动物, 所以符号和符号系统通常是我们的第二天性, 我们甚至不知道自己在使用它们。但是, 当对象在符号和事物之间摇摆或突然从参考成为一种存在时, 它们可能会成为焦点。在超现实主义和波普艺术（例如马格利特和沃霍尔）中, 符号也被广泛戏剧化地使用, 通常是为了突出参考和存在之间的冲突（图1-3）。信息有一个明确的生命周期: 定义需求、收集、传输、处理、存储、传播、使用和处置。人类是外界的知晓者或观察者, 这种知晓的过程是主体大脑对事物表征的同化。表征即在人们大脑中的处理、编码、存储, 是一个修辞范畴。信息科学可认为是一门解释修辞学学科, 包括形式方法论和文化历史学观点。[2]

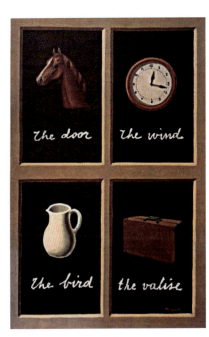

图1-2　交通灯和紧急逃离的指示符号给我们提供的信息　　图1-3　梦想的钥匙（雷内·马格利特, 1930）

信息可以通过各种媒介在人-人、人-物、物-物等之间传递。信息沟通过程包括信息的传输、接收、储存和加工, 这是一种特殊的运动形式。例如, 戴维·贝洛[3]在1960年创建的SMCR（发送者-消息-渠道-接收者, Source-Message-Channel-Receiver）通信模型（图1-4）。

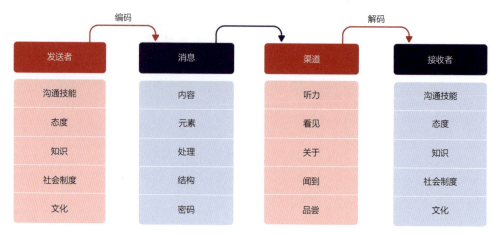

图1-4 贝洛的SMCR通信模型

SMCR模型的组成部分包括：沟通技巧、态度、知识和社会系统。这个模型认为，有效的沟通需要有良好的沟通技巧。沟通技巧包括听、说、读、写。另外，态度、知识的使用有助于了解传达的内容，从而建立社会制度，以便在一个拥有不同信仰和价值观的不同人的社会中进行交流。

发送者-接收者框架经常用于通信科学。哈罗德·拉斯韦尔[1]（Harold Lasswell）的5W通信模型由一个类似的框架组成（图1-5）：谁、说什么、在哪个渠道、向谁说，以及有什么影响，用于描述一种交流行为。拉斯韦尔表示，"谁"指控制分析，"说什么"指内容分析，"在哪个渠道"指媒体分析，"向谁说"指受众分析，而"有什么影响"指的是效果分析。当交流时，人类或其他类型的发送者和接收者进行信息交换。为了让接收者理解信息的含义，要求彼此在一个共同的符号库。拉斯韦尔传播模型主要用于分析大众传播，也适用于人际和群体交流。

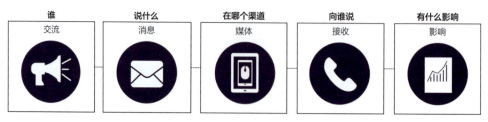

图1-5 拉斯韦尔的5W通信模型

第二节　信息作为一种服务

一、你我身边的信息服务

也许你不知道信息服务的概念，但你一定在日常生活中接触过它，信息使得我们的生活成为可能，手机界面、电脑屏幕、各种场所的电子显示牌，每天都在记录、传输、积累和储存信息，人的感觉器官不断收集信息，然后经由大脑过滤、组织和处理，几乎没有哪个人的生活经验不受信息的影响。

（一）从课程表到日程规划

一张课程表看起来只是一张表格，但其背后有着复杂的组织关系。它将我们需要上的课程、课序、教室、时间安排以及任课教师直观地展示出来，以便学生和老师清楚自己的课程安排。从形式看，课程表将众多的课程有序排列，有计划地实现教学目标；从内容看，课程表规划了学生的学习时间、空间、领域，构建了学生的校园生活。在风格上，版面干净、文字简洁是课程表的基本要求。课程表需要提供合理的计划安排，通过清晰的视觉表达来推进学校的课程计划。

不同角色的课程表侧重的信息是不同的。中小学生的教室通常较为稳定，除了实验室以及户外活动场所，多数时间是固定在所在班级课室进行学习，在规定的时间等待教师的到来。此时，课表的设计更多是课程排序，学生需要得到的信息优先级是：确定今日为周几，今日有哪些课，今日课程排序。

而大学生的课表设计目标则略为不同，他们大部分会在不同的教学楼接受周期不同的课程，"找课程教室"是他们最关心的问题。因此，目前有很多应用程序推出了大学生课表的信息服务。

"滴答清单"是一款帮助大学生计划每周时间的应用程序。通过每周计划一览，可以直观地看到时间坐标和对应的课程事项，根据不同信息来建立课程清单，快速方便地设置提醒、备忘、查阅、便签近期事项，以及更多地冲刺倒数安排、休假安排、待办事项、日程管理等功能，帮助学生定制项目计划、设置会议提醒、安排行程规划，使得原本简单的课表表格设计变为一种个性化定制学习和生活的时间安排信息服务设计，以建立有规律且高效的学习生活方式。

（二）从地铁图到出行指南

在地铁站里，我们随处可见地铁线路图，这些线路都是经过了数据可视化呈现出来的。实际上，世界上第一张地铁线路设计曾经历了一场视觉革新。世界最早的地铁——伦敦地铁的初始地铁线路图是哈利·贝克（Herry Charles Beck）[1]在1931年修改后的地铁线路图。初始的伦敦地铁线路图就像一幅真实城市地图的复制品，包括交通线路，而1931年修改后的则是其真实地理的简化版本：没有任何城市地形的迹象，所有的线条均以90°和45°角显示并辅以不同的颜色，停靠点以均匀、有节奏的距离间隔开。这种具有代表性的语言忽略了准确的地理特征，强调如何从一个地方到另一个地方，被看作20世纪后期网络设计项目的基础和典范。

纸质版的地铁线路图日渐发展出基于地铁线路的服务，包括路线、时间、票价、距离等信息，可查询地铁票价、首末班车时间、附近公交、出发达到信息，使得乘车人更方便地掌握地铁换乘信息，还可以关联地铁生活圈的相关商业生活信息。

（三）从体温计到自我健康

收集个人数据并进行反思并不是一件新鲜的事情。在20世纪90年代，病人的自我监控系统已经出现在医学和临床领域。20世纪初，体重秤等开始从医院这种专业场景转移到家庭使用，从专业医学数据转变为满足个人健身需求的日常数据。例如，日常生活中使用的水银体温计，它通过刻度的数字与温度的颜色变化来显示温度数值，为了便于阅读，体温计还通过发热温度区的颜色来提示体温异常。随着科学技术的发展，电子式体

[1] 哈利·贝克（Henry Charles Beck, 也称Harry Beck, 1902—1974），英国工程绘图师，因1931年设计出了概略式的改良版伦敦地铁路线图而闻名。哈利·贝克是在伦敦地铁兼职期间，利用闲暇时间绘制出了第一份新式地图。1933年，地图公开发行后受到了大众的欢迎。在此之后，伦敦地铁都使用了贝克设计的拓扑地图。

温计利用某些物质的物理参数（如电阻、电压、电流等）与环境温度之间存在的确定关系，将体温以数字的形式显示出来，读数清晰，携带方便。

近年来，随着低成本监测传感器在移动设备上使用的普及，身体的各种其他信息逐渐被发掘出来，用于实现健康生活的数据追踪产品，帮助人们提升自我管理。消费者对健康方面的追踪技术表现出了浓厚的兴趣，中国产业信息网调查显示，半数以上的受访者对健康监测、健身追踪的设备和应用程序表示很感兴趣，并且这种兴趣呈增长态势。追踪个人健康的应用程序和产品在中国拥有较大市场，如运动健康类：苹果健康（Apple Health）、卡路里科技（Keep）、轻牛、蜗牛睡眠、睡眠小镇（Sleep Town）、美柚。同时还有一些可穿戴或外接监测设备将监测到的数据上传到移动终端进行数据呈现与管理，例如：小米手环、华为手环、Apple Watch、Rest On智能睡眠监测仪等。越来越多的人会使用健康追踪设备及应用程序进行健康行为追踪和慢性病管理。人们希望这些数据可以帮助他们更好地了解自己身体的信息，预知或快速察觉身体的异常情况，从而带来更好的日常诊断和治疗。

二、信息服务及其服务产品

（一）信息服务业

信息服务是众多服务形式的一种类型。信息服务业（IS）的价值链包括对信息进行生产、收集、处理、加工、存储、传输、检索和利用，并提供信息服务的业务活动[1]（图1-6）。

从我国现行的产业分类情况来看，国家统计局设管司于2004年发布《统计上划分信息相关产业暂行规定》[2]。该规定将信息产业分为五类：电子信息设备制造、电子信息设备销售与租赁、电子信息传输服务、计算机服务和软件业、其他信息相关服务。可以说，电子信息传输服务、计算机服务和软件业、其他信息相关服务这三类就是信息服务业的内容。随着互联网+的日渐深入，软件与网络、软件与硬件、应用和服务向网络化、服务化、体系化和融合化方向加快演进。

现行《国民经济行业分类》（GT/T 4754—2017）于2017年6月30日由国家质检总局和国家标准委联合发布。分类采用经济活动的同质性原则划分，每个行业类别按照同一种经济活动的性质划分。分类共分为门类、大类、中类和小类四个层次，在20个门类中，信息传输、软件和信息技术服务业（I）就是其中之一，包括三个大类：电信、广播电视和卫星传输服务，互联网和相关服务，软件和信息技术服务业。有研究将我国的现

[1] 软件与信息技术服务业[DB/OL]，https://baike.baidu.com/item/软件与信息技术服务业/12749085?fr=Aladdin，2022-08-04.

[2] 统计上划分信息相关产业暂定规定[DB/OL]，http://www.stats.gov.cn/tjsj/tjbz/200402/t20040210_8659.html，2004-02-10.

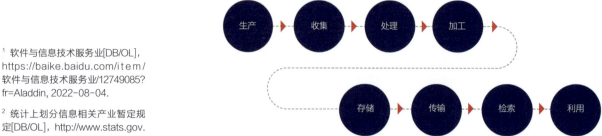

图1-6　信息服务业的价值链

代信息服务市场分为以下五类产业：①数据库和信息提供业；②网络应用和数据处理业；③软件业；④系统集成业；⑤咨询业。[1]其业务形态主要包括网络门户、虚拟社区、数据库、传统行业的增值服务等各类信息技术咨询、信息技术系统集成、软硬件开发。软件与信息服务业在旅游、购物、图书馆、医疗卫生、抗灾应急等社会服务领域的应用日益广泛，医疗健康和政务行业的信息化建设便是其中两个聚焦点。

国家统计局在《数字经济及其核心产业统计分类（2021）》[2]中提出，数字经济是指以数据资源作为关键生产要素、以现代信息网络作为重要载体、以信息通信技术的有效使用作为效率提升和经济结构优化的重要推动力的一系列经济活动。该分类将数字经济产业范围确定为：①数字产品制造业；②数字产品服务业；③数字技术应用业；④数字要素驱动业；⑤数字化效率提升业5个大类。其中01~04大类为数字经济核心产业。此外，也有学者对我国信息服务业提出自己的分类方式（图1-7）[3]。

国外很多机构和学者都提供了对信息服务业相关产业的概念和范围。例如，经济合作与发展组织（OECD，简称经合组织）是最早对信息社会和信息通信技术进行界定与描述的组织。经合组织认为，信息和通信技术（ICT）指的是不同类型的通信网络及其所使用的技术。信息和通信技术产业将制造业和服务业结合在一起，其产品主要满足或能够通过电子手段，包括传输和显示，实现信息处理和通信功能。信息和通信技术部门有助于技术进步、产出和生产力增长。它的影响可以通过两种方式来检验：①直接方式，通过它对产出、就业或生产力增长的贡献；②间接方式，例如，作为影响经济其他部分的技术变革的来源[4]。其中制造业部分包括为了实现信息处理和通信（包括传输和显示）的产品或活动，或者是通过电子的方式发现、显示、记录物理现象或控制物理过程的活动。服务业部分是通过电子方式进行信息处理和通信的服务。在经合组织对信息通信技术的定义中，服务业范畴与信息服务业极为相关。

联合国制定的《所有经济活动的国际标准产业分类》（ISIC）是生产性经济活动的国际参考分类。其主要目的是提供一组活动类别，可用于按活动编制统计数据，即生产和国民收入、经济、人口和社会统计数据。这是比较国际经济活动统计数据的重要工具。在2008年8月ISIC公布的第四版中，确定了J大类（信息通信业）与信息服务业的密切关系，具体内容包括出版业、动画、视频、电视节目生产、音频及音乐出版、节目和广播、电信、计算机软件、咨询及相关等[5]。

在2022版《北美产业分类系统》（NAICS）中，信息业已作为一个独立的产业部门，包括六个部分：①电影和音像业；②出版业；③广播和内容提供商；④电讯；⑤计算基础设施提供商、数据处理、Web托管和相关服务；⑥网络搜索门户、图书馆、档案馆和其他信息服务。其中信息和数据处理服务业包括图书馆、档案馆、网上信息服务、数据处理服务等活动[6]。NAICS规定信息业既包括了信息生产、处理和发布活动，也包括使用可利用的信息和信息技术进行更有效生产的各项活动，强调信息的可传播性和服务性。

相关信息服务业概念的国内国外比较，见表1-1。

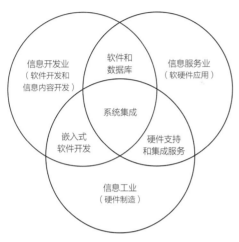

图1-7　信息产业分类（图片来源：黄宁燕，2001）

图中文字：
信息开发业（软件开发和信息内容开发）
软件和数据库
信息服务业（软硬件应用）
系统集成
嵌入式软件开发
硬件支持和集成服务
信息工业（硬件制造）

[1] 任道忠，张玉赋，孙斌. 现代信息服务业的国内外比较和发展对策研究[J]. 情报理论与实践，2006（01）：52-56.

[2] 数字经济及其核心产业统计分类（2021）（国家统计局令第33号），http://www.stats.gov.cn/xxgk/tjbz/gjtjbz/202106/t20210603_1818135.html[DB/OL]，2021-05-27.

[3] 黄宁燕. 信息服务与我国信息服务业发展趋势分析[J]. 情报学报，2001，20（3）：5.

[4] OECD iLibrary, https://www.oecd-ilibrary.org/science-and-technology/information-and-communication-technology-ict/indicator-group/english_04df17c2-en[DB/OL], 2017-10-11.

[5] UN-iLibrary, International Standard Industrial Classification of All Economic Activities（ISIC），Rev.4, https://www.un-ilibrary.org/content/books/9789211561760/read[DB/OL], 2008-08.

[6] North American Industry Classification System, https://www.census.gov/naics/?input=51&year=2022[DB/OL], 2022-06-08.

表1-1

名称	来源	相关概念	解释
《统计上划分信息相关产业暂行规定》	国家统计局设管司	信息产业	1. 电子信息设备制造 2. 电子信息设备销售与租赁 3. 电子信息传输服务 4. 计算机服务和软件 5. 其他信息相关服务
《国民经济行业分类》（GT/T 4754—2017）	国家质检总局和国家标准委	信息传输、软件和信息技术服务业	1. 电信 2. 广播电视和卫星传输服务，互联网和相关服务 3. 软件和信息技术服务业
《数字经济及其核心产业统计分类（2021）》	国家统计局	数字经济	1. 数字产品制造业 2. 数字产品服务业 3. 数字技术应用业 4. 数字要素驱动业 5. 数字化效率提升业等5个大类，其中1~4大类为数字经济核心产业
信息和通信技术（ICT）	经济合作与发展组织（OECD）	信息和通信技术	将制造业和服务业结合在一起，其产品主要满足或能够通过电子手段，包括传输和显示，实现信息处理和通信功能
《所有经济活动的国际标准产业分类》（ISIC）	联合国	信息通信业	出版业、动画、视频、电视节目生产、音频及音乐出版、节目和广播、电信、计算机软件、咨询及相关等
《北美产业分类系统》（NAICS）	美国经济分类政策委员会（ECPC）、加拿大统计局和墨西哥国家统计和地理研究所	信息业	电影和音像业；出版业；广播和内容提供商；电讯；计算基础设施提供商、数据处理、web托管和相关服务；网络搜索门户、图书馆、档案馆和其他信息服务

（二）信息服务产品

信息服务业是从数据或知识中获取价值的产业，这是一种利用信息技术和知识流程产生无形价值的商业模式。信息服务产品与设计的关联源于情报学与设计学，同时关注到用户体验及个性化交互需求的不断增长。

常见的信息服务产品包括以下七类。

（1）数据服务产品。编译数据库并提供收费访问的服务，如跟踪员工在劳动力市场中的人力资源数据库、各种专业的或行业的信息数据库。

（2）金融服务产品。支付系统或储蓄账户等金融服务是无形的和数字化的，如保险服务提供转移风险的金融产品。

（3）教育培训产品。数字工具和学习计划与内容制作。

（4）公共服务产品。政府提供的信息服务，如有关社会和经济状况的开放数据的统计服务等。

（5）消费服务产品。基于信息的消费者服务，如手机的天气应用程序。

（6）娱乐服务产品。娱乐性数字内容的制作和发布，如流媒体视频服务、数字音乐的制作和发行、视频游戏。

（7）商业服务产品。企业提供的数字化服务，如楼宇的自动化平台。

图1-8显示了麦肯锡公司对信息服务产品的四种分类：基于内容的产品、基于平台的产品、基于社区的产品、基于生产力工具和解决方案的产品。这四种产品的关系会随着服务提供向工具和解决方案转移，运营利润和续订率也随之增加。[1]

信息服务产品从用户分析到信息使用和信息服务体验，形成了一条完整服务价值链。服务体验在很大程度上是个人的，用户有自己的感受、需求和愿望，许多可变因素包括一天中的时间、过去的经验等，且越来越希望通过技术服务来提高生产力。虽然信息服务产品不能保证为每个用户提供愉快的服务体验，但信息服务产品可以调整它们的生态系统，以形成积极的服务体验（图1-9）。

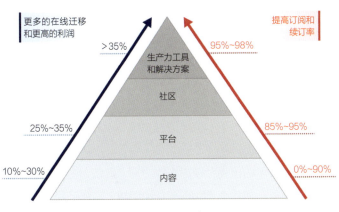

图1-8　麦肯锡公司对信息服务产品的四种分类

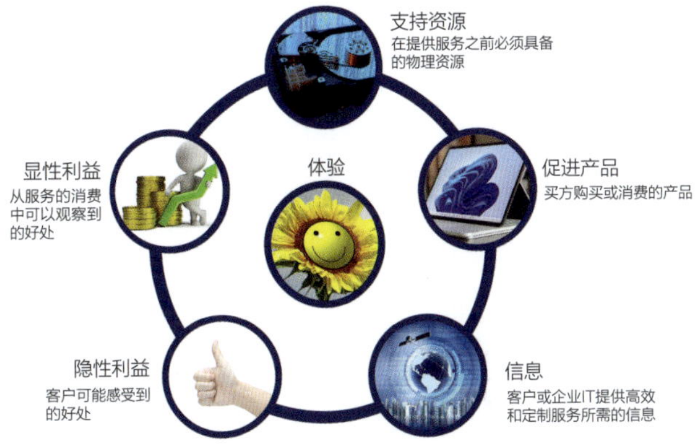

图1-9　以服务价值链形成整体的服务体验

第三节　面向信息服务的设计

一、信息服务设计

信息服务设计与信息设计、服务设计既有区别又有联系。一般认为，查尔斯·约瑟夫·米纳德（Charles Joseph Minard）描绘拿破仑军队在1812年俄罗斯战役中所遭受的损失是信息设计（和数据可视化）的早期形式。但信息设计的启示可以有不同的角度：平面设计、新闻学、信息科学、心理学、社会科学、认知科学。雅各布森（Jacobson）在2000年就曾写道："信息设计的统一定义是难以捉摸的，对于称为信息设计的实践是否真正存在，人们并没有达成一致意见"。[2]《信息设计杂志》（*Information Design Journal*）创刊人罗伯·沃勒（Rob Waller）认为，该杂志的目的是与20世纪80年代平面设计、图形设计形成对比。杂志名称使用"信息设计"这个词，意在将设计过程（即规划）应用于信息传播（其内容、语言以及形式）。其后，信息设计迅速在学界传播开来。国际信息设计研究所（IIID）于1987年成立，信息设计协会（IDA）于1991年成立。国际信息设计研究所认为，信息设计师对信息内容及其呈现环境的定义、规划和塑造，旨在满足预期接收者的信息需求。信息设计区别于其他类型设计的价值在于其以"简化"的形式实现交流目的的效率和有效性，它不仅是一个行动的简化，而且是一个理想结果的简化。总体来说，信息设计的目的是通过创建关键内容的视觉层次结构以"增强"理

[1] B2B Information Services: The Opportunity for Strategic Growth, https://www.mckinsey.com/~/media/mckinsey/dotcom/client_service/media%20and%20entertainment/pdfs/b2b_information_services.ashx [DB/OL]. 2022-6-20.

[2] Jacobson R. Information Design[M]. MIT press, 2000: 1-3.

解力的方式呈现信息，而不仅仅是具有吸引力或用于艺术表达。

另一个概念是服务设计。信息设计和服务设计的核心皆是围绕用户进行，以易用、满意、信赖、有效的服务为目标。在服务设计的过程中，为用户服务意味着想要使用信息的人能够找到他们需要的内容，理解他们发现了什么，使用他们所理解的内容。因此，服务设计所使用的工具、方法和方案产出都涉及了信息设计。维基百科对服务设计的解释是：有效地计划和组织一项服务中所涉及的人、基础设施、通信交流以及物料等相关因素，从而提高用户体验和服务质量的设计活动。服务设计既可以是有形的，也可以是无形的，客户体验的场景可能在医院、零售商店或是街道上，所有涉及的人和物都为落实一项成功的服务传递着主要的作用。

总体而言，信息服务的两个属性是本书的关键。一是信息的"无形性"，信息本身没有物理外观，它需要存储于物理介质上，如音乐存在于过去的磁带、CD和现在的软件产品中，且这种范式越来越成为面向服务的架构。二是这些信息服务都表现出生产技术和消费商品的不可分割性。信息服务设计可以通过探索在不同信息传达和交互载体系统中的用户需求，从单一的触点扩展到构建一个整体的信息服务框架，通过服务来为用户及系统中的其他利益相关者创造更好的体验和价值。信息设计与服务设计的理念结合，为信息服务设计的流程和思路提供了新的参考。

可以说，信息服务设计随着数字技术的出现，使原本以图形、图表为主要输出手段的信息设计，转变为在交互式信息服务环境中考虑用户的信息需求、信息产品的行为。因此，传达信息的受众变成了使用服务的用户，信息自然而然成为一项服务。作为一种服务的类型，信息服务是发生在用户与信息源、信息服务系统、服务提供方及其利益相关者之间的一种可以满足用户信息需求的行为。由于信息是信息服务为用户提供的主要服务结果，因此在信息服务过程中，信息源、信息行为、用户成为最基本的三个要素。

信息服务设计的输出可以是各种信息系统，如信息图表、寻路系统、数据的可视化与交互系统、移动端的应用程序、网页端的网站等，还包括特别是标牌、视觉展示、解释性图形和展览的信息呈现方面。在这个意义上，信息服务设计既包括了传统的平面设计中布局、排版、色彩、文字和图片之间关系的内容，还包括了如何以用户为中心，对信息服务进行设计和管理的过程，尤其关注互联网信息传播的经济规律下设计如何促进信息的可及性和服务的传递。

二、信息服务设计的三大挑战

（一）复杂的数据源与信息的理解力

设计信息服务是从理解复杂异构的数据源开始的。在信息洪流时代，特别是自移动互联网兴起以来，我们就已经身处浩瀚而又汹涌的信息过载之中。通常，复杂数据源需要使用大量记忆的负荷来处理信息，包括逻辑性强的数据和难以理解的文字信息，特别当人们面对自己不熟悉的领域时，许多内容必须同时在他的工作记忆中运作，这些复杂的认知任务既负责获取新材料，又负责检索旧材料，即推理、理解和学习。当一个人在某一特定领域不是专家时，他需要经历很高的内在认知负荷，因为许多元素必须在他们的工作记忆中同时被处理。在这一过程中，如果缺乏外在指导和援助，可能会导致理解进度缓慢或者误解的情况发生。

面对这些状况，如何构建信息图表中拟定义的数据、信息、知识，已成为人们的生活和设计师日常工作中需要面临的问题，理解和设计它们需要一定的先前或基本的定义和假设。信息服务设计需要降低对复杂信息的理解难度并增进用户的理解和使用效度。超载、难以理解和混乱的信息设计可能会导致信息焦虑。对于用户而言，构思准确的交互式信息图表是解决问题的方法之一。当数据源被消化并转化为图表设计者可理解的数据时，就会产生概念设计，而处理这类问题的设计师同样需要设计方法的指导、优化理解复杂信息的过程，从而最大限度地降低难以理解的信息设计。

（二）从数据到视觉的转译思维

从历史上看，转译（Translation）方法是作为ISOTYPE实践的一部分发展起来的。转译是指为将数据提取、排列和简化为视觉形式的步骤（M. Neurath，1974），也是ISOTYPE在平面设计领域最重要的遗产[1]。转译方法旨在从数字数据中创建"有意义的配置"。本雅明在《译者的任务》（*The Task of the Translator*）一书中提出：转译是译者的一种任务，是译者使用自己的语言对另外一种语言中的信息和内容进行破解的过程[2]。德国乌尔姆设计学院的基础课程中，安排了大量对视觉转译能力的训练课程。学院认为，将已有的信息从文本转译为视觉图像，将冗长的语言信息简化为单纯的视觉语言是视觉设计师们的工作重点[3]。

转译方法有其特定的三个步骤。第一步是一个发现和澄清过程。包括前期的材料收集与组织、数据的观察、添加与修改。第二步是以符号形式转译，通过数据、排列、文本、同型、颜色和美学在转译过程中的变化来识别和组合，这也是最重要的一步，需要草图实验，意义和信息是在行动中反思的过程中形成的。最后一步是知识的输出。因此，转译并非一种装饰性的方法。如何通过转译连接各种信息和媒介，将依赖于内容本身的性质。信息服务设计的挑战是使复杂的信息可以被人们理解和使用，这也说明了复杂信息的设计是由用户、内容和使用场景驱动的，包括规划、组织、配置和设计。面对内容驱动的信息服务设计，解决方案首先基于对信息的分析和组织，对将要显示的内容进行深入理解之后再进行转译。对于用户的信息需求和信息使用，设计师需要考虑的问题是用户理解的可及和无障碍，而审美则排在第二位。对于使用场景，设计主要考虑如何支持人们的日常工作和生活，例如，我们非常熟知的以用户为中心的设计、参与式设计、情境设计、活动理论或民族志等，都共享着类似的预设：探索和理解特定场景和用户需求，定位出功能优先级和用户行为的细节，获得设计空间，得到适合的设计方案。

（三）信息服务的中介性及其影响

在过去十多年，信息服务深刻地改变了人们对世界的体验。在信息服务的社会，人们设计创造的东西越来越多地表现出服务的属性，而不是某个产品（物）。目前，信息服务设计理论多借鉴服务管理和营销学，重点是如何使客户需求与组织的战略保持一致，更多关注的是人力、物力维度上的经济价值及其相关服务设计方法。与服务管理与营销学相反的是，服务在技术哲学中的讨论重点有所不同。技术哲学重点理解的是技术如何改变社会，特别是以技术中介的概念，讨论"物"在人与环境之间的关系和作用。

有研究指出，产品的影响主要分为硬影响和软影响两种类型[4]。硬影响是技术对健康、环境和安全的影响。在这种影响中，人的行为仅起次要作用，人的行为或无意的人为错误不会造成伤害。因此，设计师需要对其设计带来的负面后果负责。例如，对汽车刹

---

[1] Pedersen P. Visualizing Transformation[C]. Design Research Society, 2012: 1465-1482.

[2] 《译者的任务》（*The Task of the Translator*）是德国学者瓦尔特·本雅明（Walter Benjamin）的经典之作。该书核心思想是译文的存在并非旨在向读者提供一种对"意义"的理解，或传递原作的信息内容。翻译独立存在，不过又与原作保持联系。翻译出于译作"后起的生命"（after life），同时又让原作的"生命得以延续"（continued life）。本雅明认为好的翻译在于"表达了语言间最中心的相互关系"。它彰显了现存的隐含关系，经过这种扩张的、创造性的方式，翻译既有助于自身语言的成长（通过目的语中新文本得以体现），同时也能满足于寻得一种"纯正的"、更高的语言目标。

[3] 季鹏. 德国乌尔姆设计学院的基础课程研究[D]. 南京：南京艺术学院，2016: 93.

[4] Boenink M, Swierstra T, Stemerding D. Anticipating the interaction between technology and morality: A scenario study of experimenting with humans in bionanotechnology[J]. Studies in Ethics, Law, and Technology, 2010, 4（2）, Article 4.

[1] Rogers Y, Dourish P, Olivier P, et al. The Dark Side of Interaction Design[C]. In extended abstracts of the 2021 CHI conference on human factors in computing systems. New York: Association for Computing Machinery, 2021: 1-2.

[2] Dourish P. User experience as legitimacy trap[J]. Interactions, 2019, 26（6）: 46-49.

车等安全问题的召回与维护。相比之下，软影响是指技术影响的方式，例如，社会角色和责任、道德规范和价值观或身份的分配。与产品相比，信息服务没有物理外观，受信息特性（无形性、消费和生产同时性、个性化等）的影响，信息服务更多产生的是软影响。

信息服务通过提供信息来影响用户对其环境的解释以及他们在这个环境中行动，从而影响或改变用户体验和行为的方式。这是信息服务设计的核心机制，也是评估该设计效果的重点。信息服务带来的软影响对设计师提出了一定的挑战。首先，软影响涉及价值观，价值观因人而异，并且可能无法找到实现某种影响的普遍规范。其次，与产品的设计和使用分离相比，信息服务可以跟踪每个用户的数据，例如，何时登陆、点击了多少次、浏览了什么内容等，表现出了设计和使用之间的不可分割性，这种影响难以区分服务与用户的责任。沿着这个思路，以交互设计的黑暗面[1]、用户体验作为合法陷阱[2]为题，呼吁正视数字成瘾、数字说服、数据开发中影响用户行为的黑暗面。因为仅仅专注于用户的体验会忽略它产生的新问题：好奇心吸引我们的注意力，但也可能转化为分心和成瘾。

因此，信息服务设计须以价值敏感性的设计方法作为实现目标的手段，例如，哪些价值是真正重要的，它们是谁的价值，它们在给定的上下文中是如何定义的，哪些方法适合于发现、引出和定义价值，从而使数据驱动的产品和服务变得更加基于道德、透明、公平、诚实。

三、信息服务模式

（一）O2O：线上线下的融合

O2O（Online to Offline / Offline to Online）是指通过网上活动将消费者由线下引流到线上平台购物，或者将线上客户带到线下实体店消费的营销模式。另一方面，亦可线上线下互相引流，以扩大客源。O2O最早的概念来源于美国，只要产业链中既涉及线上，又涉及线下，就可称为O2O（图1-10）。随着互联网的发展，O2O经历了大致四个发展阶段，其中前面三个阶段都有不同的O2O特点，第四个阶段即2017年后，形成了以数据驱动的新阶段，进入OMO阶段（图1-11）。

在早期1.0阶段，O2O主要是利用线上推广的便捷性等把相关的用户集中起来，把线上的流量引流到线下，例如以美团为代表的线上团购和促销等。1.0版的O2O具有平台和用户的互动较少、黏性较低等特点，用户更多是受价格等因素驱动，购买和消费频率等也相对较低。

图1-10　O2O系统

图1-11　O2O的四个发展阶段

到2.0阶段后，O2O升级为服务性电商模式：包括商品（服务）、下单、支付等流程，把之前简单的电商模块，转移到更加高频和生活化的场景中来。在新模式的推动和资本的催化下，加之移动终端、微信支付、数据算法等环节的成熟，出现了上门送餐、上门生鲜、上门化妆、滴滴打车等各种O2O模式。用户量呈井喷式上升，使用频率和忠诚度大幅上升，O2O和用户的日常生活开始融合，成为生活中密不可分的一部分。

到了3.0阶段，垂直细分领域的一些公司开始凸现出来。比如专注于快递物流的"速递易"，专注于高端餐厅排位的"美味不用等"，专注于白领快速取餐的"速位"等。另外就是垂直细分领域的平台化模式发展。原来细分领域中解决某个痛点的模式开始横向扩张，覆盖到整个行业。例如，"饿了么"从早先的外卖到后来开放的蜂鸟系统和众包物流。通过众包合作解决长尾订单，配送品类包括生鲜、商超产品，甚至是洗衣等服务，实现了平台化的经营[1]。

（二）OMO：全渠道服务

移动网络日益普及，实体客群流失，顾客进店不见得买，反而线上比价后才购买，人潮越来越分散，O2O虽能带动人流，但却无法针对不同消费者提供贴近个人化的销售服务，做到真正的精准沟通。OMO（Online Merge Offline）强调的是线上线下的数据结合，不只同时提供线上和线下的购物体验，还致力于为消费者打造个人化的销售服务。通过整合在线上和线下收集到的数据，零售企业可以更深入地了解顾客的购物习惯和喜好，借此在最适当的时机推出购物建议，做到精准行销，逐渐建立起固定客群，创造源源不绝的消费循环。OMO最早由创新工场创始人兼首席执行官李开复博士提出。2017年李开复在《经济学人》（The Economist）杂志的"2018年的世界"（The World in 2018）特辑发表专栏文章，结合出行、零售、教育等领域，提出OMO概念，描述了OMO给生活带来的影响，指出未来世界即将迎来OMO且将为经济与消费生活带来改变。

精准营销的目标是与对的对象沟通对的事情。随着智能手机的大规模应用、流畅的支付系统的出现，以及优质廉价的传感器及其人工智能技术的进步，每个手机代表着一个流量入口，代表一个精准的行为数据。服务朝向OMO，布建全渠道服务环境，累积了更多消费行为数据，但与此同时也需要在这个融合的世界中保护个人隐私安全。OMO与O2O的对比见图1-12所示。

（三）UGC：用户产生内容

用户产生内容（User-Generated Content，UGC）指网站或其他开放性介质的内容由其用户贡献生成。2005年开始，互联网上的许多站点开始广泛使用用户生成内容的方式提供服务，许多图片、视频、博客、播客、论坛、评论、社交、维基百科、问答、新闻、研究类的网站都使用这种方式。用户生成内容是Web 2.0概念的组成部分之一，部分用户生成内容站点也会使用或提供网站的开源、自由软件程序或相关API支持，以促进用户的协作、技术支持和对网站的发展；有的用户生成内容网站仅少部分内容可由用户生成，例如，销售类网站，商品不可由用户编辑，但用户可以对商品提供自己的评论。

营利性的用户生成内容，网站靠用户提供的内容维系，用户可免费（或是只收取很少的费用）上传自己的内容，由网站收集整理并构建成网页提供给访者浏览。这种方式通过页面广告、赞助、会员费或其他各种方式进行营利。UGC还开启了品牌和消费者之

[1] 为什么说O2O是商业真正的未来？ https://baike.baidu.com/reference /8564117/3794xYCXYZ5fO6uli2 J2j6h3xh85wrcllZZR5Wc2lJsZhB M2KY8nge27ixDLdLXjvD9VZCw hegedng3tjMyClXLen8VPnPJ2Rx zq2UFtXQ[DB/OL]，2015-12.

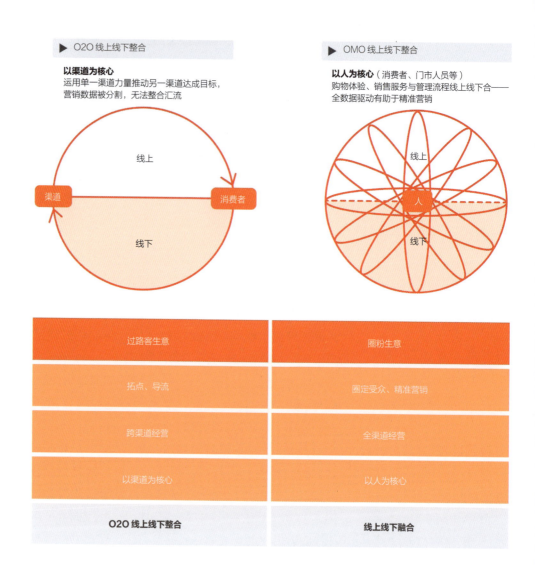

图1-12　O2O与OMO的对比

间的对话，为客户提供了参与品牌成长的机会。分享受众内容还有助于发展和加深受众与业务的关系，从而提高品牌忠诚度。这是一种将专业知识和个性连接在一起的文化，用户忠诚度非常高，从而增加了信任度和权威性。这些具有长尾特性的产品给企业带来了盈利空间，对于中小型企业，还有独特的设计、风格、思路等零散的产品线等，如从素食爱好者到瑜伽，到大码时尚、二次元动漫。

移动网络进一步拓展了UGC的商业契机，UGC产生的内容越来越丰富，用户可以随时随地利用手机制作图片、视频，将自己的心情和所见所闻用手机记录下来，随时随地将这些内容传递给他人将成为趋势，而移动互联网恰好可以起到桥梁作用。用户越来越习惯自己创作内容，并喜爱与他人分享。UGC进一步激发了用户驱动的创新模式（User-driven innovation），这是一种由互联网技术与开源软件演变而来的分布式创新形式，它与共同设计和共同创造紧密结合，并且被证明能够比传统的咨询方法产生更多创新的解决方案。麻省理工学院斯隆管理学院的埃里克·冯·希佩尔（Eric von Hippel）定义了领先用户的创新模式[1]。他的结论之一是，随着创新变得更加以用户为中心，信息需要以更民主的方式自由流动，创造"丰富的知识共享"和"分解社会分工的

[1] Von Hippel E. Lead users: A source of novel product concepts[J]. Management Science, 1986, 32 (7), 791-805.

主要结构"。在长尾分布中的客户、用户和小公司的"群体"可以协作和分配工作，从而产生新生产模式。例如，开源软件或创建维基百科的点对点协作组；或者是众包模式，其中公司使用协作在线平台将工作外包给大量市场参与者。企业可以依靠其产品和服务的用户来完成很大一部分的创新工作。在遵循长尾创新战略的过程中，公司可以使用该模型来挖掘大量分布在低强度区域的用户。

（四）LBS：基于位置的服务

基于位置的服务（Location-Based Service，LBS）是通过移动运营商的无线电通信网络或外部定位方式，如GPS（全球定位系统），获取移动终端用户的位置消息（地理坐标），在GIS（地理信息系统）平台的支持下，为用户提供相应服务的一种增值业务。基于位置的服务可以收集位置数据应用于不同的领域，如健康、工作、个人生活等。此服务可以用来辨认一个人或物的位置，如发现最近的银行或丢失手机的位置，也能根据客户目前所在的位置提供周边商业广告。虽然这些服务的类型和优势在不断增长，但常见的应用场景包括：导航和旅行信息、实时交通通知、商店和服务定位器、车队、人力管理、防盗预防、邻近的营销、道路救援、社交网络、看护与照料等。

社群智能在于从社会情境感知、计算、存储、通信和互联网技术的数据挖掘中构建个人数字足迹（Gigital Foot-Prints），构建和分析出群体行为活动模式，并把这些信息用于社会交往（如社会关系、人类健康）和城市动态（如交通拥堵、城市热点、公共安全、环境监测）等社会化服务。

基于位置的服务又发展出了打卡签到模式，用户需要主动签到以记录自己的位置，并通过领取积分、奖章和激励荣誉，绑定用户的社交工具，以同步分享用户的地理位置信息，鼓励他们产生优质的内容。同时，还可以提供生活服务，比如周边生活服务搜索，与旅游结合或者与地点交友结合、与社区结合等。

（五）XaaS：一切皆服务

越来越多的"一切皆服务"（X as a Service，XaaS）已经成为信息服务产品的商业模式。"一切皆服务"的整体理念是"任何东西即服务"，指的是任何工具、应用程序、服务、游戏等通过云交付到笔记本、手机，而不是在本地或以物理格式获得（图1-13）。它是一种随需应变（on-demand）的服务模式，将客户与供应商之间的关系从传统的所有权模式转变为围绕在非所有权基础上提供服务的模式。这种转变的中心思想是社会正

图1-13　一切皆服务

在从"以商品和顾客为中心"转向"以服务为中心"。这种"以服务为中心"的逻辑认为，顾客是焦点，负责价值创造，组织转变成价值促进者，而不是价值生产者。因此，他们不仅提供产品，而且提供使用。产品可重复使用，直到其使用寿命结束，并且之后再循环使用，从而减少了制造产品的数量，促进了可持续的绿色制造。通过从以产品为中心向以客户为中心的商业模式转变，"一切皆服务"使企业能够更快地进行创新，并通过物联网设备提供的数据洞察力加深与客户的关系，为企业带来了多种行为数据，从而加速创建与每个客户的需求和想法相匹配的重要上下文交互场景。

"一切皆服务"不仅会加速商业模型的开发，而且随着时间的推移，还会催生出一个由客户代理、生产商或供应商、价值链协调方组成的市场。客户代理将专门识别客户当前和未来的偏好，并帮助客户选择解决方案。生产商或供应商将专门开发和销售实物或数字产品。价值链协调方将匹配供应和需求，配置使用现有实物或数字产品（或组件）的解决方案，以及根据他们收到的关于客户偏好和供应商能力的信息协调创造新产品。这种结构在多个市场已经存在，如匹配产品、匹配人们的时间、空间和交通选择等。这种结构实则将客户驱动的创新过程的关键部分自动化，捕捉出客户的偏好和需求，并可以在软件中执行，以更传统的移情形式来创新自己的服务模式。

本章小结

"什么是信息""信息服务设计如何起作用"这些简单的问题并不好回答，这涉及对信息本质的理解。作为信息服务设计师，在进行设计实践之前，应该先回答以下问题：信息运动过程有什么变化规律；怎样与知识和数据相关联；信息服务可及性如何建构，从而更好地创建信息服务设计。为此，本章第一节集中介绍了信息的中英文释义及其本质。该小节结合了信息科学、控制学、通信理论等相关内容，将信息本质理解为两个基本的概念类别：信息的目的——反映与交流；信息的结构——符合的意义。

"信息作为一种服务"越来越成为我们日常生活中的重要组成部分，例如数据服务产品、金融服务产品、教育培训产品、公共服务产品、消费服务产品、娱乐服务产品等。作为众多服务形式中的一种类型，信息服务业（IS）的价值链包括对信息进行生产、收集、处理、加工、存储、传输、检索和利用，并提供信息服务的业务活动。信息服务理念正朝着以用户为中心的方向发展，信息服务中的用户体验也已成为信息服务业发展关注的焦点。

信息服务发生在用户与信息源、信息服务系统、服务提供方及其利益相关者的关系之中，尤其关注互联网信息传播的经济规律下设计如何促进信息的可及性和服务的传递。在信息服务过程中，信息源、信息行为、用户成为最基本的三个要素。为了达到主动地、适时地、愉悦地为用户提供所需服务，信息服务设计主要面临三个挑战：复杂的数据源与信息的理解力、从数据到视觉的转译思维、信息服务的中介性及其影响。信息服务模式有多种类型，主要包括线上线下融合、全渠道服务、用户产生内容、基于位置的服务、一切皆服务等。

本章基本概念

本体论信息，认识论信息，信息量，信息熵，信息过程，Sign-Thing-Agent，DIKW模型，通信模型（SMCR），拉斯韦尔的通信模型（5W），信息服务设计，信息服务模式（O2O、OMO、UGC、LBS、XaaS）。

练习与思考

（1）结合信息的基本概念，谈谈一件衣服可能产生的全生命流程的信息包括哪些。

（2）基于各类信息服务模式的类型，思考该模式如何以服务价值链形成整体的服务体验。

（3）结合你正在使用的信息服务软件，思考一个优秀的信息服务应当具备怎样的特征。

第二章

用户的信息
需求与行为

第一节　用户的信息需求

一、人们如何需要信息

1 任磊，杜一. 大数据可视分析综述[J]. 软件学报，2014, 25（09）: 1909-1936.

2 Dervin B. Sense-making theory and practice: An overview of user interests in knowledge seeking and use[J]. Journal of Knowledge Management, 1998, 2（2）: 36-46.

3 ACRL（Association of college and research libraries）. Information Literacy, http://www.ala.org/ala/acrl/.[EB/OL]. 2008-01-17.

信息服务往往包含从服务中获取并使用信息的过程。信息的意义建构（Sense-making）是内部行为（即认知）和外部行为（即过程）共同作用的结果。该理论由布伦达·德尔文（Brenda Dervin）在20世纪60年代提出，认为信息是由认知主体在特定的时空情境下主观建构所产生的意义[1]，有意义的行为是一种交流行为，意义建构的核心活动是信息搜寻、处理、创造和使用。信息的意义建构理论激发了一种以用户为中心的信息寻求和使用概念化的程序研究方法。意义建构理论所提出的情境（Situation）、差距（Gap）、使用（Use）涵盖了与解决问题活动相关的信息和评估要素的整个范围，并与行动情境相关（图2-1）。其中，情境指意义构建发生的时空语境，差距代表待解决的问题信息需求，使用是个体将新创造的意义转化为用途。

信息的意义构建重点不是传统的信息传输活动，而是人们拥有的信息需求（Information Need）。这种信息需求建立在特定的时空之上，受到多种因素的影响：当用户进入一个新的情境中，基于过去的经验以及对要解决问题的认知，感知到所存在的信息差距时，不确定性以及困难的感知导致的情绪因素将间接地影响用户的信息需求，需要建立桥梁从而解决问题，并得以并继续前进。由此可知，相对于关注信息需求相对缓慢的一些人类学属性，意义建构理论关注的是处于特定情境中的人，强调信息需求的变化性、灵活性和流动性，以及他们由于时间的积累所产生的行为习惯[2]。信息资源和服务的提供者必须根据用户的需求，在用户原有的认知建构基础上来设计信息环境，提供相应资源与服务。

二、人们接收信息的差距

随着信息全球化，信息素养（Information Literacy）逐渐成为人人都需要具备的一种基本能力，它是指人们了解提供信息的系统并能鉴别信息价值、选择获取信息的最佳渠道、掌握获取和存储信息的基本技能（图2-2）。美国图书馆协会（ACRL）对信息素养的定义是：识别何时需要信息，并有能力定位、评估和有效利用所需信息的能力[3]。信息素养能够帮助我们应对信息爆炸和数据迷雾，使我们能够从大量的信息中获取自己需要的信息并有效地使用信息来应对不熟悉的环境。不同用户的信息素养显然是不同的，通过认知、情境、情感三个维度来认识用户的信息能力，能帮助设计师们在实际的设计中，根据用户已有知识、所处的环境、不同的信息态度来为特定的人群在特定的情境中提供他们所需要的针对性信息，帮助他们应对信息超载的情境。

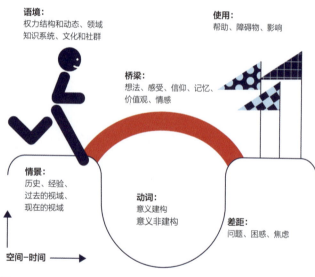

语境：
权力结构和动态、领域知识系统、文化和社群

使用：
帮助、障碍物、影响

桥梁：
想法、感受、信仰、记忆、价值观、情感

情景：
历史、经验、过去的视域、现在的视域

动词：
意义建构
意义非建构

差距：
问题、困惑、焦虑

空间-时间

图2-1　信息的意义构建模型（图片来源：布伦达·德尔文）

一个具有信息素养的人能够：
The information literate person can:

识别 Identify ＋ 发现 Find ＋ 评估 Evaluate ＋ 应用 Apply ＋ 确认 Acknowledge

信息
Information

图2-2　信息素养

（1）认知的知识维度。认知维度代表用户对自己、所处的情境及面对的问题的认识。用户的认知方式会影响信息搜索、信息加工和信息使用。同时，用户认知的方式受到历史、知识结构、文化等的影响，如果在一个组织中，组织内存在组织文化和指导方针，则组织存在某种情境，会影响人们与信息相关的行为。

（2）情境的能力维度。情境维度代表情境的分析能力。用户根据自己所处情境中的角色以及问题、任务和环境的复杂性，来确定自己需要的信息以及感知信息的价值。用户的任务越复杂，越需要大量的信息来解决，用户所面对的环境越复杂，用户对于解决问题的不确定性越高。

（3）情感的态度维度。情感维度表明用户的信息行为不仅受到客观的环境因素影响，还受到用户的情绪、偏好的影响。在ISP中可以发现，用户在信息的搜索过程中会经历认知、行动上的变化，同时还包括情绪上的变化。由于信息搜索的过程中常常伴有不确定、不一致和模糊的情境，用户会产生困惑、无助、压力，也会由于情境逐渐清晰而产生自信、成就感，情绪的变动会影响用户搜索和使用信息决策的改变。

三、信息需求与三种任务

人们一直在网上寻找信息，他们对不同类型的信息任务有着不同程度的注意力和行为任务。根据NN/g的调研，确定了以下三种不同类型的在线信息行为[1]。

（1）获取（acquire）：用户查找事实、查找产品信息或下载某些内容。例如看手机上的天气情况。

（2）比较/选择（compare/choose）：用户评估多个产品或信息源以做出决定，通常在点击之前有更多的思考时间，会查询更多的字符，有更多的查询表述。例如，用户比较了几种商品的价格和功能，以决定购买哪一种。

（3）理解（understand）：用户对某个主题有所了解。例如，一位用户希望了解未来十四天的天气来判断是否适合自驾出行。

我们可以用一个例子来区分这三种类型的信息搜索行为。比如当无线路由器无法正常工作时，我们通常会查找售后的服务电话，即执行获取任务；如果决定购买新路由器并从多个品牌和型号中进行选择，即执行比较/选择任务；如果想了解有关路由器如何工作的更多信息，即执行理解任务。研究表明，"理解活动"和"比较/选择活动"比"获取活动"更有可能获得关键信息。

三种不同的任务类型也确定了用户期望的体验设计。比如，在进行"获取活动"时，用户通常没有太多耐心，一般希望获取任务的过程快速、直接、简单，需要更快的加载时间和更少的点击次数，从而以易于理解的语言，更直接地获取事实。

在进行"比较/选择活动"时，用户希望获得来自多个角度的信息，需要更多的选项和格式（图片、视频等）来帮助他们做出选择。因此，能否更快地呈现出关键的信息，从而最大限度地减少查找每种产品的关键信息，提升效率就变得尤为重要。

对于比较/选择任务，用户在做出决定时最看重哪些信息，则清楚地展示该信息并设计工具来帮助用户对关键产品参数进行比较，进而选择合适的项目。这些图表以相同的页面布局、要点、粗体标题和关键字，有条理地提供全面的信息，可以减轻用户的认知负担。

[1] 不同的信息搜索任务：行为模式和用户期望，https://www.nngroup.com/articles/information-seeking-expectations/[EB/OL]，2020-05-24.

第二节　用户的信息搜索行为

一、信息搜索的过程

从意义构建的模型角度来解释，日常信息搜索（Everyday Life Information Seeking，ELIS）是由于个体处于某一时空中出现的信息鸿沟，导致了不确定性。为了消除这种不确定性，个体产生了信息需求，进而产生信息搜索这一行为。因此，信息搜索是一种有目的的努力，以获取信息，来应对个人的知识需求或差距。

显然，并非所有的用户都需要全部的信息，不同用户有不同的信息需求。因此，我们需要理解和研究用户到底需要什么样的信息，这对于提供信息服务是非常关键的。因为用户的信息素养不同，用户搜索信息会面临不同程度的困难：搜索需要搜索空间的知识；搜索会增加内存负载；搜索比浏览具有更高的交互成本；特定站点搜索通常效果不佳；用户搜索能力差，不知道搜索是如何工作的。

信息搜索是一个系统的、有序的和理性的过程，但通过梳理用户的信息搜索过程发现，用户在此过程中会经历不确定、混乱的情境，并会有情绪上的变化。信息搜索过程（Information Search Process，ISP）将信息搜索的过程分为7个阶段，并且考虑到这7个阶段的感受、思想、动作变化（图2-3）。

（1）开始阶段，当一个人意识到他遇到了信息的差距时，会出现不确定感和恐惧感，他开始产生信息需求。他需要依据自己现有的知识基础，意识到自己的信息鸿沟在哪里，还需要哪些信息。此阶段的行动包括讨论需要寻找的信息方向以及搜索信息的方法有哪些。

（2）选择阶段，用户会依据有多少时间、与任务的相关性、个人兴趣、可能获得的信息来选择最有潜力的信息方向。此阶段的行动可能是与他人交换意见或对现有的主题进行初步的搜索，以进一步确定自己可以从哪个方向进行更加深入的搜索。信息搜寻者选择了自己要搜索的大概主题和搜索方法后，会出现乐观的情绪，并产生搜索的意愿。

（3）探索阶段，用户往往会产生困惑、不确定感和挫败感。在刚开始搜索时，用户可能会出现不知道怎么明确表达自己所要搜索信息的情况，可能会先用几个相关的关键

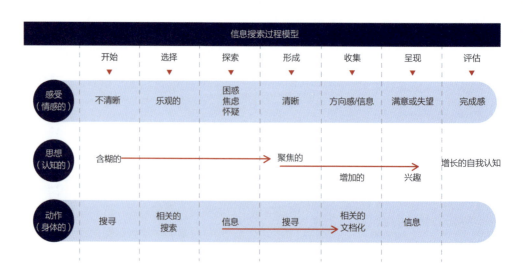

图2-3　信息搜索过程模型（图片来源：Kuhlthau，1991）

词来进行搜索，搜索情况也可能会不符合他们期望，他们需要多次尝试，根据搜索的结果来调整自己搜索的方向。有些人会在这一阶段放弃搜索，这也被认为是信息搜索过程中最困难的阶段。

（4）形成阶段，随着探索的推进，搜索方向逐渐聚拢，开始进入形成阶段，这是信息搜索过程的转折点。在这个阶段，用户的目标逐渐明确，知道自己要找的信息是什么，以及如何找到这些信息，如用哪些关键词来表述，从哪些信息源中获取等。用户的不确定感减少，信心开始增加。

（5）收集阶段，用户对一个聚焦的主题进行搜索，选择与焦点主题相关的信息，并将这些信息进行记录。用户通过对焦点主题的信息收集来了解、扩展、证实焦点主题。在此阶段，随着信息的不确定性减少，用户的信心不断增强。

（6）呈现阶段，如果搜索到了自己需要的信息，用户会产生满足感，如果没有搜到，用户则会感到失望，产生挫败感。

二、四种常见的信息寻求

在对信息服务进行设计之前，我们还要了解用户的集中典型的信息需求行为模式，在此处列举4种，分别是：已知的搜索（Known-Item Seeking）、探索性搜索（Exploratory Seeking）、详尽地探索（Exhaustive Research）、重新搜索（Refinding）[1]（图2-4）。

（一）已知的搜索

处于此情境的用户有较为明确且坚定的目标，解决其问题的结果是唯一的，他们知道自己想要了解的是什么，知道用什么词来描述他们想找的信息，并且能较为清楚地知道从哪里开始搜索。在搜索过程中，他们的搜索目标不会变动很大。因此，用户需要的是能够快速地获取自己需要的信息。有许多设计方法可以帮助完成此类任务。

（1）搜索。人们可以用文字清楚地表达他们的需求，并且能够将其输入到搜索框中。只要搜索结果在上下文中显示出清晰描述，他们就有可能从搜索结果中识别出合适的页面。

（2）索引。只要索引包含相关词语，用户就能够找到正在寻找的内容。确保索引中的术语列表与用户想到的词语匹配。

[1] Rosenfeld L, Morville P, Arango J, Information Architecture[M]. O Reilly, 2017: 45-46.

（3）快速链接。常用项目的链接可轻松访问。同样，列表中的术语必须与用户的术语相匹配。

Known-Item Seeking
已知地搜索
用户将访问网站以搜索所需的已知信息

Exploratory Seeking
探索性搜索
用户将进入网站寻找灵感。他们正在寻找理想的东西，但不确定到底是什么

Exhaustive Research
详尽地搜索
用户正在广泛的研究过程中。他们希望找到尽可能多的信息

Re-finding
重新搜索
用户再次需要所需的物品并试图找到它

图2-4　四种信息寻求类型

（二）探索性搜索

进行探索性搜索的情境有多种。

其一，人们不知如何表达或者没有找到正确的词来搜索目标信息，他们对于想获取的信息的认识是较为模糊的，经常会用一些相关的但不准确的词试着搜索，并且不清楚从哪里开始他们的搜索，当他们找到正确的答案时，他们通常会认出，但可能不知道他们是否找到了足够的信息。随着他们获取的信息变多，他们的信息需求会在此过程中发生改变。

其二，当用户了解一个事物属性的信息时，满足用户信息需求的信息量是广泛甚至无限的，在此情境中，用户的信息获取达到某一数量就能满足其信息需求，而不需要获取全部的信息。这种模式的设计方法包括以下几种。

（1）导航。通过所有类型的导航进行浏览。浏览使人们能够抓住一些机会，沿着一条路走下去，在他们前进的过程中探索、发现和学习。用户可以在层次结构或相关信息中进行更深入或更广泛的搜索。

（2）相关信息。相关链接可以从相关主题列表、手动创建的相关页面列表或基于其他用户购买或推荐的项目的列表中创建。上下文链接也可以包含在内容的主体中。例如，"猜你喜欢"采集用户的行为偏好进行行为预判，根据以前用户的搜索内容进行内容推荐。

（3）搜索联想。搜索对于探索性任务非常有帮助，但由于用户无法清楚地表达他们所搜寻的内容，关键词联想可以帮助用户了解并获得一些关于关键词的想法，可为搜索词提供同义词，帮助用户更好地查询（图2-5）。

（4）搜索推荐。搜索推荐是在用户输入之前，就为用户推荐选择，推荐依据包括搜索热度，推荐的形式比较多样，例如喜马拉雅以榜单和关键词结合的形式进行推荐，听英语以关键词进行推荐。搜索推荐是App想要推荐给用户的内容，起到引导作用，特别是针对没有明确的目标的用户（图2-6）。

图2-5　关键词搜索联想

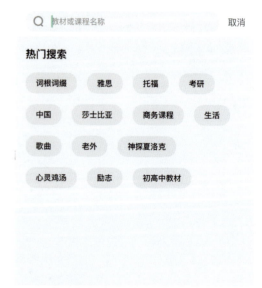

图2-6　搜索推荐

（三）详尽地搜索

详尽地搜索是想要获取关于一个主题的所有信息。一般而言，用户可能是一些专业人士或者是某一主题的爱好者（比如歌迷），其搜索的目的是更加全面地了解某一事物，此类用户一般不满足于从一个信息资源中获取信息，他们会从多个信息源中寻求信息。或者人们通常希望确保他们及时了解行业或主题中正在发生的事情，但并不是在寻找具体的答案。

详尽搜索的挑战在于如何提供答案，同时让人们接触必要的信息，从而展示他们可能需要知道的内容。简单、简洁的答案能满足人们基本的信息需求，或者提供更详细的、更容易获得的信息，可以采用内容主体中的相关链接或上下文链接，从而使用户有机会获得更多信息。

（四）重新搜索

重新搜索是指用户寻找他们曾经查找过的信息。此行为的用户也拥有比较明确的目标，他们可能对过去的查询行为有印象，知道去哪里查找，或者对信息有印象，但不清楚去哪里找。因此，解决方案可以有主动的形式，比如用户有明确的行动记录，如清单、收藏夹等，或被动的形式，如历史记录。

三、集成的搜索和浏览

结合使用搜索和浏览来改善体验，是目前较为成功的解决方案。联合搜索和浏览具有三个特点：联合、多面、快速。

"联合搜索和浏览"允许用户通过一个搜索查询同时搜索其所有内容。他们可以在一个列表中查看所有搜索结果，不再需要单独检查所有内容。联合搜索引擎同时为用户执行许多搜索。例如哔哩哔哩（图2-7）根据用户输入的关键词，提供了其包含的所有关于搜索的内容，如综合、番剧、直播、用户，还提供了多种排序，满足了具有不同需求的用户。

图2-7 哔哩哔哩所提供的联合搜索和浏览

"多面搜索和浏览"使用户能够缩小选择范围并找到他们想要的东西，而无须猜测不同的产品和结构或进行过多的过滤和浏览。一般的方法是构建复杂搜索的简单控件，使用户能够将大量结果缩小到满足其确切条件的一小部分结果，且同时显示过滤器和结果，而无须转到另一个页面，并且可以在过滤器中看到结果更新，让用户更容易理解两者之间的关系。如淘宝作为电商平台，过滤依据包括商品包含的服务、价格、发货地等，而豆瓣的电影过滤器，则是根据电影的上映年代、标签类型、评分区间以及是否看过进行过滤。过滤被激活后，页面刷新，出现新的搜索结果（图2-8）。

图2-8 豆瓣的多面搜索和浏览

对于综合类信息搜索产品，如百度，其受众广泛，信息结构化的集合和显示，可快速满足有不同信息诉求的用户。为满足不同用户在不同事件场景下的不同诉求，百度对搜索结果页进行优化，特别是针对热点事件，从各方收集有关事件的大量信息，并通过组件化布局的方式来进行展示，在同一个页面中同时满足具有不同信息需求的用户。

第三节　信息的无障碍获得

一、信息无障碍设计

信息无障碍最早源自英文Accessibility一词，可解释为可及性、可访问性、可接近性，意为通过信息化手段弥补身体机能和所处环境的差异，使任何人都能平等、方便、安全地获取、交互和使用信息。联合国将"信息无障碍"定义为信息的获取和使用对于不同的人群应有平等的机会和差异不大的成本，使"任何人"（无论是健全人还是残疾人，无论是年轻人还是老年人）在任何情况下都能平等地、方便地、无障碍地获取信息、利用信息[1]。

我国也对信息无障碍给出了界定。在《信息无障碍白皮书（2020）》中有对信息无障碍的明确定义：通过信息化手段弥补身体机能、所处环境等存在的差异，使任何人（无论是健全人还是残疾人，无论是年轻人还是老年人）都能平等、方便、安全地的获取、交互、使用信息[2]。在工业和信息化部《关于组织征集信息无障碍实践案例的通知》中，将信息无障碍定义为"无论健全人还是残疾人，无论年轻人还是老年人都能从信息技术中获益，任何人在任何情况下都能平等地、方便地获取信息、使用信息"。2008年，中国信息产业部电信研究院、中国互联网协会等单位发布《YD/T 1761—2008》标准，规定了无障碍上网的网页设计技术要求。

随着新一代信息技术的快速发展，自助扫码支付、在线预约、线上查询等新业态新模式竞相涌现，极大便利人们生产生活的同时，也让老年人、残疾人等群体面临数字鸿沟问题。积极推进信息无障碍建设，为促进基本公共服务均等化、弥合数字鸿沟问题带来了新的解决方案。信息无障碍是一个多维结构，可与情感可及性（吸引力）、功能可及性（是否能轻松理解/任务障碍）、技术可及性（信息环境中信息源的可及性、信息渠道的可及性）一起考虑[3]。

相对于信息无障碍专注于信息技术领域，包容性设计（Inclusive Design）和通用设计（Universal Design）在更广泛的领域追求无障碍化。英国标准协会于2005年发布的BS 7000-6标准将包容性设计定义为：尽可能多的人可以访问和使用的主流产品和/或服务的设计，无需特殊改编或专门设计。包容性设计关注的是通过更好地理解用户多样性来做出明智的设计决策，从而有助于尽可能多的人使用。在这里，用户多样性涵盖了能力、需求和愿望的变化。了解用户的多样性，即平衡"健全"与"残疾人"的两极分化

[1] 人民网. 中国信息无障碍发展报告[R/OL]. http://wza.people.com.cn/wza2013/article.php?tid=6&aid=544.

[2] 中国通信研究院. 信息无障碍白皮书[R/OL].（2022-05）[2022-7-17]. http://www2.caict.ac.cn/kxyj/qwfb/bps/202205/P020220518510041281463.pdf.

[3] Swanson, E. Burton, Information accessibility reconsidered[J]. Accounting Management and Information Technologies, 1992, 2（3）：183-196.

1 What is inclusive design? https://www.inclusivedesigntoolkit.com/whatis/whatis.html[DB/OL], 2022-08-14.

十分重要。微软在2003年的包容性设计研究中提出了金字塔模型（图2-9）。该金字塔模型模拟人群中的多样性及其他们的能力变化，并对该金字塔进行分段以识别各种用户类别。金字塔的底部代表没有困难的人，困难的严重程度随着金字塔的增加而增加。

因此，包容性设计并非设计一种产品来满足整个人群的需求，而是对人口多样性的适当设计。人口多样性源于对用户背景和能力的理解，涉及可访问性、年龄、文化、经济状况、教育、性别、地理位置、语言和种族。包容性设计的重点是：①提供最佳的人口覆盖率；②确保每个单独的产品都有清晰明确的目标用户；③降低使用每种产品所需的能力水平，以便在各种情况下改善广泛的用户体验[1]（图2-10）。通用设计，或"为所有人设计"具有相同的字面意义，其理念源于建筑环境和工业领域，且多应用于政府推行的规定背景下。通用设计的侧重点与包容性设计有所不同。通用设计虽然承认一种产品并非能满足所有人群的需求，但主张所有主流的产品或服务都应该在技术层面上能够被所有人接受，在满足健全人群需求的前提下，力求为更广泛的特殊用户群体所使用。相比之下，包容性设计可理解为一种附带条件的通用设计，更多关注的是认识用户群体

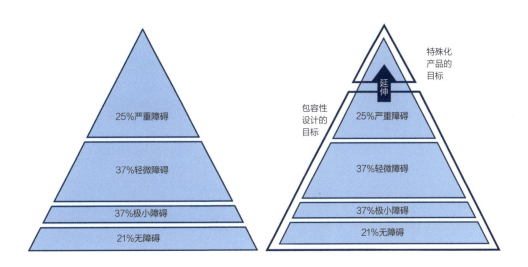

图2-9 用户多样性的金字塔模型

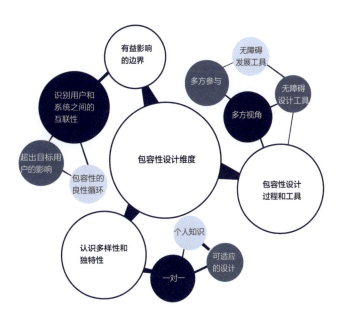

图2-10 包容性设计的维度（图片来源：安大略艺术设计学院包容性设计研究中心）

1 Accessibility Guidelines for Buildings and Facilities, ADAAG, https://statereview.com/adaagtoc. htm[OL/DB],1998-01.

2 Web Content Accessibility Guidelines（WCAG）2.1, https:// www.w3.org/Translations/ WCAG21-zh-20190311/#wcag- 2-layers-of-guidance [OL/DB], 2018-06-05, 英文网站为http:// www.w3.org/TR/WCAG/.

的多样性，进而针对不同的用户群体提供不同的解决方案，不要求设计被每个人使用。无论是信息无障碍、包容性设计还是通用设计都体现了以用户为中心、人文关怀的思想。

二、信息无障碍的国际指南

信息无障碍的国际标准一般认为有两个是非常重要的，一是Web内容无障碍指南（Web Content Accessibility Guidelines，WCAG）；二是建筑物和设施无障碍指南（Accessibility Guidelines for Buildings and Facilities，ADAAG）。ADAAG主要针对物理环境与设施（如餐厅、医院、商业、图书馆等）[1]，我们主要针对WCAG进行介绍。

Web内容无障碍指南2.0（2008年）是由万维网联盟（W3C）根据Web无障碍计划（WAI）制定的一组国际公认的准则，其1.0版诞生于1999年[2]。WCAG 2.0包含一系列非技术层面的准则及成功标准，旨在确保视觉障碍、听力损失、学习困难、年龄限制等人士能够访问并使用Web内容。这些准则旨在解决台式机、笔记本电脑、平板电脑、移动设备上的信息无障碍访问问题。Web内容无障碍指南2.0包含四个用于无障碍设计的关键原则（POUR）。这四个关键原则分别是：

- 可感知（Perceivable）：用户能否感知到相关Web内容？
- 可操作（Operable）：用户能否导航、输入数据或与Web内容进行交互？
- 可理解（Understandable）：用户能否处理并理解呈现给他们的Web内容？
- 稳健性（Robust）：Web内容是否可以按预期方式在各种浏览环境（包括旧版和新兴的浏览环境）中可用？

Web内容无障碍指南2.1（2018年）包括可感知性（文本替代品、基于时间的媒体、强适应性、可区分）、可操作性（键盘可访问、足够的时间、导航、输入模式）、易于理解（可读、可预测、输入协助）、稳健性（兼容）、一致性（解释规范性要求、合规性要求）五个基本原则。该指南的受益人群分类如表2-1所示。

表2-1　　　　　　　　Web内容无障碍指南2.1的受益人群分类

普通人	普通网站用户；文化背景和习惯与主流用户不同的用户；老年人或儿童等用户；无障碍化可使得用户更轻松地使用网站服务，降低使用、学习和理解的成本
视力障碍用户	主要包括盲人、低视力、色盲、色弱等用户。针对这部分用户所做的信息无障碍化是最通用和最具有代表性的，尤其是盲人用户。因为这部分用户必须依赖于辅助技术进行站点的信息阅读和交互。这也就要求被访问页面必须具备易读取、可交互、高效率等无障碍化要求
听力、智力、精神、肢体障碍用户	可以通过视觉访问的用户，依赖于系统的一些放大镜等工具进行正常访问（也需要一些色差等方面的网页支持）；肢体障碍用户在交互方面和视力障碍用户面临的问题是类似的，都需要通过辅助技术和网页进行交互支持

互联网行业中在无障碍化的推动和实施方面，IBM走得最为深入和彻底。IBM不但成立了全球无障碍化中心，积极推出《IBM平等访问工具包》（Equal Access Toolkit），提供了一个免费的可访问性设计工具包，其中提供了清单、指导等，可用于Sketch和Figma。

三、信息无障碍的适老化设计

（一）为什么需要适老化

根据第七次人口普查数据显示，截至2021年60岁以上的老人群体超过2.67亿，占总人口的18.9%。第45次《中国互联网络发展状况统计报告》显示，老年非网民群体有1.9亿，占非网民近40%。这意味着有近2亿的老年群体不会使用智能设备而被边缘化。

在信息技术快速发展的今天，各种互联网的信息服务应用于社会各个领域。从网上购物、购票、共享单车、预订各种衣食住行、社交娱乐、医疗健康，到外卖、快递，数字化正在快速地改变我们参与社的方式和生活形态。

现在的数字产品大多是面向年轻用户设计的，缺乏对老年用户使用情况的调查和研究，每出现一个新产品和新服务都可能意味着数以千万计的老人会跟不上我们的脚步。针对老年人"不想用""不敢用""不能用""不会用"等问题进行适老化设计，帮助他们融入数字社会，不仅对他们是有益的，对整个社会的运行也是有益的。

（二）老年群体特征

按照国际规定，60周岁以上的人为老年人。老年人的特征包含两个方面，即生理机能特征和心理特征，其中生理机能特征又包含视觉、听觉、行为、认知和表达五个方面（图2-11）。无障碍设计中包含适老化，老年人因为生理机能的退化也属于障碍人群，老人也会有听觉障碍、视觉障碍、肢体障碍等一系列障碍。

根据老年人的生理机能特征和心理特征分析，影响老年人使用互联网产品的问题基本可以分为六类，分别是看不清、听不清、难操作、不理解、说不清、不愿学（图2-12）。

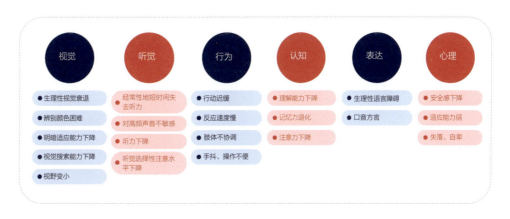

图2-11 老人的生理机能特征和心理特征

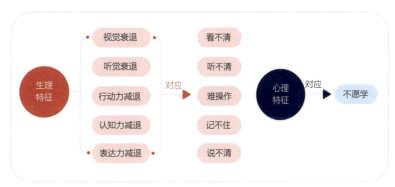

图2-12 影响老年人使用互联网产品的六类问题

（三）互联网中的适老化

适老化设计是以老人为本，适应老年人的设计方式，充分了解老年人的生理特征、心理特征、使用习惯等不同需求，帮助他们解决问题，为他们的日常生活和出行提供方便。生活中的适老化包括公共设施适老化、社区适老化、居家适老化等。互联网中的适老化即用设计的方法帮助老年人使用互联网产品，例如12306和支付宝的标准版和适老化版，标准版功能复杂、内容更丰富且元素很小，适老化版的功能更简洁，结构清晰且突出重点信息，这些都是根据老年人的特征做出的优化。

（四）"饿了么"买药场景适老化案例

"饿了么"在为老年人的买药场景进行适老化改版，旧有界面对于老年人来说主要存在看不清、看不懂两个问题。

针对老年人看不清的问题，由于手机屏幕小，产品为了高效地传达大量的信息，将大量的内容容纳到一个屏页中，对于老年人来说，旧界面中的文字小，内容繁杂，当他们想要特定的内容或功能模块时需要花费一定的精力去查看，页面的信息表达样式和老年人看事物的模式存在严重脱节。为了解决此信息障碍，首先在视觉上，依据《移动互联网应用（App）适老化通用设计规范》中文字不能小于18dp/pt，图标在44×44pt（iOS）和48×48dp（Android）的要求，完成大小的适配（图2-13）。

图2-13　适老化改版—放大界面
　　　　视觉

界面中的文字与背景的对比度，对于老年人是否能清楚识别信息至关重要。在WCAG 2.0（Web Content Accessibility Guideline）中提到色彩无障碍设计标准AA级，文字与背景的对比度至少要4.5∶1；大号文字（字重为Bold时大于18px，字重为Regular时大于24px）与背景的对比度至少为3∶1。以下在线工具可以帮助我们测试对比度是否满足该标准，如WebAIM's Color Contrast Checker、Contrast-ratio等网站。

文案中添加行为的引导，能帮助老年人明白自己需要做什么，如在搜索框的暗文提示中，将原有的"药名/病症"转变为"输入药名或症状找药"，并且将"搜索"内容模糊的按钮改进为"找药"，更加贴合场景的文案，让老年人更加确定自己应该点击此按钮，减少不确定感（图2-14）。

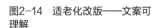

图2-14　适老化改版——文案可
　　　　理解

针对老年人难以理解的问题，图标是手机界面中常用的元素，对于年轻人来说，图标能够提高信息的获取效率，并能够使页面生动有趣。但对于老年人来说，这超出了他们的认知能力范围，老年人对药品的辨识更多停留在药盒的记忆上，难以理解不同药品种类的图标，仍靠文字进行判断。因此，在改进设计中，选用了老年人生活中熟悉的事物的图片作示意（图2-15），用图片的具象性和真实性代替了图标的抽象性。如药物类别的示意选择了相关类别下的实物药盒，并附上了类别文字，以此降低老年人的认知成本。

图2-15 适老化改版——示意具象化

在信息内容的呈现上，以老年人的需求为中心，对内容进行了删减，留下老年人强诉求的内容板块，去除了低诉求的内容板块，降低了冗余信息的干扰。同时增加元素之间的间距，降低信息密度，提升老年人对内容的辨认效率。在首页上，仅保留了搜索模块、病症找药模块和优惠模块，不同模块之间用不同的形式进行区分（图2-16）。

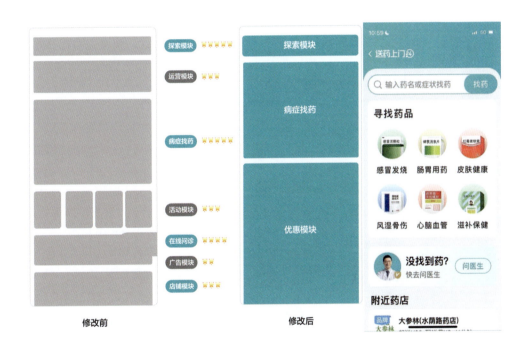

图2-16 适老化改版——减少单页模块数量

在店铺呈现上，去除了老年人不需要或无法理解的店铺评分、月售量、距离、相关服务和营业时间，保留了起送价、配送费和配送速度等重要信息（图2-17）。

图2-17 适老化改版——提炼重
点内容

修改前　　　　　　　　　　修改后

一致性的信息结构会形成明显的视觉分区，可助力老年人的认知和理解，降低操作
成本。采取卡片形式进行信息承载，有助于老年人理解模块之间是存在区别的，更加聚
焦单个功能模块。同时，拉大模块和模块之间的距离，拉大模块容器内元素的距离，有
效降低屏幕密度，提升老年人对内容的辨认效率（图2-18）。

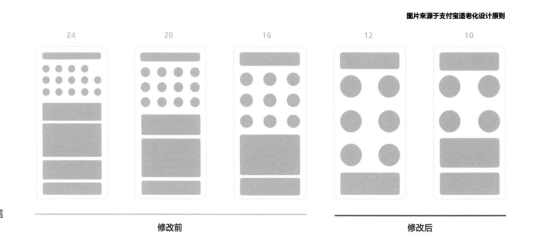

图片来源于支付宝适老化设计原则

图2-18 适老化改版——降低信
息密度

修改前　　　　　　　　　　修改后

本章小结

　　信息服务往往包含从服务中获取信息并使用信息的过程。信息的意义建构激发了一
种以用户为中心的信息需求。意义建构理论所提出的情境、差距、使用涵盖了与解决问
题活动相关的信息和评估要素的整个范围。其中，情境指意义构建发生的时空语境，差
距代表待解决的问题/信息需求，使用是个体将新创造的意义转化为用途。信息素养决
定了用户接收信息的差距，通过认知、情境、情感三个维度来认识用户的信息能力，能
帮助设计师们在实际的设计中，根据用户已有知识、所处的环境、不同的信息态度来为
特定的人群在特定的情境中提供他们所需要的针对性信息，帮助他们应对信息超载的情
境。一个在线信息行为有三种典型类型：获取、比较/选择、理解。

　　信息搜索是一种有目的的努力，以获取信息，从而应对个人的知识需求或差距。信
息搜索过程将信息搜索过程分为7个阶段：开始—选择—探索—形成—收集—呈现—评
估，并且考虑到这7个阶段的感受、思想、动作变化。常见的四种信息寻求行为包括：已
知地搜索、探索性搜索、详尽地搜索、重新搜索。结合使用搜索和浏览来改善体验，是

目前较为成功的解决方案。搜索+浏览具有三个特点：联合、多面、快速。

信息无障碍是指通过信息化手段弥补身体机能、所处环境等存在的差异，使任何人（无论是健全人还是残疾人，无论是年轻人还是老年人）都能平等、方便、安全地获取、交互、使用信息。信息无障碍是一个多维结构，可与情感可及性（吸引力）、功能可及性（是否能轻松理解/任务障碍）、技术可及性（信息环境中信息源的可及性、信息渠道的可及性）一起考虑。信息无障碍的国际标准一般认为有两个是非常重要的，一是Web内容无障碍指南（WCAG）；二是建筑物和设施无障碍指南（ADAAG）。我国工信部于2021年发布《互联网网站适老化通用设计规范》和《移动互联网应用（App）适老化通用设计规范》，助力老年人、残疾人等重点受益群体平等便捷地获取、使用互联网应用信息。

本章基本概念

信息的意义建构，情境，信息素养，信息需求，信息搜索过程，信息差距，信息无障碍，适老化设计

练习与思考

（1）基于四种信息搜索行为，解读你在开始一项新的设计时，所经历的设计素材搜索过程。

（2）用三种在线信息行为（获取、比较/选择、理解）分析你在查看学院网站时的信息行为模式。

（3）结合互联网网站适老化通用设计规范，思考并总结主要从哪些方面进行设计改良。

DE

SIGN

信息的架构与组织

第三章

第一节　信息架构

一、何为信息架构

当你在机场想要办理登机或者寻找航班时，这是一个信息获取的过程。但是机场每时每刻都有大量的飞机起降，有前往各个不同目的地的乘客们。同时，机场还要满足乘客快速获取信息的需求。这一切都要求机场对所有的信息进行组织，让乘客在短时间内获取对自己有用的完整信息，让坐飞机成为一种简单轻松的行为。如果没有精心设计的导向系统和电子信息牌，我们可能会迷路。此时，我们需要有导航标志帮助我们识别在哪里（到达大厅），这里有什么（去转机、领取行李、离开机场等），以及还能做什么（问讯处、餐厅和商店、机场休息室等）。

又如，如果要开发一款租房App，相关信息会包括附近房型、价格、距离、优惠、吸引点、用户评价、租户、房型等，且用户经常会进行多种信息比较，权衡哪个房子更符合他的需求，并能直接联系到中介询问更多的细节信息，有时用户还须分辨信息的真实性，才能做出进一步的判断，这是一个在多个信息之间反复比较和决策的过程。

信息可能是无限的，组织它们总是会有不止一种方法，哪种组织与分类方式更好也没有定论。此外，人们有不同的需求，对使用的东西常常有不同的想法，有些人可能对某个主题了解很多，而另一些人可能对此一无所知。

信息组织最重要的一环就是构建信息架构（Information Architecture，IA），它是对信息进行统筹、规划、设计、安排等一系列有机处理的过程。信息架构设计师需要整理供用户使用的东西，并以有意义的方式进行描述，以符合用户的想法（图3-1）。

图3-1　信息架构的基本逻辑

二、信息架构三要素

信息架构围绕用户而发展，这里的信息组织遵循一个明确的目的：帮助用户浏览复杂的信息以做出决策。信息架构的基本框架由三个要素组成：用户、内容、情境（图3-2）。信息架构使我们能够有效地以与用户的情境和需求相关的方式来结构化内容并向用户呈现内容，从而使用户理解复杂性。

（1）理解用户（user）：以对用户有意义的方式对内容进行分组或提供，让用户轻松找到内容。

（2）理解内容（content）：创建适合当前和未来需求的内容。

（3）理解语境（context）：创建对人和企业都有用的东西，并考虑在项目中会遇到的无尽的麻烦。

信息架构赋予内容和结构以意义，第一步是定义内容的结构，第二步涉及用户在其中移动的方式，使用户能使用内容。信息架构存在于网站、应用程序、数字产品、在线社区等各种数字空间，它也适用于实体世界：图书馆、博物馆、商店、图书等。信息架构包含组织系统、标签系统、搜索系统、导航系统的组合，目的是使用户更快地理解内容（图3-3）。信息架构的具体工作包括组织信息（分类和层次）、表示信息（标签本体）、浏览和寻找信息（导航和搜索）。信息元是产品元素的本体含义；排布是用户流，用户可以通过产品完成任务的路径，信息架构是为网站、应用程序或其他项目创建一个结构，它使用户能够了解网站的位置以及信息相关的位置。

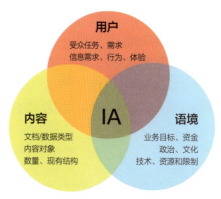

图3-2　信息架构位于用户、内容和语境的中心

图3-3　信息架构分为信息处理和信息检索两大部分

三、信息架构的启发式评估

信息架构就是要让复杂的事物变得清晰，帮助用户找到信息并完成任务。艾比·科维特（Abby Covert）提出了可用于评估现有信息架构的启发式清单，并帮助预测设计的有效性。该清单共包括10个问题，每个问题设置了若干个子问题，设计师可以自检信息组织与信息传达是否合理（图3-4）。[1]

（1）能找到吗？用户能否找到他们想要查找的内容？访问事物的方法不止一种吗？不同设备和平台的可查找性有何不同？

（2）可以访问吗？它可以在所有预期的设备和渠道中使用吗？产品是否具有跨渠道的弹性和一致性？它是否符合目标受众的可访问性标准？它对视觉/听觉受损的用户友好吗？

（3）是否清晰（容易察觉）？容易理解？是否考虑了目标人群的阅读水平？完成任务

[1] Information Architecture Heuristics: A Checklist For Critique, https://understandinggroup.com/free-posters/information-architecture-heuristics-a-checklist-for-critique[OL/BD], 2022-11-08.

| 可发现性 | 易访问性 | 清晰性 | 易沟通性 | 有用性 |

| 可靠性 | 可控性 | 价值性 | 易学性 | 愉悦性 |

图3-4 信息架构的启发式清单的10个问题

的路径是否明显且不受干扰？

（4）是否具有交流性（健谈、信息丰富、及时）？消息传递和复制对用户完成手头的任务是否有效？导航标签和消息是否有助于用户在产品中定位自己？产品及其渠道的标签和信息是否一致？

（5）有用吗？用户是否能够产生预期的结果？它可以使用吗？用户能够毫无挫折地完成任务吗？

（6）是否可信（值得信赖、可靠）？内容是否及时更新？容易联系到相关人士吗？付款时易于验证产品安全性？

（7）是否可控？用户想要完成的任务和信息是否可用？错误的预测和消除效果如何？用户从错误中恢复的难易程度如何？是否有允许用户根据他们的上下文定制信息/功能的功能？出口和其他重要的控制措施是否清楚标明？

（8）有价值吗？用户可以轻松描述价值吗？可以提高客户满意度吗？能够创造足够的价值让用户为其付费吗（如果价值取决于付款）？

（9）可以学习吗？是否易于理解和使用？用户能快速掌握吗？它如何降低更复杂过程的复杂性？它的行为是否足够一致以至于可以预测？

（10）令人愉快吗？它如何优于竞争对手？它如何区分相同的功能？可以愉快地探索哪些跨渠道联系？如何超出用户期望？

第二节　LATCH模型

理查德·索尔·沃曼（Richard Saul Wurman）在《信息架构师》（*Information Architects*）一书中提出LATCH模型：位置、字母、时间、类别和层级（图3-5）[1]。在信息快速变化的时代，LATCH模型可以帮助设计师整理信息，形成有效的信息架构，以便用户理解。当信息中存在相似性的集群时，或者当人们潜意识按类别查找信息时，就可以按类别来组织信息。值得注意的是，字母顺序、时间顺序、位置是客观的，类别和层级则会根据具体的情境和用户群而不同。

LATCH模型的前提是几乎所有的数据组织方案都可以简化为五个基本维度，正如理查德·索尔·沃曼所写，LATCH模型适用于几乎所有信息组织工作，不管是个人文件，

[1] Wurman, Richard Saul. Information architects[M]. Graphis, 1997: 1-10

L A T C H

LOCATION	ALPHABET	TIME	CATEGORY	HIERARCHY
位置	字母	时间	类别	层次结构

图3-5　LATCH模型

还是年度报告、书籍、对话、展览、目录、会议甚至仓库的框架。LATCH模型提供的五个基本维度为结构化信息提供了一个易于使用的框架，每一种分类方式都可以对信息有不同的理解。

一、L-Location位置

当设计师面临来自不同地点的大量信息时，"位置"成为最优的信息分类形式，即按位置组织信息。它可以是物理或概念（空间）位置，特别是当信息具有多个不同的来源和地区时，位置组织很重要。在数字世界中，按位置组织也起着重要作用。例如，根据位置触发特定的用户界面（UI）交互和通知，全球定位系统（GPS）定位和寻找方向的应用程序，提示用户根据实际位置采取行动。此外，随着虚拟现实/增强现实（VR/AR）技术的兴起，基于位置的信息组织正在成为信息架构中非常重要的方面。

在导航软件中，用户手机屏幕上的大部分信息都是围绕位置展开的。如屏幕中央是用户当前所处的位置，箭头指向是用户的朝向，并显示了附近的街道、建筑、商城等。在网约车软件中，通过地图信息通知用户和司机前往同一个地点会面，是最简单和高效的信息传达方式（图3-6）。

图3-6　基于位置定位的哈罗单车

二、A-Alphabet字母

按字母顺序排列信息是提供随机数据访问的方法，特别是当数据量很大，需要有效整合大量文本信息的时候，这是组织信息的极佳方式之一。例如，数字的或实体的字典或电话簿。这种组织方式一般以文本为主，用户能够以首字母为顺序定位和检索，前提是用户需要提前知道字母表和文本信息，才能顺利实现检索。

我们的手机通讯录就是通过字母来进行信息组织。当用户想要寻找某一位联系人的时候，需要先回忆该联系人的姓氏，然后用户在右侧的快速转条栏进行滑动，滑到字母处，就能够快速地定位联系人的大致区域（图3-7）。而当数据量实在太庞大时，如游戏开发中，交互设计师对游戏资源的管理，就经常需要两位，甚至三位的字母进行检索，以提升开发效率。

因此，当信息具有参考性质（字典、百科全书、书籍索引等），或需要对特定项目进行有效的非线性访问，抑或无法使用其他方法对信息进行排序时，则可以考虑字母顺序组织信息。

图3-7　以字母顺序组织信息在QQ软件中的应用

三、T-Time时间

以时间进行信息分类的方式拥有悠久的历史，中国古人结绳记事就是一种以时间为轴线进行的信息整合。人类本能地进行线性思考和放置事件，这可能是人类最常用的组织信息的方式。根据时间组织的信息有非常好的接受度。这种组织方式是对在固定时间段内发生的事件进行分类的好方法。

常见的天气预报界面就有不同的时间排列方式：15天预报、24小时预报，天气的具体信息通过小时进行排列。又如，Pendo笔记会以最新的时间作为排列顺序进行可视化的信息传达，用户可以直接看到当前聊天记录，然后下滑寻找过去的聊天记录（图3-8）。

图3-8　天气、Taskito任务管理的界面是基于时间顺序排列的

"全历史" App
的组织方式

时间的信息组织也可以用交互的方式来设计。"全历史"App的时间轴即按时间的逻辑顺序来表示事件的发展历程。在时间轴的布局上采用多面的时间轴来表示三个地区（中国、日本、欧美）的历史事件。时间显示路径上采用水平线性的表示形式，每个地区使用一条线。点击时间轴上的标签，我们可以清晰地看出某个时间段发生的事件或物品的数量，向左或向右滑动时间轴可查看更多时间事件，然后单击幻灯片以获取更多信息。

在图表的交互设计上，使用平移和缩放动画效果，可用底部的水平时间线滚动条来标记该事件的分布情况。时间轴又进一步结合了立体时间线，用幻灯片的形式演示历史人物或事件，单击可查看详细信息，这些事件显示为文本、照片和视频。因此，基于时间的方法适用于在固定时段内呈现或比较事件，或者当我们需要传达基于时间序列、分步程序、时序事件时，可以按照时间来组织信息。

图3-9 基于类别的网易云音乐内容组织方式

图3-10 基于顺序组织内容

四、C-Category类别

以类别进行信息的整合，会把相同或者相近的信息放在一起。从神经学的角度来讲，这种方式的信息处理能够让用户在阅读相同或相近信息时，大脑以相同的方式运行，能够达到提升信息处理效率，避免用户混乱的目的。

比如在视频平台中，设计师会把相同类别的视频内容放在一起。一方面用户能够直接选择内容类别，进行快速的横向比较；另一方面能够提升消费者阅读信息的效率，对于处在相同语境下的信息，用户能够快速读懂（图3-9）。在界面设计方面，对于相近的信息，设计师也会把它们放在一起。比如原价和促销价，就是相近信息，界面设计师用一个底框把它们放在一起，用户就能够非常快速地进行信息的阅读和对比。购买和加入购物车是相近的用户行为，设计师也把它们放在相邻的位置。

此方法适用于组织具有相似重要性的项目，我们可以使用按类别组织的信息，并可以补充功能/产品以增加可发现性。但是，并非所有的人都会以相同的方式对事物进行分组，当信息的属性重叠多个类别时尤其如此。例如蓝牙音响，它是防水的，可以在淋浴时使用，应如何归类？属于浴室配件还是家电音响？在这种情况下，就需要确保用户测试定义类别的术语以及它们是否对用户有意义。

将信息组织成类别的另一个潜在问题是信息大小。信息越大，就越有可能存在子类别或子子类别，这样会让查找信息变得很困难，如果查找信息的唯一方法是单击每个单独的类别和子类别，就不应创建太多子类别。

五、H-Hierarchy层级

虽然时间、位置、类别等都是常用的信息分类方式，覆盖了大部分的信息处理行为，但实际上设计师遇到的信息是庞杂多样的，不能简单地用一种方式进行整合，往往要用到多种，甚至创造一种新的信息整合方式。层级结果是指按任何顺序排列信息，例如大小、多少、成本高低、流行度、下载量、点赞量等的排列，也包括页面层级的处理。

按"顺序"组织是根据某种"值"对信息进行排序，例如数值（1、2、3）、重要性（高、中、低）、难度（容易、中等、困难）或时间（开始、中间、结束）。按顺序组织的方法是根据给定语境中的重要内容定义线性比例。任何可以根据价值排列的内容都可以按照从最不重要到最重要的范围排列（图3-10）。

按"比较"组织是将信息按照相似点和不同点分类。根据定义，任何类别都是有选择性的。通过比较来组织信息的方法是根据要完成的任务的情境将信息分类为有意义的类别。基于给定的情境，通过询问将信息分类：与什么比较，并分析它们的异同（图3-11）。

按"系统关系"组织是根据其联系和相互关系安排信息。例如，根据地图组织视觉元素，可以确定事物相对于其他事物的位置。基于给定的情境，可以探索关系和联系，以充实对更大系统的整体理解（图3-12）。

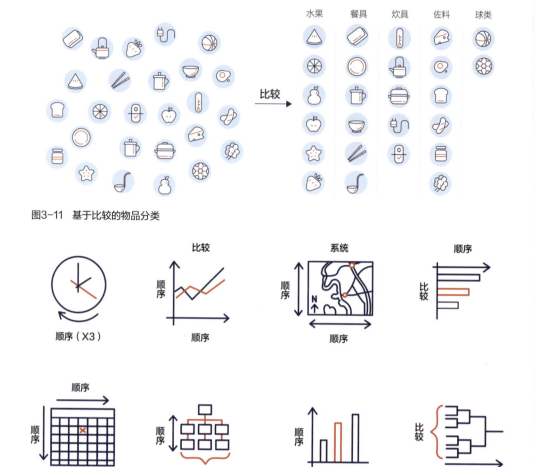

图3-11 基于比较的物品分类

图3-12 基于顺序、比较、系统关系等各种层级的信息图表

第三节　信息架构的设计

1 Brown D. Eight Principles of Information Architecture[J]. Bulletin of the American Society for Information Science & Technology, 2010, 36(6): 30-34.

　　层次结构和导航是任何数字产品的两个重要组成部分。第一个组件定义了内容的结构，而第二个组件涉及用户在其中移动的方式。为了总结信息架构最关键的要求，丹·布朗（Dan Brown）创建了八个原则（图3-13）[1]。

　　（1）对象原则：将内容视为具有生命周期、行为和属性的活生生的事物。

　　（2）选择原则：为用户提供有意义选择的页面，使可用的选择范围集中在特定任务上。

　　（3）显示原则：显示足够的信息，帮助人们了解他们在深入挖掘时会发现哪些信息。

　　（4）范例原则：通过显示内容示例来描述类别的内容。

　　（5）前门原理：至少有一半的网站访问者会访问主页以外的某个页面。

　　（6）多重分类原则：为用户提供几种不同的分类方案来浏览网站的内容。

　　（7）焦点导航原则：保持导航简单，不要混用不同的东西。

　　（8）扩展原则：网站上的内容会增长。确保网站是可扩展的。

信息架构的八个设计原则

OBJECTS

对象原则

将内容视为具有生命周期、行为和属性的活生生的事物

CHOICES

选择原则

为用户提供有意义选择的页面，使可用的选择范围集中在特定任务上

DISCLOSURE

显示原则

显示足够的信息，帮助人们了解他们在深入挖掘时会发现哪些信息

EXEMPLARS

范例原则

通过显示内容示例来描述类别的内容

FRONT DOORS

前门原则

至少有一半的网站访问者会访问主页以外的某个页面

MULTIPLE CLASSIFICATIONS

多重分类原则

为用户提供几种不同的分类方案来浏览网站的内容

FOUSED NAVIGATION

焦点导航原则

保持导航简单，不要混用不同的东西

GROWTH

扩展原则

网站上的内容会增长。确保网站是可扩展的

图3-13　信息架构的八个设计原则

一、对象原则

这个原则认为内容应该被视为一个有生命的实体，它有自己的生命周期、行为和属性。这个概念来自面向对象的编程，其中计算机程序被分解为离散的逻辑块，对象实际上是模板，每个模板都有构建代码的方法和相应的属性，通过代码执行相应的行为，属性则是对象的信息片段。所以，对象意味着有一致且可识别的内部结构（例如，食谱的不同成分）和一组离散的行为（例如，食谱成分比例如何变化）。行为和属性为考虑特定对象提供了一个框架。

例如，在设计食谱网站之前，设计师需要理解一个食谱模型，它包含：成分、数量、过程、分量、烹饪、菜肴类型、准备时间、饮食信息等。这种结构提供了不同的方式来对这种类型的内容进行排序、展示、分类和连接。我们可以建立食谱的关系，或者将这个食谱与同一道菜的不同版本联系起来。因此，食谱具有可预测的结构，具有可"复制"的行为。信息设计师需要定义和理解这些性质。

根据对象原则，信息设计师可以先明确列出所有将被使用的内容类型，并分析它们内在的结构和信息使用的要求。每一项新的任务都必须通过在高层次和低层次确定每一个应具有的内容类别来定义。比如，在线商店的内容描述了多种多样的产品类型（品类），同时也包含了每个分类中的内容，列出了与单个产品有关的数据（衣服的搭配、评价、销量、衣服的成分、洗涤说明等）（图3-14）。因此，信息架构需要组织所有这些具体的内容类别，并定义它们之间的交互关系，以最有效的方式向用户提供数据。

二、选择原则

不同的用户在浏览或寻找信息时，有自己的偏好和理解，如果只提供一种信息的选择会难以满足大部分用户的信息使用需求。因此，选择原则的目的在于为用户提供有价

2018版

其他客户也看了:

女士镂空裁剪上衣
558.67元

女士白色真丝衬衫
558.46元

女士长套衫
377.78元

图3-14　将内容生命周期嵌入项目的体系结构中

值的信息组织路径，且具有明确的目标。但是，选择太少或者太多都会带来问题。选择越多，处理它们所涉及的脑力劳动就越多，而脑力的增加会导致压力和焦虑的增加。因此，在设计信息层次结构时，可制作较短的选择列表，在层次结构上将内容分散开来。如图3-15是创建为用户提供有意义的选择的页面，使可用的选择范围集中在一个特定的任务上。

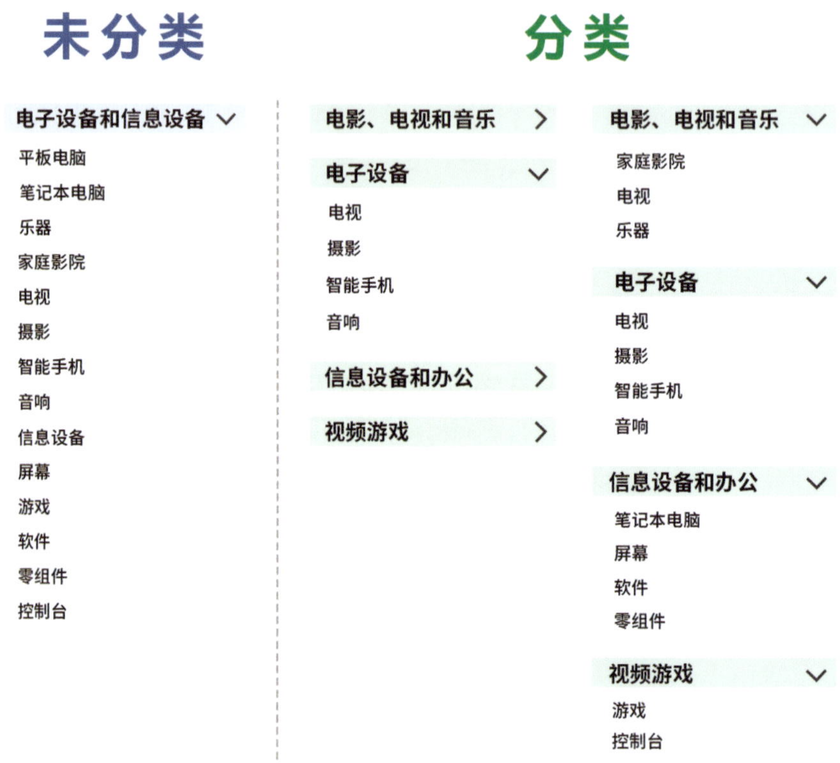

未分类

电子设备和信息设备 ∨
平板电脑
笔记本电脑
乐器
家庭影院
电视
摄影
智能手机
音响
信息设备
屏幕
游戏
软件
零组件
控制台

分类

电影、电视和音乐 ＞
电子设备 ∨
电视
摄影
智能手机
音响

信息设备和办公 ＞
视频游戏 ＞

电影、电视和音乐 ∨
家庭影院
电视
乐器

电子设备 ∨
电视
摄影
智能手机
音响

信息设备和办公 ∨
笔记本电脑
屏幕
软件
零组件

视频游戏 ∨
游戏
控制台

图3-15　适当的选择可以减少信息焦虑

三、显示原则

显示原则是指向用户逐步地展示他们需要的东西。这个概念基于我们的认知负荷，与选择原则同理，即正常人一次只能处理这么多的信息，一瞬间提供所有信息同样会导致信息焦虑，但我们可利用这些数据来预测后面的信息，或有计划地提供有意义的数据。按照通用设计原则，呈现给不感兴趣或不准备处理的人的信息实际上是噪声。一旦用户了解了该选项的内容，就可以根据需要，确定是否进一步深入信息细节。目前，比较推荐的处理方式是渐进式显示原则，即逐步向用户提供应知晓的内容。

渐进式显示形成了以"层次"的形式来组织内容。例如，一个烹饪网站可以提供类别来分组和组织内容，使内容分布在其不同的分组。分类页面提供了相关的数据，比如提供季节性食谱或者特殊人群的食谱，从而进一步提供图片和相关的食谱名称，这样用户就可以决定在某个类型下是否要了解更多（图3-16）。

图3-16 以正常的速度接收数据并可预见更多信息

四、范例原则

认知科学长期以来一直在研究人们如何对事物进行分类，即脑海中持有一个概念意味着什么。最终，心理学家发现，我们的大脑将类别看作好例子的网络。当显示一个类别名称时，可提供一些该类别中的内容示例。在这种情况下，可以使用图片、图标等图示化方法。例如在购物网站，用户通过产品类别进行搜索，就会显示这些类别中包含的产品的例子，自动突出正确的类别，特别是对于那些对类别名称不确定的用户（图3-17）。值得注意的是，这一原则的有效性与内容类型的价值是直接相关的，在使用该原则时，尤其应注意对用户与内容类型的价值的判断。

五、前门原则

鉴于链接搜索的原因，一半以上的用户并非从主页进入。前门原则是需要设计师理解主页不是唯一的登录页面，用户可以通过任何页面进入网站，网站就像一座有很多门的建筑。一般的经验法则是大约50%的用户会通过不是主页的门进入。因此，每个页面都需要解决两个关键问题：第一，用户登录的页面必须帮助用户了解他们可以在网站上找到的其他内容，该页面要告诉用户他们在哪里以及他们在这里时还能做什么。第二，好的主页体现了网站上信息的广度，专注于帮助新用户了解网站的全部内容，不要试图揭示每条内容、每个路径。

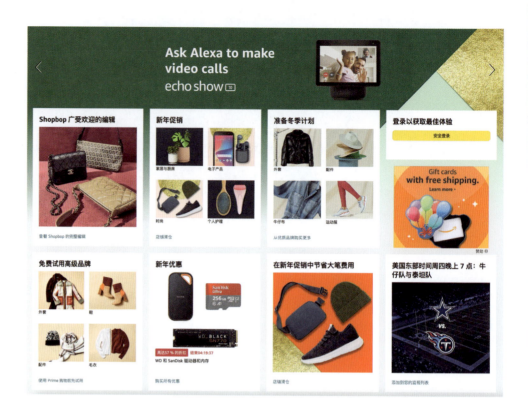

图3-17 以图示来对概念进行
分类

前门原则要求设计师在每个页面提供链接到其他一些相关的页面，提示用户从哪些路径可以找到哪些信息。这样做的目的是告诉用户他们现在处于网站的什么地方，建议用户查看对他们有用的其他页面内容，帮助他们更快地浏览（图3-18）。

图3-18 创建信息结构的逻辑
概念

六、多重分类原则

多重分类原则指的是不同的访问者需要不同的方法来浏览网站，即不同的用户喜欢不同的浏览数据的方式。例如，有些人倾向于直接用搜索工具，而有些人则喜欢更流畅地浏览信息，为网站访问者提供不同的选择，必然会带来更大的客户满意度。分类方案试图提供在一定范围内查找信息的简单方法，并使用标签对网站内容进行分类。主题或内容类型通常构成查找信息的起点。导航则结合这两种分类方案，让用户可以独立使用它们，也可以根据需要组合它们。例如，Behance上提供了创意领域、工具、颜色、位置、学校、源文件等多种查找内容的方式使用户受益，但提供太多方式可能会使用户不知所措并分散他们的注意力。

创建不同的信息
查找方式

七、焦点导航原则

焦点导航原则认为，导航方案应该重点突出，不要在导航框中混合不同导航方式或类别。设计导航意味着在网站上建立查找内容的策略。该策略需要几种不同的导航机制，以提供不同的方式访问内容的菜单。导航类型有以下几种形式。

（1）标题导航：这是主菜单，提供关键的导航区域和主要的主题，通常在站点顶部水平运行。大多数人都熟悉这种导航方式。例如Booking提供了住宿、机票、机票+酒店、租车等主导航，也提供了目的地输入的及时导航，便于用户直接进入主题任务（图3-19）。

（2）及时导航：可看作一个简短的菜单，提供指向相关子主题的链接，也可以提供一个快速检索的入口，分解主导航的内容层次（图3-20）。

（3）侧边栏：这些列表通常位于左侧或右侧，并支持带有菜单的标题导航以快速引导访问者。侧边栏还可以突出显示联系表格、最近新闻或子类别等关键信息，以帮助分解内容密集的网站。

（4）页脚：页脚导航菜单可以包含来自页眉导航的链接，但它也可以引入其他有用的链接，如社交媒体页面、条款和条件、工作列表等。这里的想法是让用户免于在到达页面底部后再一直滚动回到标题导航。

图3-19　标题导航示例

图3-20　及时导航示例

図3-21 产品中的内容量可能会随着时间而增长

八、扩展原则

今天的网络比以往拥有更多的内容。发布内容的便利性意味着人们把东西放到网上，但很少把不要的东西下架。显然，为内容呈指数级增长而设计是具有挑战性的，因为信息的呈现和访问必须在某些层面上符合物理空间所施加的限制，就像我们有相同的认知和人体工程学要求。解决的方式可能有以下几种。

（1）向现有类别添加更多内容，在主题下增添更多文章。

（2）将不同类型的内容添加到现有类别中，如以文本为主的主题中的视频。

（3）创建新的类别，一个全新的主题。

因此，这需要与焦点导航原则结合，结合不同的导航机制，在每种导航机制中适应不同类型的增长。例如，信息架构师可以通过在主导航中添加新主题，从而更容易将新主题作为子类别来扩容（图3-21）。

第四节　标签系统

一、何为标签系统

标签（label）是用一个命名传达信息环境中的信息块的一种方式，以帮助用户按"概念"查找内容，并确保我们的导航和层次结构有适当的标题。一个可以理解的标签对于用户是否能够找到该信息起着重要作用。语言的本质就是概念和事物的标签系统，用户越了解标签代表的内容，就越容易浏览该网站。

在网站中，标签有两种格式：文本和图标。文本是最常见的标签。文本标签的类型包括：上下文链接、标题、导航系统选择和索引词。上下文链接是带有文档正文或信息块的文本。它们通常用于在站点的不同页面之间创建链接。这些链接依赖于上下文。为确保上下文链接标签具有代表性，请问自己一个问题：用户希望看到什么样的信息？图标标签最常用作导航系统标签。它们有时可以用作标题。图标标签在理解上不如文本标签直接，用户可能会感到困惑。

标签常以以下四种方式使用：

（1）情景式链接：其他页面上信息块的链接或者同一网页中另一个位置的超链接；

（2）标题：简单描述其后面内容的标签，像打印标签那样；

（3）导航系统：表示导航系统中的选项标签；

（4）索引词：表示搜索或浏览内容的关键词、标签和主题词。

例如"关于我们"是一个情景式标签，代表一块信息内容，链接指向使用标题标签"关于我们"的页面。"关于我们"通常会包括机构的介绍、人员、办公地址、从事的工作等信息。目前，导航系统已经出现了一些约定俗成的标签：主页、搜索、查找、浏览、搜索/浏览、站点地图、目录、联系我们、关于我们、联系站长、反馈、帮助、常见问题、新闻等（表3-1）。

表3-1   **常用标签及范围说明举例**

标签	范围说明
探索/浏览	通过输入查询内容搜索此站点，或通过综合站点地图浏览它
联系我们	直接联系我们的客户服务部门，保证24小时周转
消息	随时了解我们最新的股票价格和新闻稿
帮助	我们网站的常见问题解答，以及如何联系我们的网站管理员

（一）标签作为情景式链接

情景式链接（contextual links）可以描述文档中的超链接或者大块信息，出现在周围文字的描述性情景中，情景式链接很容易创建，也是推动网站互联的基础。但是，情景式链接并不以系统的方式进行创建，而是以文本和其他内容建立链接，显得个性化，换而言之，情景式链接标签对不同的人有不同的意义。例如，在一个运动品牌的网站，提供了跑步、训练、篮球、足球、户外等不同的标签，简单而明确（图3-22）。

图3-22 以图示来对概念进行分类

图3-23 App store中标签和层级结构的布局、排版处理和空格

（二）标签作为标题

标签用于标题（headings）来使用，用于描述接在其下面的信息，标题通常用于建立内容中的层级结构（图3-23），就像书籍中的标题可以帮助区分章节一样，网站的标题也可以用于判断一个网站的子网站，或者区分类别与子类别。

标题之间的层次关系通常通过一致地使用编号、字体大小、颜色和样式、空白以及缩进或这些部分的组合来直观地建立。这些标题呈现应体系层次结构，保持一致性。标题标签应该很明显并且应该传达顺序。这些标签需要告诉用户从哪里开始，下一步要去哪里，以及在此过程中的每一步将涉及什么动作。

（三）导航系统内的标签

由于导航系统中通常有一组选项，它们的标签需要更多一致的应用。导航系统标签比任何其他类型的标签需要更高的一致性。用户通过导航系统中一致的页面位置和外观来保持"理性"。所以，这些标签应该没有什么不同。有效设计的标签对于建立熟悉感是不可或缺的，因此它们不应在页面之间更改。以下是此类标签的一些示例：主页、搜索、站点地图、联系我们、关于我们、新闻和事件、公告。不要将相同的标签用于不同的目的。

（四）标签作为索引词

作为索引词的标签通常被称为关键字、描述性元数据、分类法、受控词汇表。这些标签用于描述任何类型的内容：站点、页面、内容组件等。索引词支持精确搜索。索引词还可以使浏览更容易：文档集合中的元数据可以用作可浏览列表或菜单的来源。这些标签的一个很好的例子是带有指向每个页面的链接的站点索引。

图3-24中，新片场素材网站的菜单是从时长、分辨率、宽高比等索引词标签产生的，然后用来确定网站不同部分的内容，从网站主组织系统中获取的大多数内容也可以通过浏览这些索引词获得。一般而言，用户是看不到索引词的，我们用索引词表示内容管理系统和其他数据库中的文档的记录。

图3-24 新片场素材网站的索引

二、元数据

分类法组织信息，元数据描述信息。它们实际上是同一整体的两个部分。元数据使用户和计算机系统可以查找和理解内容，它是关于数据的数据，是关于提供结构、上下文和意义的内容的信息。元数据对搜索引擎尤为重要，有助于根据用户搜索的内容显示正确的内容。元数据可用于两个主要方面：生成特定内容的列表（例如，显示"公告"类别）；选择页面上显示的内容（例如，标题、作者、说明和类别）。

有三种不同类型的元数据：

（1）本质：对象实际是什么；

（2）管理：如何使用；

（3）描述：对象的说明。

照片通常附有大量元数据，例如照片的元数据可能包括以下内容（图3-25）：

（1）拍摄地点；

（2）照片拍摄日期；

（3）照片拍摄设备；

（4）图片格式；

（5）作者；

（6）状态，如"已发布"；

（7）标题（描述性）；

（8）类别（描述性）；

（9）标签（描述性）。

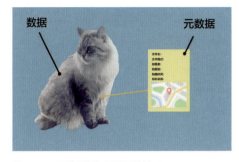

图3-25　照片数据与元数据的关系

三、分类法

分类法是分类的科学或技术，将相似的元素放在一起。分类层次用于对信息进行排序，事物可以以不同的方式进行排名，分类法有助于将内容组织成层次关系（图3-26）。对于信息架构师来说，分类法也是我们对相似类型的内容或信息进行分组的方法，例如，重要性、使用频率、新旧程度、字母顺序、数字大小等。大多数信息架构会根据目标受众的心理模型为网站或应用程序选择一个或多个合适的分类法。然后，他们可以使用元数据"标记"内容，以便用户可以根据假定的分类法搜索内容。例如，一家服装店可能会考虑多种分类法：一种基于面料类型，另一种基于服装品牌，或者基于颜色。这

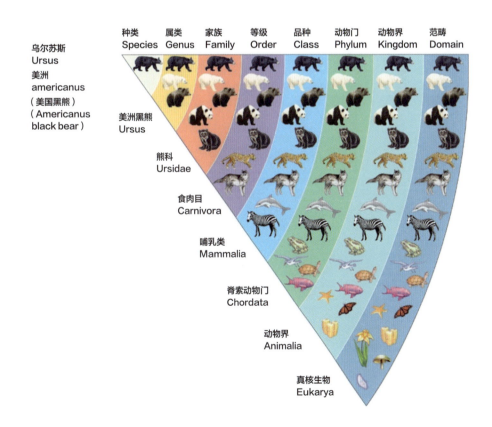

图3-26　美国黑熊的科学分类系统

样，具有"我需要一件新衬衫"的心理模型的购物者可以轻松找到一件红色棉质衬衫。分类法的目标是组织内容，则需要将术语存储为元数据。

上下文、内容和用户是影响包括标签在内的信息架构各个方面的三个关键原则。因此，好的标签设计原则是应尽可能缩小标签的范围，在一个集中的业务环境内清楚地代表内容，保持标签简单而集中。一致性非常重要，因为一致性意味着可预测性和可预测系统更易于使用。一致性受几个问题的影响：风格、表现形式、句法、粒度、全面性、受众。需要考虑的要点如下：

（1）考虑将所有标签写在一个列表中，可以按字母顺序排序，然后查看列表的用法、标点等的一致性；

（2）建立命名规则，保持一致的术语；

（3）分析内容并创建类别；

（4）做用户测试，进行卡片分类；

（5）使用搜索日志进行分析；

（6）预测网站的发展，以便将来可能添加的标签会与当前标签一致；

（7）根据网站的广泛性和规模来决定将哪些术语包含在标签系统中。

本章小结

信息架构是对内容片段进行统筹、规划、设计、安排等一系列有机处理的过程，以使其在作为一个整体体验时有意义的方式。根据这个定义，万物皆有信息架构。信息架构的基本框架由三个要素组成：用户、内容、情境。信息架构的具体工作包括组织信息（分类和层次）、表示信息（标签本体）、浏览和寻找信息（导航和搜索）。信息架构启发式方法旨在提供10个问题，帮助设计师自检信息组织与信息的传达是否合理，包括：可发现性、易接近性、清楚的、好沟通的、有用的、可靠的、可控制的、有价值的、可学的、令人愉快的。

理查德·索尔·沃曼在《信息架构师》一书中提出LATCH模型：位置、字母、时间、类别或层次。字母顺序、时间顺序、位置是客观的，类别或层次结构则会根据具体的情境和用户群而不同。

信息架构共有八个设计原则。对象原则：内容视为具有生命周期、行为和属性的活生生的事物；选择原则：为用户提供有意义选择的页面，使可用的选择范围集中在特定任务上；显示原则：显示足够的信息，帮助人们了解他们在深入挖掘时会发现哪些信息；范例原则：通过显示内容示例来描述类别的内容；前门原则：至少有一半的网站访问者会通过主页以外的某个页面进入网站；多重分类原则：为用户提供几种不同的分类方案来浏览网站的内容；焦点导航原则：保持导航简单，不要混用不同的东西；扩展原则：网站上的内容会增长，确保网站是可扩展的。

标签是用一个命名传达信息环境中的信息块的一种方式，帮助用户按"概念"查找内容。在网站中，标签有两种格式：文本和图标。标签常以四种方式使用：情景式链接、标题、导航系统、索引词。

本章基本概念

信息架构，本体，分类，排布，组织系统，导航系统，标签系统，信息架构启发式评估，LATCH模型，信息架构设计八原则。

练习与思考

（1）结合你在图书馆如何找一本评价最好的设计参考书的经验，谈谈你是如何想办法迅速找到的，并记录在这个过程中帮助你完成目标所接触到人（问询等）、物（书架的分类、组织、标签等）、环境（导向、指引等）、信息/媒体（入库时间、借用频率、在库数量等）。

（2）结合你所在学院的官网，对身边考生、家长、在读生三个用户群进行简单调研，分析三个用户群体所关注的网站的内容清单，并对其用户流进行可视化分析。

信息的转译与表达

第四章

第一节　信息的识别与注意力

一、视觉层次

视觉层次（visual hierarchy）是排列元素以显示其重要性顺序的原则，控制着体验的传递。通过逻辑性和策略性地布置元素，构建出某种视觉特征，从而可以影响用户的感知并引导相应的浏览或操作行动，达到轻松地理解信息、使用信息。

在用户界面设计中，有效的视觉层次有助于告知、打动和说服目标用户。因此，最大程度地提示用户的视觉流（Visual Flow），减少用户信息使用的不确定性，提供愉悦的浏览体验非常重要。例如，当你浏览一个网页感到困惑而不知所措时，有可能是因为页面上挤满了太多的内容，比如导航、文本块、图像和链接，以至于你的眼睛不知道从哪里开始看，找不到你要的信息。这种现象在网页设计中非常常见，真正的问题不在于网页的内容，而在于其布局很可能缺少清晰的视觉层次结构。

一般认为，用户对界面反应速度非常快［林德加德（Lindgaard）的研究是0.5秒，谷歌（Google）的研究将时间进一步降低到0.017秒］，会以直觉的方式决定是留下还是离开。这意味着对设计的信任感是在没有意识的思考下发生的。良好的视觉设计会影响用户是否认为它易于使用，进一步影响他们的使用意图和购买意图。

用户的眼睛遵循一定的可预测的阅读路径，一般从左到右阅读，即遵循F形和Z形。因此，界面设计需要利用这个自然模式，引导用户并强化阅读路径，或者缩放某些元素，打破这些模式以突出用户的焦点。根据认知心理学，用户更喜欢识别而不是回忆，他们可以扫描，而不是阅读和记忆事物。设计师可以利用一些视觉元素的特征来编排界面或页面的内容。

二、眼动与视觉流

视觉层次需要有清晰的视觉流来引导。视觉流是眼睛移动或被引导的方式，并通过视觉权重（visual weight）和视觉方向的组合创建眼睛的移动。视觉流可以通过有规律的构图来引导人们眼睛的视觉走向，以此确保用户能够在第一时间看到设计者想表达的重点信息，帮助用户接收到次重点信息和潜在信息。可以说，视觉流是一种确保用户重点关注关键信息的机制。

最早将视觉流的行为概念引入设计中的设计师是拉迪斯拉夫·萨特纳（Ladislav Sutnar）。他是一位出生于1897年的捷克设计师，也是第一批积极实践信息设计领域的设计师之一。他深受现代主义思想的影响，他的作品植根于理性，以清晰有序的方式展示大量信息，即使英语不是他的主要语言，也能清楚地向美国观众传达信息。他强调排版，使用标点符号来帮助组织信息，使用有限的颜色，以方便普通观众阅读。

萨特纳在《设计信息》（*Designing Information*）一书中介绍了视觉连续性的行为概念：任何需要眼睛从一个序列移动到另一个序列的信息形式，如在一本书、一个展览或一部电影中，都意味着将其视觉元素融合成一个连续的模式，以帮助眼睛继续前进。视觉不仅被视觉流和结构的外部刺激所引导，也受到内部——观察者与给定设计的信息内容的关系的影响（图4-1）。这涉及个人对信息的熟悉程度，各种心理因素也决定了视

1 Pivo H. The Role of Vision in Ladislav Sutnar and Knud Lonberg-Holm's Designing Information[J]. Design Issues, 2019, 35（3）: 3-19.

2 Ladislav Sutnar, http://www.designishistory.com/1940/ladislav-sutnar/[DB/OL], 2022-08-12.

3 Ladislav Sutnar: Visual Design in Action - Facsimile Edition, https://www.kickstarter.com/projects/1204158310/ladislav-sutnar-visual-design-in-action-facsimile?lang=zh[DB/OL], 2021-03-30.

觉上的选择性，个人经验会对信息理解造成一定的影响。因此，视觉体验不仅仅是纯粹感官的体验，视觉感受会与记忆覆盖交织在一起。这要求设计师在设计时，须考虑用户的认知倾向以及他们接受信息的能力。随着时间的推移和用户对信息熟悉程度的提高，用户将熟练掌握信息设计和动态图像的现代标准。[1]萨特纳对信息架构的贡献是巨大的。他为美国企业创建了一系列的图形系统，澄清了大量复杂、冗长的信息，并将日常商业数据转化为易于理解的形式。他最著名的作品包括《可控视觉流：形状、线条和颜色》（*Controlled Visual Flow: Shape, Line and Color*，1943）、《包装设计：视觉销售的力量》（*Package Design: The Force of Visual Selling*，1953）和《视觉设计实践：原则、目的》（*Visual Design in Action: Principles, Purposes*，1961）[2]。他的设计观点可归纳为："良好的视觉设计是有目的的。它的目的不是怀旧，或沉沦到公共品味来获得流行的成功。它的目的是将公众提升到专家水平。为此，设计应评估为一个过程，并形成一个强化理解的实体，设计师必须先思考，然后再工作。"所以，萨特纳认为，设计师的目标永远是加强理解力[3]。

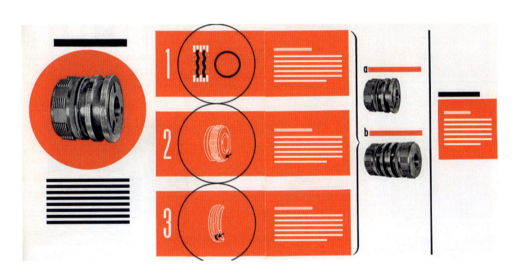

图4-1　视觉连续性的元素和模式

可以说，视觉的重要功能之一就是不断通过整合、统一不同的离散元素，来建立统一的秩序，从而塑造人们看待世界的方式。如今，平面设计已在响应信息时代的沟通需求和转变图文交流方式方面迈出了新的步伐。萨特纳在那个时代所提出的视觉流概念在今天的信息图形、数据可视化以及滚动和分页的网页设计中仍广泛使用，现在的网页设计和导航的组成部分都可以归功于他有条不紊的现代风格图形，这些图形信息组织成以易于理解的形式，并且在视觉上以有趣的方式呈现，大大简化了文本的易读性。

三、阅读路径

与视觉流相关的一个原则是古腾堡图表（Gutenberg Diagram），又称Z形平衡法则（diagonal balance），它描述了当看到元素均匀分布的设计时眼睛的一般运动。当我们看屏幕、页面或海报的时候，没有一个用户是从一个单一的静态点来看的，相反，他们的眼睛不断地扫描，寻找视觉路径和停留点。因此，设计师策略性地定位元素（形状、线条、颜色、纹理等），决定了用户的眼睛首先看哪里，接下来看哪里，眼睛在哪里停顿，停留多长时间，以及视觉流的路径，用户的眼睛训练得越多，参与度也就越高。如果视觉流设计得不好，会导致用户的认知负荷偏高。

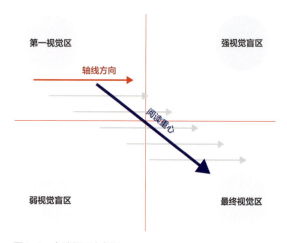

第一视觉区　　　　　　　　强视觉盲区

轴线方向

阅读重心

弱视觉盲区　　　　　　　　最终视觉区

图4-2　古腾堡四大象限

古腾堡图表由15世纪德国金匠约翰·古腾堡所提出，古腾堡图、F形布局和Z形布局都表明观看者的眼睛将如何移动，这些模式是为从左到右读取的语言描述的，它们假定一个设计的自然流程，铺设了现代用户体验实践的道路。在这个规则中，古腾堡图表将页面布局分为四个视觉区域，活动象限是左上角和右下角，被动象限是左下角和右上角（图4-2）：第一视觉区（Primary Optical Area）位于左上；最终视觉区（Terminal Optical Area）位于右下；强视觉盲区（Strong Visual Blind Area）位于右上；弱视觉盲区（Weak Visual Blind Area）位于左下。

在古腾堡图表的结构中，人们的视线通常会从左上角作为视线的入口，自然移动穿过中心位置到达右下角的视角落脚点，而两个视觉盲区（右上角和左下角视觉区）会随着浏览的轴线方向减少注意力，成为容易被忽略的区域。

1. 上下布局的阅读路径

根据古腾堡图表的法则，人们阅读的轨迹是由上到下进行的，视觉终端始终处于画面的正下方。在上下结构的视觉画面中，需要把重要信息放置于画面上方，让人们先进行预判了解，再进行接下来的信息接收或者别的操作。

2. 左右布局的阅读路径

根据古腾堡图表的法则，由于人们的阅读引力是从左到右进行的，在采取左右结构的视觉设计中，设计师一般按照视觉层级的优先级进行排布，顺应人们的阅读轨迹，并凸显重要信息。

3. Z字形布局的阅读路径

在综合运用古登堡图表的视觉设计中，构图可以划分成若干区域，每个区域内部满足阅读引力的规律。按照Z形平衡法则（即古登堡图表），阅读的终端将停在显示区域的右下方，因此可优先将重要信息或是互动信息放置于画面右下方或正下方。Z形的视觉移动轨迹遵循字母Z的形状（图4-3）。

Z形、F形视觉布局

人的视觉从左上角开始，先水平移动到右侧，再对角线移动到底部左侧，然后再完成水平移动到右侧。与古腾堡图表不同的是，Z形布局表明用户需要穿过两个区域。在文本量小的时候，用户在页面上的阅读模式通常遵循Z形路径。Z形路径符合大多数读者看书和浏览网站的习惯——从上到下，从左到右。通过这种布局模式，能为网站形成一个基本视觉浏览框架，同时带来一种秩序感，从而有助于提高用户的留存率和转译率。

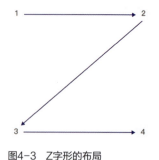

图4-3　Z字形的布局

4. F形布局的阅读路径

F形的视觉布局是由雅各布·尼尔森（Jacob Nielsen）在其公司进行的眼动追踪研究之后首次提出的。在这个模式中，人的视线从左上角开始，向画面的右边移动，然后再向下移动一点，重复之前的移动模式。这个模式就像字母F的形状。F形模式常用于人们对网页内容区域的阅读，在文本量大的时候，用户在页面上的阅读模式通常遵循F路径。

在F形的布局模式中，画面上的第一行文本比其后续文本行获得更多的注视。但是，如果用户对页面下方的段落感兴趣，并将注意力集中在页面下方的文本时，视觉轨迹则由画面下方再向右流动，扫描的路径变得类似于字母E的形状，即人们访问网页并阅读其内容时的视觉轨迹。在F形模式中，人们能够迅速得知重要信息并预判下一步行动，而不是花费大量时间学习如何得知重要信息，给预判行为增加了时间成本（图4-4）。

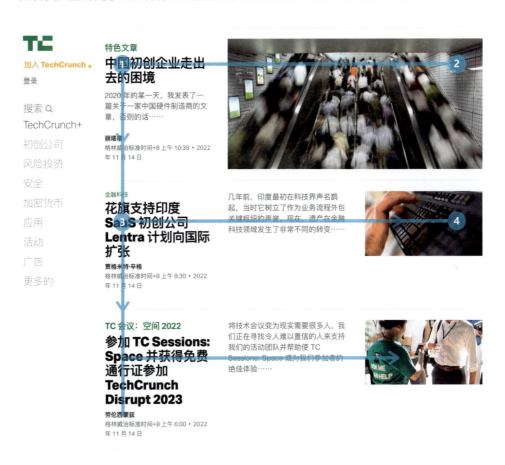

图4-4　F形视觉布局界面设计

因此，遵循古腾堡原则，视觉流设计应保证将重要的信息元素放置于阅读重心的路径中。例如，应在顶部放置显眼标题，在页面构图中间放置引人注目的图片，在页尾位置添加联系方式等。当用户在没有任何视觉流信号来引导眼睛移动轨迹的情况下，用户会优先选择最省力的路径，并将大部分注意力集中在他们开始阅读的地方。因为用户访问页面的原因是想快速找到信息或答案，而不是阅读文章并深刻地思考和学习。通常情况下，F模式是用户浏览的默认模式，人们多年的阅读习惯已经让他们认为重要的内容应排在不重要的内容之前。

四、视觉流的组合设计

理解人类大脑如何排列视觉形式、如何预先组织一个图形区域，可以让设计师思考用户希望看到什么样的元素或者信息，以及它们的顺序，从而创建一个引导用户查看这些元素的流程，使之注意并理解页面上的内容。在具体设计时，设计师通常会从入口点开始创建整个视觉浏览的过程，这些视觉入口点往往是需要重点关注的信息，并在其中重要的信息中标记视觉点。在这条视觉线索中，设计师会利用不同的形状、线条、颜色来引导用户从入口点跳转到每一个视觉焦点，以便于控制用户视觉的浏览顺序并使之接收到关键信息。当所有元素或信息结合在一起时，就形成了一种模式或设计结构来传递信息流。

尺寸——用户更容易注意到较大的元素。

颜色——明亮的颜色通常比柔和的颜色更能吸引注意力。

对比——对比强烈的颜色更引人注目。

对齐——不对齐的元素比对齐的元素更突出。

重复——重复的风格可以暗示内容是相关的。

接近性——紧密放置的元素似乎相关。

空白——元素周围的更多空间将注意力吸引到它们身上。

纹理和风格——更丰富的纹理比平面纹理更突出。

箭头和线条——传输方向和移动眼睛。

可使用视觉流和语言流的一些具体的设计来对页面进行布局。

1. 创建线性的流向

箭头、分割线、滑块等各种线性元素是非常明显的方向提示，还可以使用有方向感的图像。其他方向线索还可以是：重复的元素、对角线、方向线、透视角度、等级渐变。反转或切断视觉流的方向会增加视觉障碍，阻止或逆转眼睛所遵循的路径。例如，可以使用色块或空白来引导用户的视线，也可以通过直线来切断视线的运动（图4-5）。

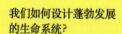

图4-5 使用色块或空白来引导观众的视线，通过直线可切断视线的运动

中断的视觉流

连续的视觉流

图4-6　页面元素的设置形成方向性的流动

2．建立运动的方向

运动与方向直接相关。运动的类型主要为静态运动和组合运动两种。静态运动指的是视线在一定的框架内在点和点之间的跳跃。组合运动指的是页面中的设计元素引导观者的视线从一点到另一点的视觉浏览。有几种常用的方式可以建立眼睛的移动。第一，通过一个方向的页面元素的设置形成某种运动趋势，那么用户的视线就会随着设定好的方向流动（图4-6）。第二，通过创建动画来实现页面上的物理运动。第三，可以创建主导元素、页面焦点和层级来创建静态运动。在设计的视觉流中，可在各焦点之间添加元素来引导浏览的方向和控制速度。

3．建立视觉流向的节奏

节奏是由元素和它们之间的间隔构成的，节奏可以控制视觉流，形成有规律的运动。节奏可分为规则节奏、流动节奏和渐进节奏三种。规则节奏指的是元素之间的间隔是可预测的，或者元素本身在大小和长度上相似，如以固定间隔放置重复元素，这种节奏就会发生。流动节奏是发生在元素之间的间隔不同，形成了一定的有机运动感。渐进节奏是当形式或元素的顺序发生了阶梯状的变化，显示出逐渐增加或减少的运动轨迹（图4-7）。

图4-7　利用方向线形成视觉流

4．使用颜色吸引用户

不同的颜色可以区分画面上的元素，并且突出重点内容，吸引用户的注意力。颜色对比度会导致眼睛专注于与周围物体颜色不同而突出的物体。例如，使用对比色和形状吸引用户的注意，可使用户关注到画面上的重点信息，提高信息的传达效率和有效利用率（图4-8）。

5．创建良好的阅读体验

人们的阅读习惯一般是从左到右、从上到下。为了实现流畅的阅读，可以用以下几种方法：第一，字体大小、字型和颜色一致。第二，选择一种易于阅读的字体。第三，使用接近原则，将标题放在它们所指的文本附近，将标题放在靠近图像的位置。第四，注意栏的宽度，不要太宽或太窄，否则会阻碍阅读。第五，设计垂直节奏，使用一致的行高、边距（图4-9）。

图4-8　不同的颜色可以区分界面内容

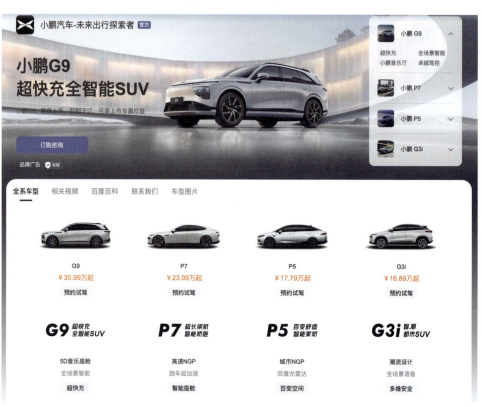

图4-9　小鹏汽车界面设计

第二节　信息的使用与理解

一、易读性与可读性

　　易读性（Legibility）描述了如何将字体的字形正确识别为字符和词语。例如，有些字的字形就比较容易混淆，数字1与英文大写字母I、数字0与英文大写O和小写o。此外，文本的排版（例如，前景色和背景色、字形、字号、粗细和字距的选择）也会影响易读性。易读性是可读性的必要前提，例如，以非常小的尺寸呈现的字体将不清晰或难以阅读，可通过增加字体尺寸使它清晰易读，但可能无法使其可读。用户可能能够阅读文本，但读起来不舒适，例如在密集的合法"小字体"块中，当字体中字符之间的间距拉大时，会使字符更清晰。易读性主要解决内容视觉呈现的相关问题，使内容变得容易"读"，并让用户快速了解页面上的信息。

　　可读性（Readability）描述了用户阅读清晰字体创建的文本的舒适程度。三个因素决定了可读性：人的独特属性（视力、残疾和其他健康因素）、文本本身的内容以及排版（字体的选择及其使用方式）。可读性一般需要与内容作者合作，受文本的趣味程度、主题和语法的复杂程度、是否以足够吸引人的风格编写、某些词在整个文本中出现的频率以及所用字体的清晰度等因素的影响。影响可读性的排版特征包括字体粗细、字符间距、字符高度和行距。可以这么说，可读性关注的问题更加深入，它涉及用户对文本内容的理解问题，而不是仅仅停留在用户查看内容和识别内容的层面上。基于此，要解决内容的可读性问题，就要思考更多，诸如，语言是否简单易懂？思维是否清晰？信息是否有用？结构是否合理？

　　可读性与易读性两者最大的区别在于，可读性倾向于将视觉呈现和内容本身相结合。或者说，可读性问题就是用户如何区分文本的不同元素的问题，而易读性则强调如何区分特定文本中的某些特定字符和符号的问题。但无论是可读性还是易读性，归根结底是关于"理解"的问题：用户如何轻松查看并快速阅读内容（图4-10）。

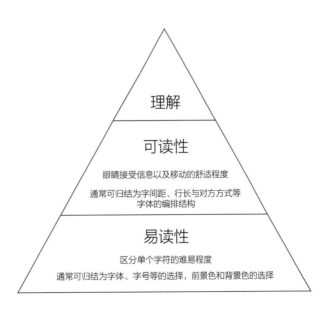

图4-10　易读性、可读性与理解的区别

排版和布局方式可以对读者对内容复杂性的主观评估产生极大影响，显著地影响阅读任务的执行速度和准确性，例如，字体、字距、行距、信息层级等对易读性起到了关键作用。当用户界面不符合易读性标准时，可能会产生视觉阻力，让用户感到失落，导致用户需要花费更多的时间来完成他们的目标或任务。一份精心设计和印刷的文本会让人下意识地认为比质量相对差的版本更有权威性。研究证明，过去，可读性与易读性主要针对传统排版和印刷时读者阅读的书面理解，随着信息显示广泛运用于其他媒介，媒介上的信息易读性也同样需要考虑。易读性不仅是易认性，良好的易读性会使阅读变得简单，阅读效率提高且更易理解。影响易读性的因素包括字号、字重、行长、颜色、格式塔原则等（图4-11）。

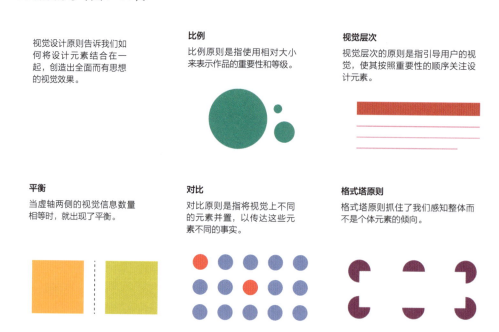

视觉设计原则告诉我们如何将设计元素结合在一起，创造出全面而有思想的视觉效果。

比例
比例原则是指使用相对大小来表示作品的重要性和等级。

视觉层次
视觉层次的原则是指引导用户的视觉，使其按照重要性的顺序关注设计元素。

平衡
当虚轴两侧的视觉信息数量相等时，就出现了平衡。

对比
对比原则是指将视觉上不同的元素并置，以传达这些元素不同的事实。

格式塔原则
格式塔原则抓住了我们感知整体而不是个体元素的倾向。

图4-11　视觉设计可影响易读性

（一）字号与字重

字号是影响易读性的重要因素。用户很难识别和处理较小字号的字符，在安卓 Material Design 的设计规范中，对字体有如下要求。英文字体使用 Roboto，中文字体使用思源黑体。Roboto 有6种字重：Thin、Light、Regular、Medium、Bold 和 Black。思源黑体有7种字重：Thin、Light、DemiLight、Regular、Mediums Bold 和 Black（图4-12）。

当涉及字重时，应该以平衡为目标，否则大小文本的易读性都会受到影响。当字号较小时，非常细、字重轻的字符看起来很淡，而字重大的字符看起来感觉有些突兀（图4-13）。

美国就关于如何设计从基础设施到标牌的所有内容的综合资源方面颁布了《残疾人法案无障碍指南》（ADAAG）。该指南提出：针对字体，字体的大小写、样式和比例的具体标准取决于它们出现的位置。例如，标志上的类型（如洗手间标记）应该全部大写且无衬线。在大多数情况下，12号字体应视为打印的最小字体大小；避免使用非常轻量级的字体；推荐使用中等或粗体字，以确保字体易于阅读，并且易于区分数字和字符，确保文

Roboto Thin
Roboto Light
Roboto Regular
Roboto Medium
Roboto Bold
Roboto Black
Roboto Thin Italic
Roboto Light Italic
Roboto Italic
Roboto Medium Italic
Roboto Bold Italic
Roboto Black Italic

话 话 话 话 话 **话 话**　　SIMPLIFIED CHINESE
吳 吳 吳 吳 吳 **吳 吳**　　TRADITIONAL CHINESE
あ あ あ あ あ **あ あ**　　JAPANESE
한 한 한 한 한 **한 한**　　KOREAN

图4-12　Material Design的 中
英文字体

这是一段关于文本易读性的对比　　　　**这是一段关于文本易读性的对比**

任何的信息图形都有载体，信息需要被清晰　　任何的信息图形都有载体，信息需要被清晰地
地表达。信息图形的设计需要考虑受众的需　　**表达。信息图形的设计需要考虑受众的需求，**
求，是否能够与更多的受众沟通。　　　　　　**是否能够与更多的受众沟通。**

图4-13　文本对比

图4-14　Material design的中英文字号

本中的字距不是太紧。简单来说，字符之间应该有足够的间距，以此保证易读性；确保单词和段落之间的整体间距是均匀的。

Material Design推出的字体比例生成器（Type Scale Generator）是一个能创建字体比例和相应代码的工具，即字体都会根据材料排版指南自动调整大小并优化，以提高可读性。在类型范围中选择一个类别，可查看字体的详细信息，并通过右侧的菜单调整字体（图4-14）。

在iOS的中文字体中，标题的字体大小是34px，使用苹方/Pingfang SC字体。具体可以看下图的一些规律。这些规律具有普遍性，但是也存在特殊性，比如App Store，标题的字体大小远远大于34px。但是无论变得多大，保持偶数倍，如36px（图4-15）。

通过案例可知，iOS中App标题的大小一般是34px，这个字体的大小在苹果的规范设计中有说明。图4-16中，"大（默认）"一栏就是目前苹果设计规范的默认值。在设计过程中，设计师可以以这一栏的字体大小作为基础。最大标题的字体大小是34~41px，最小值是11~13px，最大值和最小值划定了设定的区间，对字体设计提供了一致性的参考。

图4-16中一共有7个层次。可以点击这7个层次查看各个层次对应的字体大小。一般而言，我们参照的是"大（默认）"这一层次。当进行特殊设计的时候，比如设计对象是老年人，就要考虑调整字体的比例，可以参考

iOS-标题的字体大小和类型

iOS 苹果系统 标题　　　　iOS 微信页 标题　　　　iOS 支付宝页 标题

标题字体大小: 34px　　　标题字体大小: 34px　　　标题字体大小: 34px
标题字体名称: 苹方/PingFang SC　标题字体名称: 苹方/PingFang SC　标题字体名称: 苹方/PingFang SC

iOS-列表上的字体大小

iOS 微信列表页　　　　iOS 苹果系统页　　　　iOS 滴滴设置列表页

列表字体大小: 34px　　　列表字体大小: 34px　　　列表字体大小: 30px

iOS-Tabbar的字体大小

iOS 微信底部栏　　　　iOS 苹果底部栏　　　　iOS 支付宝底部栏

Tabbar中字体大小: 20px　Tabbar中字体大小: 20px　Tabbar中字体大小: 20px

iOS-按钮上的字体大小

iOS 微信按钮　　　　iOS 支付宝按钮　　　　iOS 苹果系统按钮

按钮上字体大小: 36px　　按钮上字体大小: 34px　　按钮上字体大小: 34px

iOS-列表下面的小字体大小

iOS 支付宝按钮　　　　iOS QQ列表　　　　iOS 微信列表

列表下方字体大小: 25px　列表下方字体大小: 25px　列表下方字体大小: 25px

图4-15　定义了iOS各个部分用
到的字体大小

动态字体大小（iOS）

x小	小的	中等的	大（默认）	x大	xx大号	xxx大号

大（默认）

风格	重量	尺寸（点）	领先（分）
大标题	常规的	34	41
标题1	常规的	28	34
标题2	常规的	22	28
标题3	常规的	20	25
标题	半粗体	17	22
主体	常规的	17	22
插图编号	常规的	16	21
小标题	常规的	15	20
脚注	常规的	13	18
字幕1	常规的	12	16
字幕2	常规的	11	13

@2x设计的点大小基于144ppi的图像分辨率，@3x设计基于216ppi的图像分辨率。

图4-16 iOS各个部分用到的字体大小

更大的无障碍字体大小（iOS）

AX1	AX2	AX3	AX4	AX5

AX1

风格	重量	尺寸（点）	领先（分）
大标题	常规的	44	52
标题1	常规的	38	46
标题2	常规的	34	41
标题3	常规的	31	38
标题	半粗体	28	34
主体	常规的	28	34
插图编号	常规的	26	32
小标题	常规的	25	31
脚注	常规的	23	29
字幕1	常规的	22	28
字幕2	常规的	20	25

@2x设计的点大小基于144ppi的图像分辨率，@3x设计基于216ppi的图像分辨率。

图4-17 iOS中更大的无障碍字体的大小

图4-17中更大的字体（共分为5个层次）进行调整。在苹果手机中辅助功能的"显示与文字大小"中可查看字体调整后的效果。

（二）颜色和对比度

Web内容可访问性指南（WCAG 2.0）中建议文本和背景之间要有足够的颜色对比度（图4-18）。对于粗体小于18或14的小文本，AA级别的对比度要求为4.5：1，对于大于18的大文本，对比度要求为3：1。而AAA级要求小文本的对比度为7：1，大文本的对比度为4.5：1。虽然对比度在一定程度上限制了创作自由，但它能够确保内容清晰易读并达到目的。

行为召唤按钮（CTA，Call to Action）是网站上的提示，设计师有意识地设计出"醒目的颜色"的按钮去引导甚至诱导用户执行特定操作，并搭配特定的行为召唤，用于比

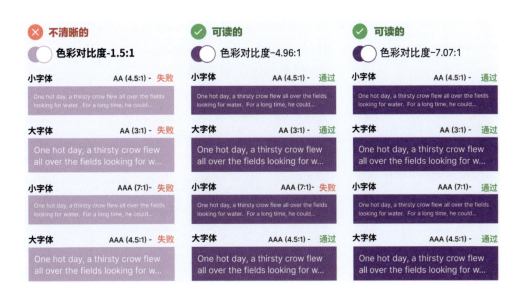

图4-18 文本和背景颜色应通过WCAG AA/AAA标准以获得最佳易读性

如"了解更多""现在购买""订阅"，推动用户注册、下载或购买产品等操作（图4-19）。可以说，CTA按钮成为达成业务目标，影响用户体验和转化率的重要判断依据之一。

图4-19 以醒目的对比色设计
CTA按钮

二、网页可及性

可及性（Accessibility，也称无障碍、可访问性）最早来源于建筑环境设计领域，其诉求是物理空间（公共设施、人行道等）中任何公民的生活的无障碍，涉及残疾人、老年人、孕妇、儿童等各种特殊的社会群体。可及性设计将针对盲人、色盲或视力低下的人、失聪或有听力障碍的人、有暂时或永久性行动障碍的人或有认知障碍的人的设计要求视为一组约束，这些设计约束会给设计带来新的想法，从而为所有用户带来更好的信息服务。

可及性设计的类型主要包括色盲色弱可及性设计、视觉障碍可及性设计、神经多样性的可及性设计、阅读障碍的可及性设计等。2019年，世界卫生组织发布的《世界视力报告》显示，全球有超22亿人视力受损或失明[1]。大约有2亿人存在色觉异常，其中男性占5%~8%，女性占0.5%~1%（每12名男性中有1名色盲，每200名女性中有1名色盲；每30人中有1名视力低下者；每188人中有1名盲人）[2]。色盲眼中所见的颜色与常人是不同的（图4-20）。根据ISO指南要求，考虑到这类受众，设计者应避免绿色与红色、绿色与棕色、浅绿色与黄色、蓝色与绿色、蓝色与紫色、黑色与绿色以及灰色与蓝色这类色彩搭配出现在信息图表的设计中。

2020年，中国疾病预防控制中心的一项研究指出，我国中度和重度视力障碍的患病率增长速度最快，中度视觉障碍人数增加了133.67%，重度视觉障碍人数增加了147.14%，失明人数增加了64.35%[3]。如果信息接受者中有色盲或者色弱者，需要考虑颜色对比度，确保信息接收者能够区分不同设计元素。如果信息接收者在视觉感官上有某种缺陷或者障碍，应当附加图片的替代文字、描述或者标题，这样可以帮助他们理解页面的整体流程和信息。Photoshop在其视图—校样设置的菜单中内置了色盲滤镜（图4-21），可以帮助设计师提供红色盲、绿色盲的校样。

在网站设计中，Web内容可访问性指南2.0提出了网页可及性（Web Accessibility），旨在确保任何人都能以易于亲近、易于获取的方式使用网页内容[4]。比如，网页可及性第

1 世界卫生组织. 世界视力报告 [DB/OL]. https://www.who.int/zh/news-room/detail/08-10-2019-who-launches-first-world-report-on-vision, 2019-10-08.

2 Machado G M, Oliveira M M and Fernandes L A. A physiologically-based model for simulation of color vision deficiency[J]. IEEE Transactions on Visualization and Computer Graphics, 2009. vol. 15, no. 6, pp. 1291–1298.

3 Xu T, Wang B, Liu H, et al. Prevalence and causes of vision loss in China from 1990 to 2019: findings from the Global Burden of Disease Study 2019[J]. The Lancet Public Health, 2020, 5（12）: e682–e691.

4 网页无障碍设计. https://www.w3.org/WAI/tips/designing/[DB/OL]. 2019-01-09.

一条即确保文本和背景之间有足够的对比度。WCAG建议，小文本的对比度至少应为4.5：1。如果字体为24像素或19像素的粗体或更大的字体时，对比度至少应为3：1，即可以在白色背景上使用最浅色灰（#959595）；对于较小的文本，白色背景上使用的最浅灰色是#767676（图4-22）。

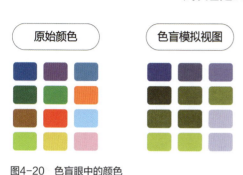

原始颜色
色盲模拟视图

图4-20　色盲眼中的颜色

3D
视图
增效工具
窗口
帮助
校样设置
校样颜色
色域警告
像素长宽比
放大
缩小
按屏幕大小缩放
按屏幕大小缩放图层
100%
200%
打印尺寸
实际大小
自定...
工作中的 CMYK
工作中的青版
工作中的洋红版
工作中的黄版
工作中的黑版
工作中的 CMY 版
旧版 Macintosh RGB (Gamma 1.8)
Internet 标准 RGB (sRGB)
显示器 RGB
色盲 - 红色盲型
色盲 - 绿色盲型

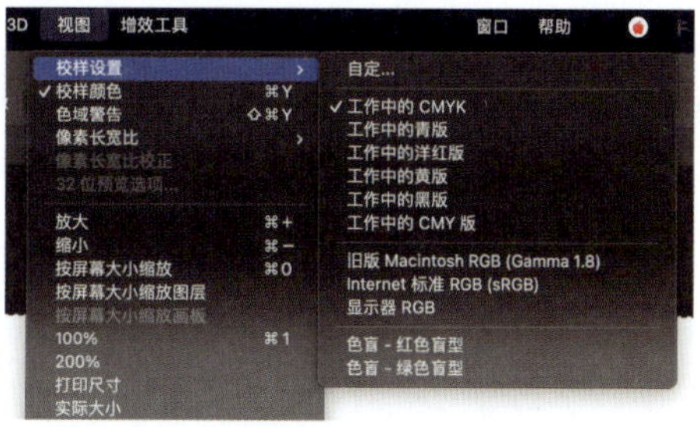

图4-21　Photoshop内设置的红色盲型、绿色盲型的校样

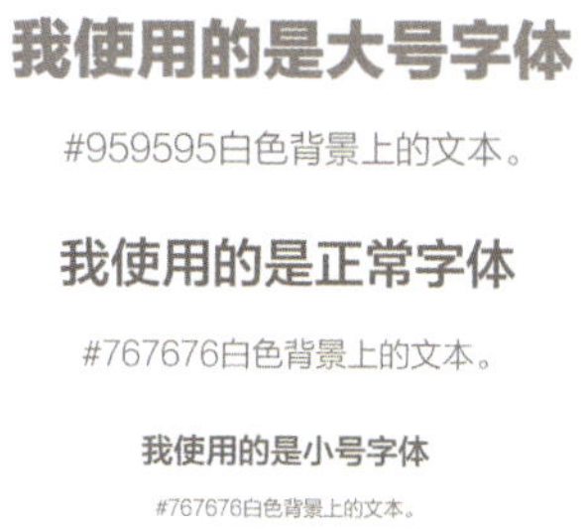

我使用的是大号字体
#959595白色背景上的文本。
我使用的是正常字体
#767676白色背景上的文本。
我使用的是小号字体
#767676白色背景上的文本。

图4-22　大小字号的灰色文字在白色背景上的对比

白色背景上不同灰色文本和正常大小文本的一些示例如图4-23所示。除此之外，利用投影仪进行可及性设计测试可在一定程度上模拟用户场景。投影仪的屏幕分辨率、颜色匹配和总体质量千差万别，跟用户使用与查看我们设计的网站或App一样。投影仪可以帮助设计师在用户遇到问题之前识别设计中的潜在问题，比如，颜色都被洗掉了，有些东西很难看清楚等，这对颜色对比度提出了要求。

有一些工具可以帮助设计师确测试选择颜色的比值，如WebAIM的颜色对比检查器（图4-24）。

颜色安全（Color Safe，图4-25）不是通过失败信息简单地返回有关颜色对比度，而是旨在为应用程序和界面选择可访问颜色。具体流程：首先设置画布中的背景颜色、字体大小和粗细，设置WCAG的辅助功能等级；然后软件会根据上述设置生成一个调色板，并显示将通过可及性对比度的可用颜色选项；再次在调色板中选择需要的色相，比如需要蓝色，则点击蓝色圆环，软件会马上给出各种蓝调的颜色以供选择，还可以获取十六进制或RGB值。

对于大众而言，在白色背景下阅读黄色字体是很困难的，需要仔细分辨文本信息，这需要花费一定的时间和精力。而可及性设计要求设计者注意设计的不同元素之间要有充

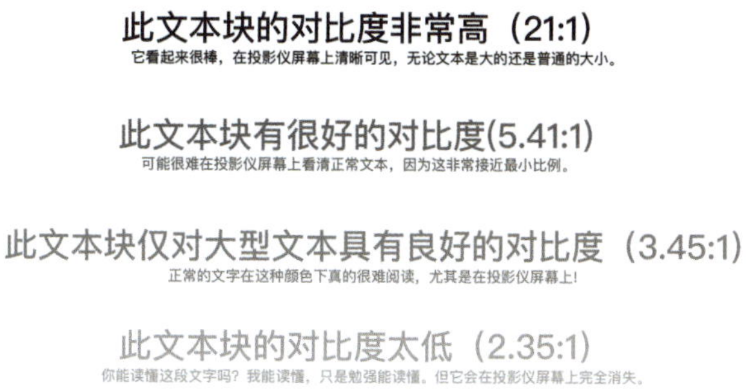

此文本块的对比度非常高（21:1）
它看起来很棒，在投影仪屏幕上清晰可见，无论文本是大的还是普通的大小。
此文本块有很好的对比度(5.41:1)
可能很难在投影仪屏幕上看清正常文本，因为这非常接近最小比例。
此文本块仅对大型文本具有良好的对比度（3.45:1）
正常的文字在这种颜色下真的很难阅读，尤其是在投影仪屏幕上！
此文本块的对比度太低（2.35:1）
你能读懂这段文字吗？我能读懂，只是勉强能读懂。但它会在投影仪屏幕上完全消失。

图4-23　白色背景上不同灰色文本和正常大小文本的一些示例

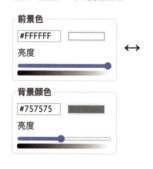

对比度检查器
主页>资源> 对比度检查器
前景色
#FFFFFF
亮度
背景颜色
#757575
亮度
对比度
4.6 :1
固定链接

图4-24　颜色对比检查器

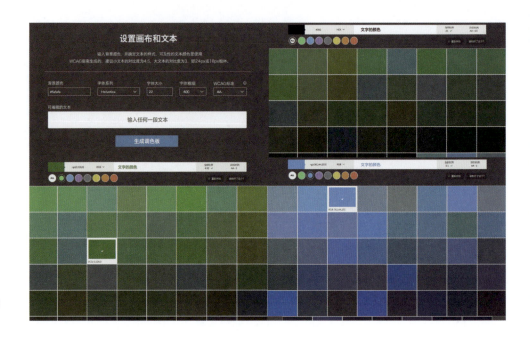

图4-25　颜色安全的颜色对比检查器

足的对比度，尽可能使用较浅的背景色，文本使用较深的颜色且避免搭配图案背景。颜色搭配需要保持高水平的对比度，高德地图中为视觉障碍者提供了色彩模式（图4-26）。

同时，WCAG建议不要将颜色作为传达信息的唯一视觉手段，这可能导致难以区分颜色的用户无法使用。解决办法是使用工具提示、粗边框、粗体文本、下划线、斜体等多种方法优化。例如，图4-27将红色线框放在所有错误字段中，并使用文本来指示和解释给定字段出错的原因。

图4-26　高德地图的视觉障碍模式

图4-27　将红色线框放在所有错误字段中，并使用文本来指示和解释给定字段出错的原因

三、ISOTYPE与知识可视化

ISOTYPE（International System of Typographic Picture Education），即国际图形字体教育系统是由奥地利经济学家奥托·纽拉特（Otto Neurath）主导创建的一种可以跨越语言障碍的国际图形语言。1924年，奥托·纽拉特成立了维也纳社会与经济博物馆，将ISOTYPE作为博物馆的主要图像语言形式，早期也被称为"维也纳图片统计方法的象形图"（Vienna Method Statistics）[1]。ISOTYPE的视觉语言有一套独特的设计哲学：极简主义、功能主义、现代主义的设计理想，具有真实性、普遍性、中立性、相对自主性和稳定性，视觉阐释和文化参考。ISOTYPE从图形设计上可总结为三个设计原则：标准化、扁平化、图形倍数统计。

- 标准化图形设计。使用基本且统一的元素（如点、线、面）进行设计，每个符号的颜色单一，线条简练概括，最大化地表现事物的特点（图4-28）。
- 基于象形图的图形统计方法。通过用图形的倍数来表示一定数量的事物，符号越多，表示的事物就越多，以便准确地计算与比较（图4-29）。

[1] Isotype（picture language）. https://en.wikipedia.org/wiki/ Isotype_（picture_language）[DB/ OL].2021-12-13.

图4-28　标准化图形设计

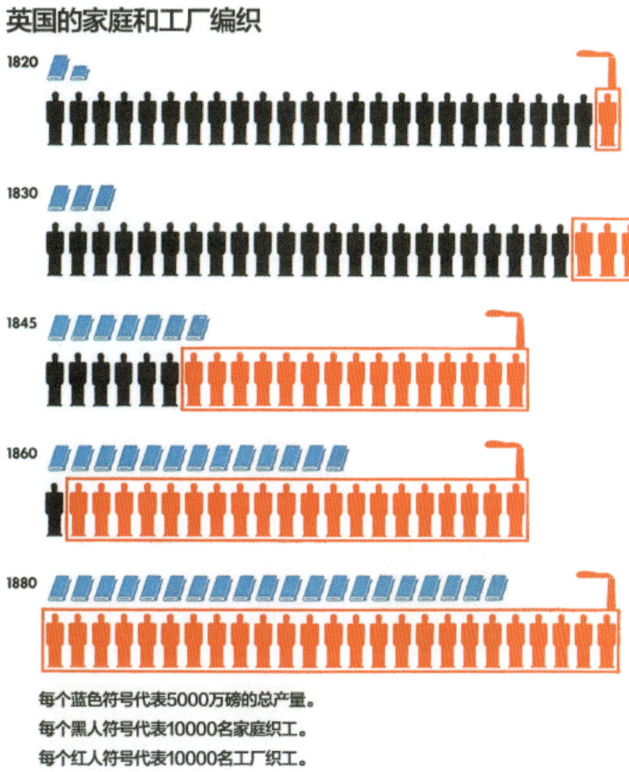

英国的家庭和工厂编织

1820

1830

1845

1860

1880

每个蓝色符号代表5000万磅的总产量。
每个黑人符号代表10000名家庭织工。
每个红人符号代表10000名工厂织工。

图4-29　英国工业革命期间就业的变化

- 图形设计不使用透视法。透视法意味着根据物体与观察者之间的距离，使相同的物体变小或变大，导致受众难以量化。当某些东西需要以三维形式显示时，使用模型或等轴测图。

ISOTYPE由一个跨学科团队组成：经济学家或统计学家、转换者、图形艺术家、技术助理（图4-30）。团队将图形制作分为不同的步骤且由不同的角色承担相应的工作。其中，经济学家或统计学家负责收集数据和信息，即奥托·纽拉特负责。转换者通过视觉的方式将信息进行有目的的组织，然后交给图形艺术家，由图形艺术家将组织过的信息进行绘制，可以是符号也可以是图画，最后由技术助理进行符号粘贴、模型的制作和整合。通过以上步骤，他们将数据、信息转化成图画或者出版物向社会传播知识。

图4-30　ISOTYPE团队的分工情况

语言是所有知识的媒介，经验的事实只有通过符号才能被人们所认知，而视觉是语言和自然之间的一种弥补性的连接。因此，图像化的符号能够在符号化、普通语言和直接经验的体验之间架起一座桥梁。奥托·纽拉特通过视觉和图形示意来解释特定的知识模型，而非数据美化。在他看来，图形语言在不同年龄和能力范围内都是有效的，一个好的图表或者图画作品，应该是大人小孩都能理解的作品，能够把事情说清楚，虽然理解的深度或许是不同的，但是在转化为图形之后，最基本的含义能够展示且被理解。图4-31展示了ISOTYPE为儿童设计的案例《山上的仙宫》和《挖掘地下宝藏》，建立了一

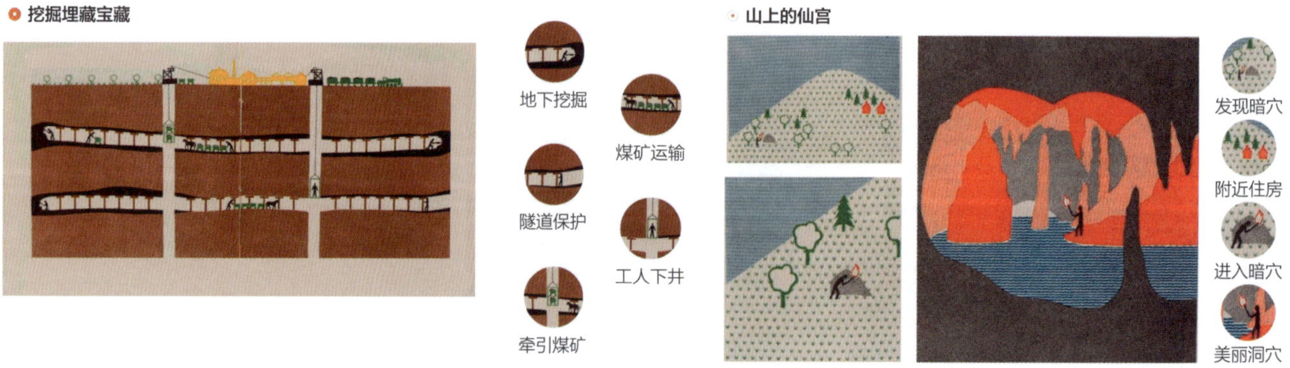

图4-31　《山上的仙宫》与《挖掘地下宝藏》（来源：ISOTYPE儿童系列丛书，1952—1962）

1 Vossoughian N. Isotype: Design and Contexts, 1925-1971[J]. Journal of Design History. Volume 28, Issue 4, 1 November 2015, 448-450.

2 王娜娜，陈小林. 信息可视化还是知识可视化? ISOTYPE中的视觉教育研究. 艺术与设计, https://www.artdesign.org.cn/article/view/id/37598[DB/OL], 2020-05-09.

3 Jorge Frascara. Graphic Design: Fine Art or Social Science? Bennett, Audrey. Design Studies: Theory and Research in Graphic Design[M]. 2006, 12-29.

种能够持续启发视觉教育和实践的设计语言，它对信息设计产生了极大的影响。

1935年前后，奥托·纽拉特撰写了大量文章讨论视觉教育用于儿童教育以及公众教育的作用，提到"知道了独立的数据对于公众来说是没有意义的，他必须知道数据间的相关线索，以及单个数据变化所产生的相关性影响"[1]。玛丽·纽拉特在描述转换过程时，也表示视觉设计不是从单个的符号或视觉元素一步一步线性推进的，视觉转换过程的起点应该是一个完整的结构框架。由此可以看出，ISOTYPE知识可视化创作过程中最为核心的就是"视觉转换"。"转换"需要与每一个领域的科学家进行配合，他们担任着科学家和公众之间的沟通桥梁，利用潜在的视觉元素来引导公众的视觉推理，并使其在这个推理过程中不断理解，建立一个知识框架，而不是没有目的地对信息直接转换。视觉转换是一种思维方式，它既需要通过提取、排列和简化数据，将统计数据转换为直观的、可理解的设计图表的样式，也需要利用象形图设计图表的样式，创造有意义的信息，转换不能仅仅被简化成为一套原则。

ISOTYPE不单是一个图形符号系统，更是一种以知识传播为目标，对不同门类信息进行视觉转换的思维方法。奥托·纽拉特和玛丽·纽拉特在文献中曾多次提及，我们应避免将ISOTYPE仅理解为一种图形样式，而应该创意性地通过数据资料去发掘图形表达的可行性[2]。

随着大数据时代的开启，数据可视化和信息可视化逐渐为人所知，而知识可视化却很少被提及，主要原因在于关于两者的定义与区分一直存在争议。信息可视化对数据进行整理，主要服务于决策，为接收者提供基于数据支撑的依据，帮助接收者根据已有经验与知识进行判断。与信息可视化相反，知识可视化常以"传递答案"为导向，利用特定的知识框架将信息发送者的意图转换为可感知的视觉形式，呈现的是一个思维的过程。在该过程中，信息仅作为对知识模型的论据解读，目的仍在于呈现知识要点、原因和原理，从而利用可视化的图形构建知识网络。[3]

第三节　信息的意义与扩展

一、品牌塑造与风格

电子商务正在蓬勃发展中，大大小小的企业通过网站、应用程序建立在线品牌形象。在消费者心目中，出色的用户体验直接关系到对品牌的认知。因此，品牌塑造是在目标受众和消费者心目中为企业创造独特身份的过程，旨在通过树立品牌来推广产品、服务、角色等。一般而言，品牌是指通过一系列显著特征创建的一种形象，并提高市场上产品或服务的知名度和可识别性。该图像可以通过多种不同的方式创建，可以是视觉的、口头的、可触摸的等。品牌都会建立一个品牌风格指南，在网站或应用程序使用品牌风格指南，并增强用户端到端的体验。

针对信息服务设计方面，品牌可以通过一套品牌风格指南（brand style guide）在产品和品牌之间建立一致性，创造有效、高效、包容、愉悦的产品和体验。风格指南使用最广泛的是：标识、品牌颜色、排版、图形元素、演示文稿模板、关键组件（如按钮、排版、颜色、导航菜单）、重要的用户体验组件（如悬停、下拉、动画等）。风格指南提供设计元素文档和代码供开发者参考和使用，为品牌塑造和体验提供了高度一致性的方法，从而可以强烈传达品牌信息。

涉及信息服务设计品牌方面的问题中，品牌应该首先是指定义品牌风格的一组视觉元素，这些元素可以应用于界面，如标识、排版、品牌颜色等。基于对目标受众和营销/客户研究的分析，创建产品及其风格的视觉可识别性在产品推广中起着重要的作用，因为视觉感知非常快速和直接，比阅读文字容易，比听演讲更令人难忘。

颜色。包括调色板以及如何使用它们。颜色部分应包含印刷和网络格式：CYMK、RGB以及用于CSS的十六进制代码。此外，如在文档中需添加如何使用颜色的说明，还可以提取一些模板页面示例，并注释颜色的使用方式，有助于建立对整体颜色意图的清晰理解。

字体。在样式指南中定义字体的大小、行高、字距、颜色、标题与正文字体等。

布局和网格。通过网格设置模板和指南，在整个应用程序中建立一致性。布局涉及战略方法和后端编程方法。此外，当响应式设计时，还须考虑具有基于比例的流体网格布局。

按钮。在样式指南中，可通过创建一个页面来显示所有链接，定义所有按钮的悬停、禁用和访问状态。应用程序中有CTA按钮，定义在屏幕上使用的次数。此外，当按钮使用了图标，还需要定义宽度和高度以及CSS代码需求。

图标。定义大小和间距以及使用图标的位置，显示所有图标及其名称、用途、颜色和大小。

二、数据叙事与讲故事

随着数据变得无处不在，获取数据的能力，以及理解数据、处理数据、从数据中提取价值、数据可视化、交流数据，已经成为未来几十年非常重要的技能。安德鲁·阿贝拉（Andrew Abela）制作的《这份指南》（This Guide）从数据科学的视角，将不同的图表特征放在一个完整的比较视图中，便于对比和思考不同的图表类型及其组织方式（图4-32）。

但统计学的信息图与故事版的信息图是有明显差异的。对于统计学的信息图，只要以清晰的方式报告，这些见解或事实就可以独立存在，这种观点是基于商业决策的逻辑，完全基于逻辑和理性。

神经科学家已经证实，决策通常基于情感而非逻辑。情绪在帮助我们的大脑浏览备选方案并及时做出决定方面起着至关重要的作用。著名的批评学家沃尔特·费希尔认为，人类所有沟通、传播的形式及类型都可算是叙事。法国当代文艺理论家罗兰·巴特也论述过："有了人类历史本身，就有了叙事。任何地方都不存在没有叙事的民族……"由此，叙事与人类生活息息相关。叙事学中叙事和故事的概念是相通的，叙事更注重怎么讲，故事更注重讲了什么。从结构主义叙事学的角度来看，叙事由故事（story）和话语（discourse）构成。故事是一系列的事实，包括事件、行动、角色等，可通过结构化数据来表达；话语是对这些要素进行组织并传达给受众的特殊方式。同一个故事，借助不同媒介、从不同角度进行叙述，就会有不同的叙述效果（图4-33）。

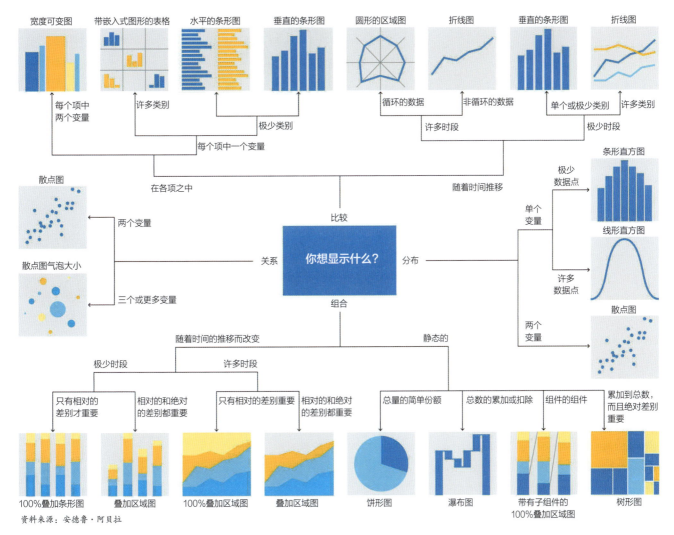

图4-32 安德鲁·阿贝拉的《这份指南》

资料来源：安德鲁·阿贝拉

图4-33 叙事与故事的区别

数据叙事（Data Narrative，也有称Data Storytelling）是一种用于传达数据洞察力的结构化方法，而不仅仅是创建具有视觉吸引力的数据图表，它涉及三个关键要素的组合：数据、视觉、叙述（图4-34）。

叙述与数据的结合有助于向受众解释数据中发生的事情以及为什么特定的见解是重要的。因此，充分的语境和一定的评论才能形成洞察力。当视觉效果应用于数据时，受众可以有机会了解那些隐藏在数据异常值中的数据模式。图表可提供数据的概览，叙事则为数据添加了事情发生的语境。两者结合可有效吸引受众的注意，提升受众对复杂事实或数据的认知，以及见解和观点被分享和接收的效率。故事的形式为枯燥的数据增加了趣味性，有助于人们更好地理解与记忆。而且由于人类决策更加依赖于情感而非逻辑，好的叙事更加容易通过情感互动引起受众的共鸣，从而影响人类决策，说服和吸引人类追求真善美。这一结论可参见亚里士多德的说服力理论（图4-35），由数据支撑的逻辑与信任感说服力只占35%，剩余的65%则是依赖感情和同理心主导的叙事。

图4-34 数据、视觉效果与叙述
的关系

亚里士多德说服力理论

pathos 感情和同情心	65%
Logos 逻辑	25%
Ethos 信任感	10%

图4-35 亚里士多德的说服力理论

为了避免信息传递与沟通中噪声的干扰，可视化图形可使用视觉认知的格式塔六原则：临近、相似、包围、闭合、连续、连接原则；或者利用插图、照片、动画、视频等视觉媒体，形成7种叙事可视化成果类型[1]：①文本解释图像的数据杂志；②描述性文字和标签装饰的注释图表；③多图分区海报；④通过图像序列和注释讲述故事的流程图；⑤以漫画式的方式排列的图片和文字序列；⑥图像和文本讲述的幻灯片；⑦包含数据驱动图像和可视化运动图形的视频。

一般，我们可以将数据叙事的制作分解为以下8个步骤来进行。

（1）从问题开始设置故事。考虑受众要学习什么。

（2）洞察力判断。如果不能从数据中理解到有用的东西，这个故事就没有讲述的价值。

（3）编写故事。人们容易记住故事，而不是数据。

（4）视觉解释，文字叙述。人们通过视觉效果更好地理解指标、趋势和模式，将文字添加到数据中。

（5）数据诚实。重视诚实，不作负面美化，不用分散的数据误导受众。

（6）简洁明了。删除所有不属于该故事的内容。

（7）理解受众。受众的兴趣和目标是什么？他们想要详细的信息，还是高级摘要？

（8）提供语境。没有语境，数字是没有意义的，可比较一段时间内的指标或行业基准。

例如图4-36显示了两种针对世界上使用最多的语言的信息图设计。在左边的图中，设计师将第一语言、第二语言的使用者，从多到少排列，呈现了不同语种的使用比例，前三名是英语、中国普通话和印地语。在右边的图中，设计师用不同面积的圆形来表示使用语言人数的多少，但显然，对于形状大小的比较不如左边的横线长短明显，我们几乎无法判断出英语和中国普通话之间的数量差异，除非我们看到文字说明（11.37亿与11.17亿）。此外，两位设计师都放弃了以国旗来代表某个语言，并认为这需要一定的知识记

[1] SEGEL E, HEER J. Narrative Visualization: telling stories with data[J]. IEEE Transactions on Visualization & Computer Graphics, 2010, 16(6): 1139-1148.

忆，而选择直接使用语种的名字。但很显然，图4-36提供了以颜色区分语种的起源，以点状机理区分第一和第二语言，以圆形大小区分使用该语言的人数，一图多义，更具洞察力。

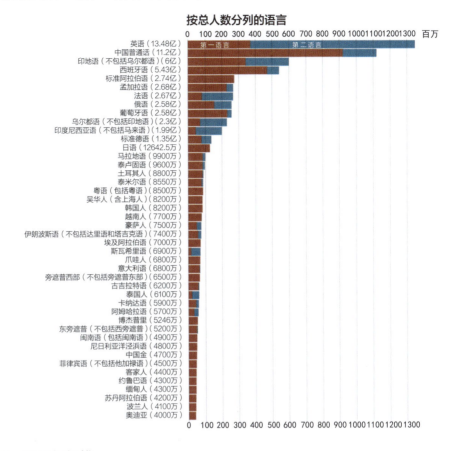

按总人数分列的语言

图4-36　世界上使用最多的语言的两种信息图设计（图片来源：视觉资本数据流）

三、说服与轻推

　　说服（persuasion）用来描述人们在人际关系中如何相互影响，以及大众在传播中如何受到影响。福格（Fogg）是第一个使用"说服"这个术语来描述产品（可能）对人类行为影响的人，他研究了计算机能够在多大程度上改变人们的想法和行为。结合他关于说服工程（persuasion engineer）的研究，"说服"定义为旨在改变人们态度或行为的交互式计算系统，使得互动成为可能。他的研究在很大程度上依赖于社会心理学家罗伯特·恰尔迪尼（Robert Cialdini）的理论。恰尔迪尼在《利用说服理论》（*Harnessing the Science of Persuasion*）一书中指出，说服的本质在于预测和满足人们的心理需要。他的目的是了解人类的选择所遵从的心理学原则。在其《影响力》（*Influence: The Psychology of Persuasion*）中指出，说服原理包括6个方面：互惠（Reciprocation）、承诺与一致性（Commitment and Consistency）、社会认同（Social proof）、权威（Authority）、喜欢（Liking）、稀缺性（Scarcity）（图4-37）。

　　说服理论应用于人与产品的互动，意味着产品可以被视为展示人的品质并因此产生说服性影响的社会行为者。行为被解释为用户与产品交互的结果，这种交互类似于人际交互的相互作用。在尝试通过设计传播社会原则的过程中，说服技术为说服设计的行为改变提供了广泛的设计原则。

　　例如，亚马逊网站通过推荐"相关商品"说服用户继续购买更多商品，并通过显示"该

CIALDINI的说服技巧

权威

人们更容易受到权威人物的影响

承诺一致性

一旦人们承诺了某件事
就很难放手

社会认同

如果大多数人同意某事
那么它一定是真的

喜欢

人们更有可能欣赏与他们
相关的东西

互惠

获得一个小好处或礼物
会产生回报的需求

稀缺性

有限的优惠、促销或折扣往往会
增加对产品或服务的需求或欲望

图4-37　恰尔迪尼的说服原理6
个方面

品牌其他商品""有待探索更多的商品"选项来采用模仿性的说服模式，为了快速完成销售，用"关于此产品的视频"巩固购买意愿，还为购物者提供一键购买商品的功能。

　　轻推（nudge）这个词描述了环境给予我们的微妙推动，使我们做出某些选择。塞勒（Thaler）和桑斯坦（Sunstein）教授在其合著的行为经济学书籍《轻推》（*Nudge*）中提出的"轻推"的概念，获得了诺贝尔经济学奖，他的研究证明了在设计系统或流程中，小的提示对人们的行为有很大的影响，会导致更大更好的行为变化。"轻推"是用肘轻微地助推的意思，与"推动"（Push）有截然不同的寓意。轻推理论提出积极强化和间接建议作为影响群体或个人行为和决策的方式。为了进行这种积极的强化，轻推理论引入了选择架构（Choice Architect），选择架构是将选择呈现给用户的不同方式的设计，它会影响用户做出选择的决策，行为可解释为所提供的选择以及它触发的自动行为响应的结果，它能够以可预见的方式促进人们改变行为，而不是禁止任何选择，也不会显著改变他们的经济动机。

　　剑桥大学行为与健康研究部发了一个新的、更详细的选择架构定义，确定了两个类别。环境属性：在直接情境或微环境中改变对象或刺激的属性，例如它们的设计、大小或呈现；环境中的放置：改变物体或刺激物的放置，例如使它们或多或少容易参与环境中的行为。上述干预措施的目的是改变与健康相关的行为。此类干预措施是在与执行目标行为的微环境相同的微环境中实施的，通常需要最少的有意识参与，原则上可以同时影响许多人的行为，并且不针对或针对特定个人量身定制。使用这个定义，研究人员将行为科学的概念放入这个框架中，开发了一个更具体的框架（图4-38），确定了9种可以用来塑造环境的工具。例如，框架或权威意见可能适用于标签，显著性在表现和氛围中起着重要作用。

　　这是一个非常容易理解的框架，可以帮助设计师研究并思考如何利用属性和位置重新设计环境，以更好地塑造决策和行为。这意味着设计师可通过展示信息或通过选择环境，扩展选择的影响。因此，轻推指出产品和环境如何提供可识别的选择，并预测行为，设计人员可以故意进行"设计"。要解决的关键问题如下。

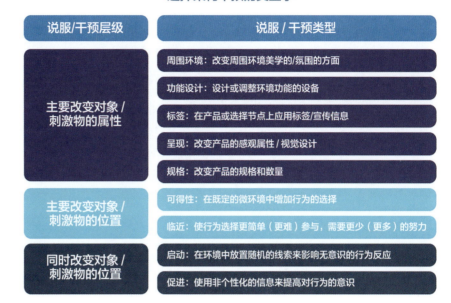

选择架构干预的类型学

说服/干预层级	说服 / 干预类型
主要改变对象 / 刺激物的属性	周围环境：改变周围环境美学的/氛围的方面
	功能设计：设计或调整环境功能的设备
	标签：在产品或选择节点上应用标签/宣传信息
	呈现：改变产品的感观属性 / 视觉设计
	规格：改变产品的规格和数量
主要改变对象 / 刺激物的位置	可得性：在既定的微环境中增加行为的选择
	临近：使行为选择更简单（更难）参与，需要更少（更多）的努力
同时改变对象 / 刺激物的位置	启动：在环境中放置随机的线索来影响无意识的行为反应
	促进：使用非个性化的信息来提高对行为的意识

图4-38　选择架构干预的类型学
（来源：剑桥大学行为与健康研究部）

- 哪些类型的轻推会抵消或增加偏见？
- 哪些轻推会影响用户的选择？
- 如何修改界面设计以包含轻推默认项？
- 我们如何分析行为以动态适应选择环境？

　　例如，Blink是一款为2022年美国特奥会设计的移动应用程序（图4-39）。该程序将数字轻推定义为"使用用户界面设计元素来指导人们在数字选择环境中的行为"。运动员可以使用Blink轻松地向他们的朋友发送消息，鼓励运动员和家庭成员在整个比赛期间互相发送激励信息。该程序预先编写的默认消息，例如全力以赴、祝你好运等为用户提供了一种轻松发送消息的方式，无须再三思。假设没有这些默认消息，运动员可能不会向他们的朋友和其他运动员发送消息。就像咖啡店小费一样，使用默认选项是一种影响人类行为的低成本、非侵入性方式。

图4-39　运动员之间默认的鼓励
信息

第四节　信息视觉化的流程与方法

　　作为一个新手信息设计师，在信息设计的概念阶段，不仅需要理解大量复杂信息，还要在多源信息当中进行推理、理解和学习。基于以上的问题，本节介绍名为复杂信息的概念设计工具包（Conceptual Design Toolkit for Complex Information，下文简称DTCI工具包）[1]。该工具包通过调查和识别信息设计中需要深入理解的行为和任务，将任务逐个分解以明确各个子任务的目标和产物，帮助新手设计师理解和处理复杂信息，从而最大限度地降低错误理解的风险。

　　基于英国设计协会的"双钻模型"（图4-40）可知，设计过程可大致分为四个阶段：第一阶段是发现，第二阶段是定义，第三阶段是开发，第四阶段是交付。对应到信息设计师的设计过程，我们发现在初始的理解问题过程中，设计师倾向于拓展思维方式，拓宽所有有用的相关信息，包括相关的内容信息、设计目的和受众研究。接着，设计师在收集的信息中逐渐收敛，考虑现实中实际的约束，包括用户的语境和具体使用情境、社会和文化方面的限制、技术水平的限制以及不同信息类型的局限性。在视觉制作和信息转译的过程中，信息设计师明确设计中的各种问题，并通过不同的视觉设计手法转译各类信息。在最后评估过程中，改进设计并迭代。

　　信息设计师在这四个阶段中循环往复地思考设计的根本问题和解决方案，最终得出整体设计方案。由此，工具包的内容框架如图4-41所示，主要分为四大类别：发现阶段是明确信息传达的目的，针对哪一类受众，信息内容有哪些。定义阶段通过信息类型梳理和归纳信息的问题，任务流分析和通信方式专注于梳理信息和交互的过程。开发阶段

[1] 该工具包为本作者与研究生的研究成果。

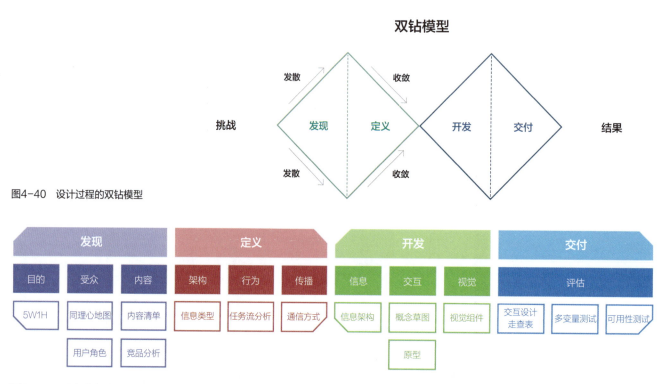

图4-40　设计过程的双钻模型

图4-41　工具包的各阶段及其设计方法

图4-42 流程图卡片

关注呈现方式，视觉组件和视觉编码原则专注于确定呈现方式，解决呈现方式单一的问题。最后交付阶段是评估该设计是否达到了设计目的，是否符合预设的设计要求。

根据这四个阶段，卡片也是分为四个阶段——发现、定义、开发和交付。二级内容分别是目的、受众、内容；架构、行为、传播；信息、交互、视觉；评估。本套卡片分为方法卡和目的卡，目的卡对应方法卡，方法卡提供每个阶段的子任务，并以图文对应方法的内容。方法卡主要负责解决目的卡提出的问题，并提出相对应的解决方法。目的卡通过对各阶段任务目标的确定，明确各个阶段所要解决的问题。

工具包采用了一整张流程图的形式（图4-42），能够辅助设计师进行思考。设计师可以依据流程图上的顺序，将所有与设计材料有关的信息用文字或草稿的形式记录在流程图上，然后将这些信息进行整体的梳理，达到融会贯通的成果。这样一张归纳信息的流程图对于后续设计有很大的帮助，能够使得设计师从理性的角度和整体的思维去进行后续的灵感产出和设计产出。

一、发现阶段：目的、受众、内容

逐步界定设计问题和寻找可能的设计方案，这是设计师在发现阶段应该考虑的问题。设计师在各种不同种类的信息源当中寻找所需的信息，通过逻辑思维的分析去梳理和归纳各类信息。这些信息包括对与设计主题相关的社会和文化的理解，类似设计或其他竞品，受众群体的反馈等，目的是使设计师能够收集和掌握足够的信息，方便后面产出支撑设计策略的设计成果。因此，设计师须不断理解设计目标，发掘受众的需求，发现设计机会点。在该过程中，信息设计师的思维相较于其他阶段应该是跳跃而发散的。发现阶段的主要产物有三个方面，分别是目的、受众、内容相关的信息（图4-43）。这三个方面并不是独立存在的，而是相辅相成的，需要同步进行收集和获取。

（1）目的。5W是美国政治学家拉斯维尔提出的一套传播模式[1]，通过不断的归纳升级后逐步发展成为现在大部分人所探讨的5W1H，该模型是最早和最有影响力的传播模式[2]。通过5W1H来整理与设计主题相关的信息，能够辅助设计师在处理复杂信息的过程当中，提炼出主要的问题和目标，初步定义设计主题，加深对设计项目相关关键信息的了解。

（2）受众。用户在能力、专业知识上的个体差异会影响信息设计的认知过程，有必要根据受众在特定方面的专业程度不同，界定和选择视觉表现的方式。不同水平的受众能够接受的描述方式是非常不同的，视觉呈现需要选取合适的方式来表现信息，明确信息传播策略和展示渠道等。应运用以用户为中心的原则，明确受众目标范围并探索受众的基本特征。受众的特征可通过其所在领域的知识层面、教育水平、年龄阶段、所在地点和使用的场景、受众兴趣、生活状态等方面探索和寻找其共同点。

同理心地图（Empathy Map）可以指明需要从哪些方面对用户数据进行收集，以及接下来探寻的方向，辅助明确用户角色，并且便于团队成员之间的沟通。用户角色（Persona）方法在于持续深入目标受众。艾伦·库珀（Alan Cooper）在《交互设计之路》中介绍了这种虚构的人物角色，用以辅助解决设计问题[3]。用户角色主要通过访谈现实受众并梳理总结产生受众的基础原型。通过与受众直接沟通明确受众关注的目标、行

1 Lasswell H D. The structure and function of communication in society[J]. The Communication of Ideas, 1948, 37（1）: 136-139.

2 Shoemaker P J, Tankard J W, Lasorsa D L. How to build social science theories[M]. Sage Publications, 2003.

3 Alan Cooper. 交互设计之路[M]. 北京：电子工业出版社，2006，116-135.

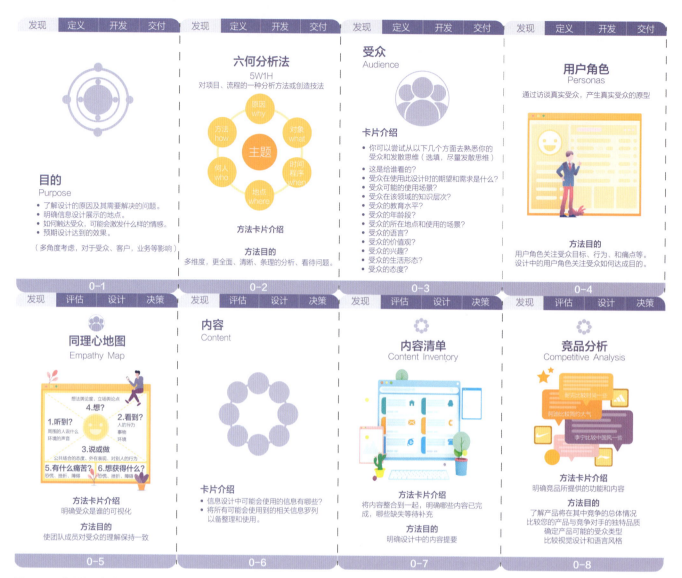

目的
Purpose

- 了解设计的原因及其需要解决的问题。
- 明确信息设计展示的地点。
- 如何触达受众，可能会激发什么样的情感。
- 预期设计达到的效果。

（多角度考虑，对于受众、客户、业务等影响）

0-1

六何分析法
5W1H
对项目、流程的一种分析方法或创造技法

主题
原因 why
对象 what
时间 程序 when
地点 where
何人 who
方法 how

方法卡片介绍

方法目的
多维度，更全面、清晰、条理的分析、看待问题。

0-2

受众
Audience

卡片介绍

- 你可以尝试从以下几个方面去熟悉你的受众和发散思维（选填，尽量发散思维）
- 这是给谁看的？
- 受众在使用此设计时的期望和需求是什么？
- 受众可能的使用场景？
- 受众在该领域的知识层次？
- 受众的教育水平？
- 受众的年龄段？
- 受众的所在地点和使用的场景？
- 受众的语言？
- 受众的价值观？
- 受众的兴趣？
- 受众的生活形态？
- 受众的态度？

0-3

用户角色
Personas

通过访谈真实受众，产生真实受众的原型

方法目的
用户角色关注受众目标、行为、和痛点等。
设计中的用户角色关注受众如何达成目的。

0-4

同理心地图
Empathy Map

想法舆论度，立场舆论点
4.想？
1.听到？ 2.看到？
周围的人说什么 人的行为
环境的声音 事物 环境
3.说或做
公共场合的态度、外在表现、对别人的行为
5.有什么痛苦？ 6.想获得什么？
恐慌、挫折、障碍 恐慌、挫折、障碍

方法卡片介绍
明确受众是谁的可视化

方法目的
使团队成员对受众的理解保持一致

0-5

内容
Content

卡片介绍

- 信息设计中可能会使用的信息有哪些？
- 将所有会使用到的相关信息罗列以备整理和使用。

0-6

内容清单
Content Inventory

方法卡片介绍
将内容整合在一起，明确哪些内容已完成，哪些缺失等待补充。

方法目的
明确设计中的内容提要

0-7

竞品分析
Competitive Analysis

方法卡片介绍
明确竞品所提供的功能和内容

方法目的
了解产品将在其中竞争的总体情况
比较您的产品与竞争对手的独特品质
确定产品可能的受众类型
比较视觉设计和语言风格

0-8

图4-43 发现阶段卡片

为、痛点，关注用户如何达成目标，在设计中如何优化和改进这个过程。

（3）内容。内容是指需要呈现给目标受众的所有信息内容。该部分主要需要从大量多元信息源当中提炼信息，明确后续设计内容需要包含哪些部分组件，并初步合成内容提纲。在这个过程当中，内容清单（Content Inventory）将辅助设计师组合内容，查漏补缺相关内容。同时可以采用竞品分析明确相关竞品的内容。竞品分析可以了解同类型竞争者的策略，分析与提炼其设计能够发掘自己设计产品的优缺点。

二、定义阶段：架构、行为、传播

定义阶段是在逐步了解各类信息的前提下对相关问题进行分解和定义，将发现阶段所采集的全部信息进行整合和梳理，形成初步的信息框架（图4-44）。第一步需要从收集来的大量信息源入手，对信息进行解析和提取，明确信息需要呈现的内容。第二步，从目标受众的角度，明确受众和信息之间可能的互动行为。第三步，依据受众目标和使用场景，整合提炼过的内容，初步确定传播的方式，凭借受众的动机，初步确定重要内

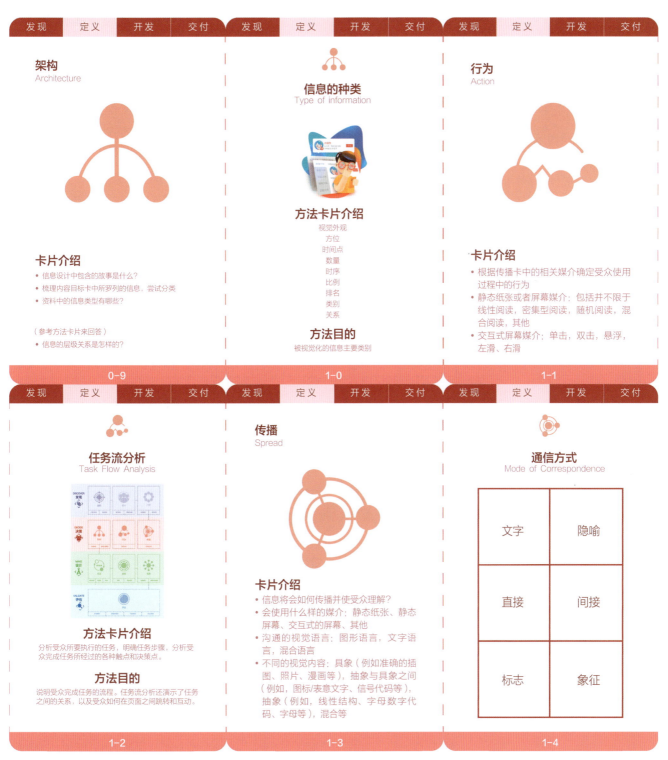

架构
Architecture

卡片介绍
- 信息设计中包含的故事是什么?
- 梳理内容目标卡中所罗列的信息, 尝试分类
- 资料中的信息类型有哪些?

(参考方法卡片来回答)
- 信息的层级关系是怎样的?

0-9

信息的种类
Type of information

方法卡片介绍
视觉外观
方位
时间点
数量
时序
比例
排名
类别
关系

方法目的
被视觉化的信息主要类别

1-0

行为
Action

卡片介绍
- 根据传播卡中的相关媒介确定受众使用过程中的行为
- 静态纸张或者屏幕媒介: 包括并不限于线性阅读, 密集型阅读, 随机阅读, 混合阅读, 其他
- 交互式屏幕媒介: 单击, 双击, 悬浮, 左滑、右滑

1-1

任务流分析
Task Flow Analysis

方法卡片介绍
分析受众所要执行的任务, 明确任务步骤, 分析受众完成任务所经过的各种触点和决策点。

方法目的
说明受众完成任务的流程。任务流分析还演示了任务之间的关系, 以及受众如何在页面之间跳转和互动。

1-2

传播
Spread

卡片介绍
- 信息将会如何传播并使受众理解?
- 会使用什么样的媒介: 静态纸张、静态屏幕媒介、交互式的屏幕、其他
- 沟通的视觉语言: 图形语言, 文字语言, 混合语言
- 不同的视觉内容: 具象 (例如准确的插图、照片、漫画等), 抽象与具象之间 (例如, 图标/表意文字、信号代码等), 抽象 (例如, 线性结构、字母数字代码、字母等), 混合等

1-3

通信方式
Mode of Correspondence

文字	隐喻
直接	间接
标志	象征

1-4

图4-44 定义阶段卡片(来源:
作者自绘)

[1] Roam D. The back of the napkin: solving problems and selling ideas with pictures[M]. Portfolio Hardcover: 2008.

容和用户行为等。

(1)架构。确定最合适的可视化信息的方法是基于人们如何看待这个事物。人们看待事物遵循一种基本的心理方法论: 物体(谁和什么)、数量(多少和多少)、空间位置(何处)、时间位置(何时)、影响、因果(如何)和原因(为什么)[1]。除了之前介绍

[1] Richards C, Engelhardt Y. The DNA of information design for charts and diagrams[J]. Information Design Journal, 2019, 25 (3): 277-292.

[2] Wurman R S. Information architects[M]. New York: Watson-Guptill Pubns, 1997, 2-10.

[3] Casakin H, Goldschmidt. G. Expertise and the use of visual analogy: implications for design education[J]. Design Studies 20.2 (1999): 153-175.

的LATCH的信息架构分类法之外，Engelhardt也提出了8种信息类型：配置与视觉外观（How does it look like）、方位（Where）、时间（When）、数量（How many）、比例（What proportion）、排名（Which order）、类别（Which group）和关系（Does a given relationship hold）[1]。识别信息的类型能够帮助信息设计师建立适合的信息分类，同时确定受众群体在认知过程中产生的重点信息，为后续形成层级的信息结构做好准备。设计师在该阶段需要试着去定义会对用户行为产生影响的内容。此外，在各类复杂信息源当中，不同部分信息内容之间的联系会发生转变，定义关键性内容有助于确定用户在关键触点的使用过程，有助于设计师在行动层当中建立用户流程。

（2）行为。在信息设计构建的过程中，需要考虑受众在交互当中的活动、设计对应的任务结构和用于完成该任务的工具。行为层中，应该梳理用户可能存在的全部触点以及需要设计的触点，明确目标受众的所有行为的可能性后，才有可能设计出适合的交互形式。任务流是用户实现目标的过程。任务流分析通过记录任务的序列和决策点，确定系统需要在什么时候给予哪些信息，从而建立用户和系统之间的交互过程的具体步骤。任务流分析有助于确定初步的信息架构，理清用户完成目标所需的整体流程。

（3）传播。传播部分主要关注信息如何传递，以及怎样和受众沟通。这些内容需要结合发现阶段对受众的洞见观察。当今时代媒介的多样化，使得不同媒介有着不同的原则和范例，不同的传播方式需要考虑设计表现和内在含义之间的关系，相类似的设计元素在不同的呈现方式下往往会展现不同的效果。好的传播效果有助于促进后续开发阶段的用户沟通。

三、开发阶段：信息、交互、视觉

在前期发现和定义阶段作为概念设计过程早期的理解阶段之后，开发阶段进入设计和制作阶段。在该阶段，设计师将前期的初步研究结论带入设计方案，设计师可以从信息、交互、视觉三个方面来分步骤定义设计方案的初步设想（图4-45）。

（1）信息。信息这部分主要是指在架构基础上和任务流分析下完善信息架构。信息架构是这个阶段的关键内容。清晰的信息架构有助于提高用户获取信息的便利性，以及高效理解内容。信息架构一词来源于理查德·索尔·沃曼，他在信息设计领域首次提出该概念，他认为信息架构师通过思考建立系统性、结构性、拥有既定准则的清晰架构[2]。以信息架构作为基础，引导交互和视觉方面相关的推进。

（2）交互。经过确定受众任务流、信息架构、传播媒介方式等筛选和提炼，设计师逐步定义用户与信息之间的交互过程。比如，界面交互形式包括轻触、长按、拖移等相关操作。设计师将依照每个子任务当中的受众目的一步一步地定义交互和用户的行为。

（3）视觉。视觉主要由视觉组件构成。信息设计可以通过组件搭建的形式进行不同层次上的结构设计。视觉设计可以借助相关视觉参考和类比思维，从而在设计过程中激发新的灵感，帮助设计师转译信息内容，产出最终的设计。

设计刺激物（inspirational stimuli）能够更好地激发设计师解决设计问题和达到设计目标。类比推理是灵感素材转化为设计解决方案的重要阶段[3]。类比推理通过将目标和源之间的关系和表现联系起来，进行两个对象或对象系统之间的比较，突出其相似的方面。在设计领域当中，可作为刺激物的种类相当丰富，各类图片、文字、视频、质感、

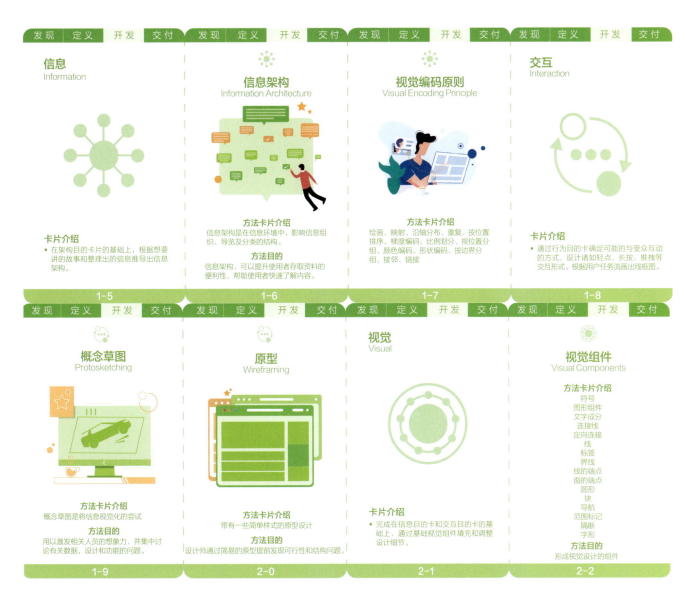

图4-45 开发阶段卡片

基于信息类型的
视觉参考卡片

触觉等都是不同种类的设计刺激物，二维图片对于信息设计师来说是一种必不可少的设计刺激物，能够激发设计师更多的创造力，从而产出新颖的设计结果。

视觉参考卡作为设计参考物，起到了激发设计师产生想法的刺激物作用。通过文献检索，选取了历史上著名的信息设计师（包括Deb Sokolow、Lisa Strausfeld、Moritz Stefaner、Nigel Holmes等18位信息设计师）的部分具有代表性的信息设计图表共计50张，并选取Engelhardt的8种信息类型中的7种信息类型，分别是方位、时间点、数量、时序、比例、排名、类别和关系，对信息图进行分类[1]，以启发设计师构想如何对信息进行转译与呈现，辅助后续设计方案达成。

四、交付阶段：评估

交付阶段主要包括评估部分（图4-46）。我们采用交互信息走查表等来进行自查设计的设计成果。交互设计走查表主要通过架构和导航、布局和设计、内容和可读性三个

[1] Engelhardt Y, Richards C. The DNA framework of visualization[J]. Diagrams, 2020.8: 534-538.

图4-46 交付阶段卡片

发现 | 定义 | 开发 | 交付

评估
Evaluate

卡片介绍

多变量测试
· 确保信息设计中的提示设计与版式等符合受众认知

可用性测试
· 确保信息设计能够解决受众问题，满足预期使用要求

视觉偏好测试
· 确保信息图图的设计对效果符合受众认知

交互设计走查表
· 确保信息设计能够支持受众交互和认知

2-3

发现 | 定义 | 开发 | 交付

多变量测试
Multivariate Testing

方法卡片介绍

对页面的多个部分或功能采用的不同设计方向进行测试，以确认哪种设计方向的组合有较好的效果，与A/B测试不同，后者仅测试一个部分或特征的变化。

方法目的

帮助设计师从内容和功能的把不同设计方向中选取出更为高效的组合，从一组局部解决方案中构建更有效的整体解决方案。

2-4

发现 | 定义 | 开发 | 交付

可用性测试
Usability Testing

优点　机遇

方法卡片介绍

观察测试使用的安心

方法目的

了解所给出的设计的挑战，机遇和优点。

2-5

发现 | 定义 | 开发 | 交付

视觉偏好测试
Visual Preference Testing

方法卡片介绍

允许潜在受众查看解决方案的最终视觉效果并提供反馈的方法。

方法目的

验证受众看到设计时的感受是否与预期一致

2-6

发现 | 定义 | 开发 | 交付

交互设计走查表

❶ 架构和导航 Architecture and navigation
1.1 是否采用了用户熟悉或容易理解的信息结构？
1.2 是否能清晰表达页面之间的结构？
1.3 当前设计的结构和布局是否清晰？
1.4 有没有使用用户熟悉的分类？

❷ 布局和设计 Layout and design
2.1 是否采用了用户熟悉的元素和控件？
2.2 界面元素和操作性的文字、位置、大小、颜色、形状等是否合理、容易识别、一致？
2.3 界面元素/控件之间的关系是否表达合理？
2.4 主要操作行/阅读区域的视线是否流畅，提供反馈？
2.5 其他文本（积灰，提示语）是否一致？

❸ 内容和可读性 Content and readability
3.1 语言是否简洁，易懂，礼貌，不容易产生疑惑？
3.2 内容表达的含义是否一致？
3.3 重要内容是否在关键位置？
3.4 是否在需要时提供必要的信息？
3.5 是否易于识别和注意力的元素？
3.6 有没有使用户熟悉或者有能力识别的图像元素？

2-7

88

方面对设计进行评价。可用性测试、多变量测试则能够帮助信息设计进行迭代，多变量测试用于辅助测试不同页面和不同功能的设计方向，从而得出较好且适合的方向。

本章小结

视觉层次是排列元素以显示其重要性顺序的原则，控制着体验的传递。通过逻辑性和策略性地布置元素，构建出某种视觉特征，最大程度地提示用户的视觉流，减少用户信息使用的不确定性，有助于告知、打动和说服目标用户。古腾堡图、F形布局和Z形布局都表明观看者的眼睛将如何移动。可以通过创建线性的流向、建立运动的方向、建立视觉流向的节奏、使用颜色吸引用户、创建良好的阅读体验来对视觉流进行组合设计。

易读性描述了如何将字体的字形正确识别为字符和词语。可读性描述了一个人阅读清晰字体创建的文本的舒适程度。可读性问题就是用户如何区分文本的不同元素的问题，而易读性则强调如何区分特定文本中的某些特定字符和符号的问题。无论是可读性还是易读性，最终目的都是理解：用户如何轻松查看并快速阅读内容。排版和布局方式可以对读者对信息显示内容复杂性的主观评估产生极大影响，显著地影响阅读任务的执行速度和准确性，例如，字体、字距、行距、信息层级、颜色与对比度等对理解起到了关键作用。

可及性（也称无障碍、可访问性）最早来源于建筑环境设计领域，其诉求是物理空间（公共设施、人行道等）中任何公民的生活的无障碍，涉及残疾人、老年人、孕妇、儿童等各种特殊的社会群体。可及性设计的类型主要包括色盲色弱可及性设计、视觉障碍可及性设计、神经多样性的可及性设计、阅读障碍的可及性设计等。网页可及性旨在确保任何人都可以易于亲近、易于获取的方式使用网页内容。

ISOTYPE即国际图形字体教育系统是一套可以跨越语言障碍的国际图形语言。ISOTYPE从图形设计上可总结为三个设计原则：标准化、扁平化、图形倍数统计。ISOTYPE不单是一个图形符号系统，更是一种以知识传播为目标，对不同门类信息进行视觉"转化"的思维方法，创意性地通过数据资料去发掘图形表达的可行性。

针对信息服务设计方面，品牌可以通过一套品牌风格指南在产品和品牌之间建立一致性，共同创造有效、高效、包容、愉悦的产品和体验。风格指南使用最广泛的是：标识、品牌颜色、排版、图形元素、演示文稿模板、关键组件（例如按钮、排版、颜色、导航菜单）、重要的用户体验组件（如悬停、下拉、动画等）。

本章基本概念

视觉层次，视觉流，视觉权重，阅读路径，拉迪斯拉夫·萨特纳，古腾堡规则，F形布局，Z形布局，易读性，可读性，字号与字重，网页可及性，Web内容可访问性指南，ISOTYPE，知识可视化，品牌风格指南，数据叙事，讲故事，轻推，说服。

练习与思考

（1）结合Apple Design和Material Design的开发者手册，选择你手机上3个经常使用的App，对控件、视图、样式（颜色、字形等）进行对比性分析，谈一谈发现了哪些一致性规律和哪些不同之处，尝试对这些异同进行解释。

（2）结合你手机上3个经常使用的App，描述自己的视觉流和阅读路径，并说明每一次视觉停留和略过的内在原因。

（3）谈一谈你是否有过被某个软件的一些功能和流程轻推的经历，仔细思考它们是如何做到的，是否存在一些内在的机制设计。

第五章

信息服务的传递与构建

第一节　用户访谈

一、如何进行用户访谈

　　用户访谈（user interview）是用户研究中的常用方法之一，是一种获取用户反馈的方法，主要用于了解用户的偏好、想法和感受，其快速简便的开展方式特别适合于在精益和敏捷开发环境中运用。用户访谈的方法通常与其他领域（民族学和心理学）的定性访谈相同，但具有为设计项目提供信息的特定目的。用户访谈有多种方式，包括一对一和一对多的交流（图5-1）。例如，如果时间有限，可以通过视频或语音通话进行用户访谈，也可以在用户家中进行。典型的用户访谈通常配备两名用户体验研究人员和一名用户。其中，第一位用户体验研究人员提出问题并引导受访者完成访谈；第二位研究人员做笔记。

一对一线下　　　　　　　　一对一线上　　　　　　　　一对多轮流

- 提出问题并引导受访者完成访谈　　· 提出问题并引导受访者完成访谈　　· 轮流提出问题并引导受访者完成访谈
- 对问题进行记录　　　　　　　　· 对问题进行记录（视频或音频）　　· 记录问题、聆听问题（视频或音频）

图5-1　用户访谈的多种方式

　　有些用户访谈会安排在用户的日常生活环境中，即情境访谈（context interview），其优势在于可以提供更多关于设计使用环境的见解。因此，访谈可能会发现真实的操作行为与产品设计中的缺陷（例如，产品太重，用户无法随身携带）。

　　用户访谈可用于用户研究的许多阶段，从构思到可用性测试（图5-2）。在项目开始时，用户访谈主要用于收集信息，更好地了解潜在用户和需求，以及应该寻求什么样的解决方案。此时收集的见解还有助于开发用户角色、用户旅程图、功能和工作流程。在产品开发的早期阶段，有了早期原型后，用户访谈可以与可用性测试结合起来，了解用户的行为、他们如何看待产品，以便在产品批量生产前获得有价值的反馈。在产品投放市场后，仍可以继续进行用户观察和访谈，在更多的场景中了解用户如何与产品互动。

　　用户访谈包括以下三个关键步骤。

　　第一步，为访谈设定一个目标。这个目标需要简明且具体，与用户行为或动机相关，

在项目开始前	在产品开发的早期阶段	在产品投放市场后
· 了解潜在用户和需求 · 应该寻求什么样的解决方案 · 帮助开发用户角色和旅程图 · 帮助开发功能和工作流程	· 进行可用性测试，在产品批量生产前获得有价值的反馈 · 可用性与访谈结合，了解用户行为和态度	· 继续进行用户观察和访谈，在更多的场景中了解用户如何与产品互动

图5-2　用户访谈可以用于不同的设计阶段

目标还须建立在利益相关者的愿望之上，不要太宽泛，否则访谈会产生太多不相关的材料。

第二步，招募适合的参与者。招募具有代表性的用户样本非常重要，没有适合该项目的参与者（用户），很可能访谈无法获得对项目有益的用户观点。此外，招募参与者前，需要确定信息服务关注一个特定用户组还是几个。参与者的来源可以是个人关系（同学或亲朋好友）、以前的用户、街头采访、付费采访。一般首次访谈准备5~7个用户，每个用户之间预留30分钟做准备。

第三步，编写访谈的问题。首先写一段访谈目的，用于在访谈开始之前与参与者解释本次访谈的目的和目标。然后，编写访谈问题，准备比实际需要更多的问题，且专注开放性的问题。例如，"你能向我描述一下你是如何使用即时消息的吗？"而不是"你多久使用一次？"一般，从简单的问题开始，并预测不同回答的后续问题。

二、如何提出正确的问题

用户访谈中涵盖的典型主题一般包括：了解用户的背景（如民族志数据）；相关技术（信息服务）的如何使用；用户使用信息服务的主要目标和动机；用户的痛点等。引导式的访谈，依赖用户发表意见、回忆事件，但人类记忆有缺陷，不能完全准确而全面地回忆。因此，用户访谈需要一定的技巧和问询问题的方式。以下针对用户访谈的问题提供一些示例。

了解用户的问题。请用户介绍自己与某个"组织"的关系。是什么类型的工作，工作多长时间？与"项目主题"的关系？请用户描述在"角色环境"中典型的一天？当用户使用信息服务时，访问信息时是否遇到过任何挑战？

收集用户行为的问题。请用户描述在使用"项目主题"时需要执行的最重要的任务是什么？如何描述过去和当前在"项目主题"方面的经验？多久使用一次？如何访问？搜索哪些术语？访问"项目"时通常使用什么设备？是否经常在"项目"上难以找到东西？"项目"目前是否支持用户的需求？

征求意见和用户意识的问题。请用户描述"项目主题"的主要功能和特定功能是什么。喜欢当前"项目主题"的哪些方面？不喜欢当前"项目主题"的哪些方面？

关于项目目标的问题。访问"项目主题"的主要目标是什么？有次要目标吗？什么会阻止你实现"项目目标"？可以进行哪些改进以使"项目目标"更容易或更好？

三、对访谈内容进行主题分析

与用户交谈后产生了大量音频、笔记、视频、图片和有趣的印象。这时，如何从信息混乱转变为代表数据最有趣方面的模式和主题？因此，下一步需要理解所有数据，对其进行分析。

主题分析是半结构化访谈常用的一种灵活的方法，既可用于探索性研究（不清楚要搜索的模式，如了解用户的日常工作生活、他们的动机等），又可用于更具演绎性的研究（知道要搜索的模式，如了解用户如何使用特定技术来处理安全情况）。主题分析通常包括三个层次和六个阶段（图5-3）。

第一，熟悉所有的访谈材料。这些材料包括访谈时记录的抄本，这些信息来自口头记录，并且以一种真实的方式保留其原始性质。还会包括参与者的访谈音频，可以利用

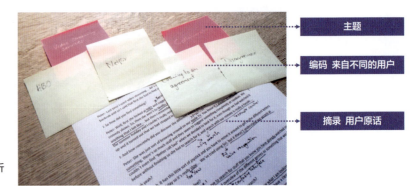

主题

编码 来自不同的用户

摘录 用户原话

图5-3 主题分析
的三个层次

软件进行录音处理。

　　第二，生成初始编码。编码是将数据组织成有意义的组的方法，是描述，而不是解释。一般来说，每当看到数据中一些有趣的东西时，就可写下一个编码。使用哪些编码取决于内容和目的，是探索性分析（主题取决于数据）还是演绎分析（搜索特定主题）。第一阶段与第二阶段通常没有严格的划分，熟悉阶段也可以思考初始编码。

　　第三，发展主题。这个阶段需要对编码和数据做出更积极的解释。发展主题是一个迭代的过程，需要来回尝试不同的主题。绘制编码和主题可以使用便签，直观地了解不同代码和主题之间的关系和级别。

　　第四，完善主题。这个阶段同样是一个迭代的过程，并不断在主题、编码和摘录之间切换。此时，需要通读与主题相关的所有摘要，检查主题是否存在矛盾或重叠，是否有未编码的数据，检查主题之间是否清晰且可识别，主题是否有矛盾或太宽泛，并考虑将主题拆分或移动。

　　第五，定义和命名主题。主题名称应该是描述性的并且足够吸引人。描述这个主题是关于什么的，还要描述这个主题有什么有趣的地方以及为什么有趣。

　　第六，制作相关报告。讲述关于数据的连贯故事，并从数据中选择生动的引述来帮助支持你的观点。叙述不应仅仅描述数据，还应包括自己的解释性分析并提出主张进行论证。

[1] Kumar V. 101 Design Methods: A Structured Approach for Driving Innovation in Your Organization [M]. Wiley, 2012, 104-105.

[2] Kumar V , Whitney P . Faster, cheaper, deeper user research[J]. Design Management Journal, 2010, 14（2）：50-57.

第二节　用户行为观察——POEMS框架

　　POEMS框架由伊利诺伊大学的帕特里克·惠特尼（Patrick Whitney）和维杰·库马尔（Vijay Kumar）在2003年共同开发的，是一个记录用户行为与交互流程的定性的方法，帮助设计人员方便、迅速地访问和检索相关的用户行为信息，标记用户交互的观察结果[1]。POEMS包括人（People）、物品（Object）、环境（Environment）、信息/媒介（Messages / Media）与服务（Services）五大要素（图5-4），该框架通过结构化用户行为数据，阐释特定环境内各要素存在的意义，应用于处理品牌、策略、用户体验和用户交互四个方面[2]。

　　POEMS观察工作表（图5-5）可以决定研究者捕捉、记录的观察内容，引导研究者以一定的线索观察用户活动，以一定的方法重点观察

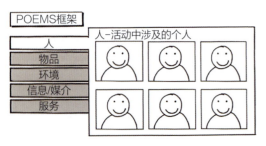

图5-4　POEMS框架示例

项目名称：　　　　　　　　　　　活动：　　　　　　　　　位置：

时间：**1 2 3 4 5 6 7 8 9 10 11 12** 1 2 3 4 5 6 7 8 9 10 11 12 **日期：**

活动的详细描述：

人： 列出主要人群。				物品： 列出存在于环境中的并被人们所使用的物品。	环境： 描述周围环境的主要特点。	信息： 有什么信息，或者对话是怎么交流的？	服务： 列出提供的服务。列出人们可以得到的服务。
	M	F	O				

关于用户体验的评论：　　　　　　　　　　　　　　　　总体想法和评论：

图5-5　POEMS观察工作表

用户的部分行为，并对它们所构成的系统进行分析，视野不必局限于物品（产品）本身，而是拓展至其相关的服务、信息、环境和人，它们共同构成了该产品的使用环境，帮助设计团队将环境视为由相互关联的要素组成的整体系统，并统筹思考，推导、综合、分析出的设计需求或研究结论也更为全面、更具价值。

一、收集观察信息

所有数据都被记入POEMS观察工作表，具体包括：

人——环境中的人口统计、角色、行为特征和人数；

物品——人们与之交互的物品，包括家具、设备、机器、电器、工具等；

环境——对建筑、照明、家具、温度、大气等的观察；

信息——语言的语气或标语、社交/专业互动和/或环境信息中的常用短语；

服务——使用的所有服务、应用程序、工具和框架。

在收集观察信息的过程中，可采用人种学的方法，例如照片人种学——对被观察者的物品、行为、环境等进行拍照。在完成照片人种学研究后，对其进行跟进访谈。这些数据的形式可能是照片、视频截图、现场调研笔记或其他形式。与观察相关的信息，如观察者身份、观察时间、日期和地点等同时输入系统。

二、聚类与差异对比

当观察的数据输入得越来越多，内容就变得越来越丰富。设计师可以进一步聚类功能模块，然后从这些聚类组中发现用户的行为模式，洞悉用户动机。一旦聚类群被识别出来，可比较功能模块来发现行为异同。

三、抽取行为特征

经过仔细对比，我们可以发现多个用户模式，以及用户的习惯、痛点、交互方式，将数据进行分析和分类后，可以添加或删除功能、简化流程、创建更有用的流程、创建/调整角色并最终改善用户体验和我们的产品。

第三节　用户角色

用户角色（user persona）是指从多个具体用户中抽象出来的典型用户，目的是回答"我们是为谁设计的"。一般而言，用户角色包含个人基本信息，如性别、年龄、性格、学历、收入、职业等，其中包括一些虚构的个人详细信息，以使角色成为现实角色（如真实用户的引用），还会补充用户的使用场景，如与产品或服务系统相关的具体情境，用户目标或产品使用的行为描述等，例如图5-6的用户角色模板。创建用户角色，可以帮助设计师建立对用户的同理心，走出设计师的自我认知，获得与用户相似的视角，了解目标用户的期望、关注点和动机，从而设计出满足用户需求并因此获得成功的产品。

虽然选择一组用户特征并创建角色并不难，但是创建真正有效的角色特征并使其成为设计团队内很好的沟通工具，并非易事。好的用户角色包括以下四个特征。

（1）用户角色并不是对目标用户想法的虚构猜测，角色描述的每个方面都来自真实数据（观察和研究）。

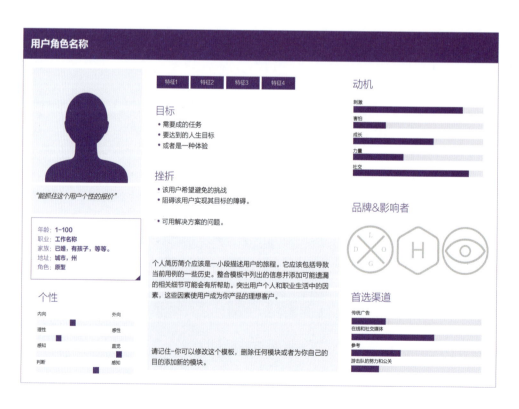

图5-6　用户角色模板

（2）用户角色反映的是一种用户模式，而不是用户在服务系统中具体的使用情况。

（3）用户角色关注当前用户与产品交互的状态，而不是未来用户将如何与产品交互。

（4）角色是针对特定语境的，应专注于与产品特定领域相关的行为和目标。

创建用户角色的方式和精细程度会根据不同的项目类型、项目时间及其预算来确定。创建用户角色的一般流程包括：收集用户信息、从数据中识别行为模式、创建角色并以优先级排序、建立交互场景和用户角色体验文档。

一、收集用户信息

第一步是进行用户研究，从用户访谈和真实用户的观察数据中提炼用户信息。用户研究的方法有很多中，如图5-7所示，它包括多种定性的和定量的、行为的和态度的方法。定量研究来源于数据和统计，其结果是数字数据。它的目标是识别模式，做出预测，并概括有关目标受众或主题的发现。定性研究来自评论、意见和观察，用于了解目标用户的动机、想法和态度。每种方法都有其自身的优势和劣势，在选择时应多加注意。

图5-7　用户体验研究方法

一般而言，本阶段多采用访谈法、问卷法、观察法等方法，如图5-8所示，通过采访或观察足够数量的代表目标受众，收集尽可能多的关于用户的信息和知识。研究人员在这些访谈中观察和捕捉到的信息越多，角色就越真实。

访谈法是一种常用的研究方法，通过与用户的对话来收集信息。在用户访谈期间，通常会针对特定主题提出一些问题，并分析用户给出的答案。为了能够提出好的问题，我们需要深入理解设计问题或对象所涉及的特点或主题，并以同理心和好奇心鼓励用户分享信息。

问卷法是从一组参与者那里收集数据，并收集有意义的见解。它们既可以用于定性研究，如询问人们开放式的反馈和评论，也可以通过利用大量的反馈来收集定量数据。封闭式问题是一系列预先定义好选项的可供选择的问题，如评分尺度、排名、多项选择

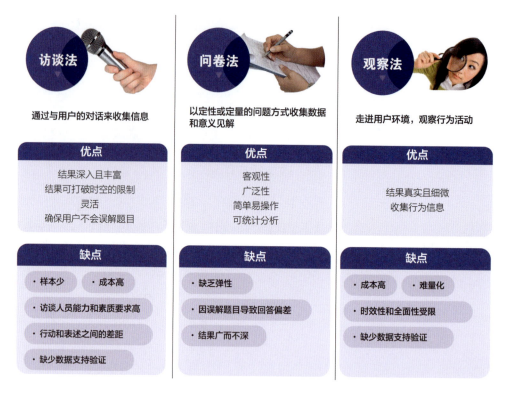

访谈法	问卷法	观察法
通过与用户的对话来收集信息	以定性或定量的问题方式收集数据和意义见解	走进用户环境，观察行为活动

优点	优点	优点
结果深入且丰富 结果可打破时空的限制 灵活 确保用户不会误解题目	客观性 广泛性 简单易操作 可统计分析	结果真实且细微 收集行为信息

缺点	缺点	缺点
· 样本少　· 成本高 · 访谈人员能力和素质要求高 · 行动和表述之间的差距 · 缺少数据支持验证	· 缺乏弹性 · 因误解题目导致回答偏差 · 结果广而不深	· 成本高　· 难量化 · 时效性和全面性受限 · 缺少数据支持验证

图5-8　访谈法、问卷法、观察法优缺点对比

等。开放式问题是典型的开放式文本问题，测试参与者以自由形式给出答案。

　　观察法是走出实验室，走进用户环境，观察行为活动的一种方法，用来发现影响用户体验的背景、未知的动机或约束，设身处地地观察用户完成任务的语境和交互对象，了解他们的需求，并收集深入的用户情景。

　　移情图（Empathy Maps）提供有关用户可能在想什么、感觉什么、做什么、看到和听到什么，连同他们可能经历的痛苦和收获，鼓励与用户产生同理心。移情图有多种模板，但它们具有共同的核心元素。一张大纸（或白板草图）被分成多个部分，用户位于中心（图5-9）。用户的表示通常是一个大的空头。在用户周围，工作表被分成几个部

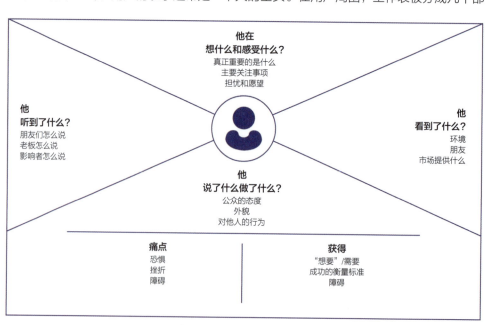

图5-9　移情图模板

分。每个部分都标有一个类别。设计小组共享用户的信息并通过研究收集的数据来填写信息。

二、从数据中识别用户行为模式

经过用户调研阶段，设计师得到了大量的初始数据。下一步要对这些数据进行可靠的分析，并将其转化为关键信息。因此，本阶段最为关键的部分即观察每个用户之间的差异，并确定重复出现的主题、行为和特征，从而可以将相似的人分组到不同类型的用户中，如图5-10所示。它包括以下四个基本步骤。

（1）通过观察或访谈，收集用户话语，并逐一写在便利贴上。

（2）将每个便利贴（即用户属性）根据一定的相似性或关联性聚类。

（3）识别行为模式，为每一组卡片集创建一张亲和图。

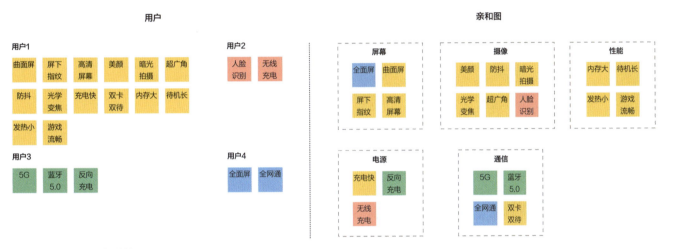

图5-10　亲和图分析与映射

（4）将分组的行为模式构成每个角色的基础。

识别行为模式的过程将根据执行的研究类型而有所不同。对于定量研究而言，可以使用数据可视化，为设计师提供可以合并到用户角色中的趋势的指示。对于定性研究而言，最简单有效的方法是使用便利贴，将用户数据写到便利贴上，然后将相似或重复的主题组合在一起。例如，许多用户提出了相同的痛点、关注点或目标，将这些放在一起将揭示趋势，从而进一步理解受众。这里主要使用的方法是亲和图（Affinity Diagrams，又称为KJ法、主题分析），由日本人类学家川北次郎在20世纪60年代创建。亲和图将大量想法根据它们的相似性进行分组，以便组织和整合与问题相关的信息。

如果调查或采访中，文本信息比较多，可以将所有文本收集在一起，然后将其复制并粘贴到词频计数器中。这种方法将用户使用的语言，比如特定的兴趣和爱好，还是年龄和背景等人口统计数据，让设计师进一步了解受众。

三、创建角色并以优先级排序

围绕行为模式组合角色的描述，将每种模式的数据综合到角色描述中，尤其是与目标产品或服务相关的角色上。大多数交互式产品都有多种受众用户细分，但也应尽量减少用户角色。根据经验，对于大多数项目来说，3或4个角色就足够了，并为这3~4个角色设置主要角色和次要角色。设计决策应该考虑到主要角色，然后针对次要角色进行测试。在这一步中，设计师利用这些信息创建出代表目标用户的画像，将每个用户画像命名或分类，并对用户群进行细化分类，筛选主次，进行用户画像分类合并，并以优先级排序。图5-11提供了不同用户角色案例。

罗丽

年龄	职业	地理位置	家庭状况
30岁	初中老师	广东省广州市	小康

(外向) (偏感性) (购买欲强) (目标明确) (对新事物接受度高)

罗丽是一个初中老师，虽然工作繁忙，但会在晚上或周末挤出时间陪伴孩子。她十分注重孩子的教育，会陪着孩子一起读绘本，并且在故事读完后，引导孩子自己思考。罗丽不排斥借助教育App来辅助孩子，但会注意时长，因为担心电子产品对孩子的视力有影响。

● **用户需求**
- 希望孩子能主动的实施环保行为。
- 希望可以锻炼孩子独立思考的能力。
- 希望绘本能够帮助孩子培养好的习惯，塑造良好的品质。

● **当前痛点**
- 孩子有时看绘本不专心。
- 孩子对我买的一些绘本不感兴趣。
- 引导孩子做的一些行为孩子不太理解。

● **绘本选择**
- 故事和插画质量好。
- 内容具有教育意义。
- 适合孩子的年龄。

罗晓静

年龄	身份	地理位置	家庭状况
5岁	幼儿园小朋友	广东省广州市	小康

(活泼开朗) (喜欢交朋友) (好动) (热爱表达) (强烈的好奇心)

晓静在上幼儿园。她喜欢看动画片，喜欢每天下午去小区和小朋友玩耍，喜欢和妈妈一起读绘本。如果妈妈没时间，她自己会翻看着绘本上的图片，看图片她就能猜到在讲什么。晓静有自己很喜欢的一个动画角色，她的书包、文具盒都印有这个动画角色。

● **用户需求**
- 想要和自己喜欢的角色成为好朋友。
- 感觉看绘本的时候是有趣的。

● **当前痛点**
- 注意力不强，看绘本时容易分心。
- 绘本形式单一，自己读时会感到很无聊。
- 有时候不明白为什么妈妈让我做这些事情。

● **绘本选择**
- 好看、有趣的绘本。
- 绘本中有大量的插画图片内容。
- 形式有趣，喜欢有参与感的绘本。

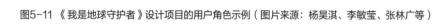

图5-11 《我是地球守护者》设计项目的用户角色示例（图片来源：杨昊淇、李敏莹、张林广等）

第四节　故事板

创建角色之后，还可以进一步将角色与某个场景相联系。可视化场景常用的工具是故事板。故事板（Storyboard，又译为分镜、脚本）以图形来组织故事，显示一系列事件，旨在讲述一个故事并说明事件的过程和经历。故事板来自20世纪20年代迪士尼工作室电影、动画的制作，在实际拍摄或绘制之前，他们会以故事图的方式来说明影像的构成，将连续画面分解，并且标注镜头方式、时间长度、对白、特效等。以故事传达信息有以下4个特征。

（1）可视化：图像比文字更有力。

（2）容易记忆：故事比简单的事实更令人难忘22倍[1]。

（3）移情：故事板容易建立人们与故事的联系，我们经常会与那些跟我们在现实生活中相似的角色共情。

（4）吸引性：人们天生就会对故事做出回应，好奇心会立即吸引人们，人们会参与其中，看看接下来会发生什么，故事吸引注意力。

在用户体验设计中，故事板塑造了用户旅程和角色，帮助设计师直观地预测和探索用户对产品的体验，了解在特定交互场景下随着时间的推移，人与产品交互的流程，角色如何在特定语境中与产品交互以实现其目标（图5-12）。同时，场景应该从角色的角度来编写，可帮助设计师收集需求，了解主要的用户流程，测试有关潜在场景的假设，并从这些需求中创建设计解决方案。

[1] 根据认知心理学家杰罗姆·布鲁纳（Jerome Bruner）的说法，一个故事中包含的事实比仅仅宣布这一事实更令人难忘 22 倍。

1. Persona　角色
Defines who the story is about. This main character has attitudes, motivations, goals, and pain points, etc.

定义了故事是关于谁的。这个主要人物有态度、动机、目标和痛点等。

3. Goal　目标
Defines what the persona wants or needs to fulfill. The goal is the motivation of why the persona is taking action. When that goal is reached, the scenario ends.

定义了角色想要或需要实现的东西。目标是角色采取行动的动机。当这个目标达到时，场景就结束了。

2. Scenario　场景
Defines when, where, and how the story of the persona takes place. The scenario is the narrative that describes how the persona behaves as a sequence of events.

定义了角色故事发生的时间、地点和方式。场景是描述角色作为一系列事件的行为的叙述。

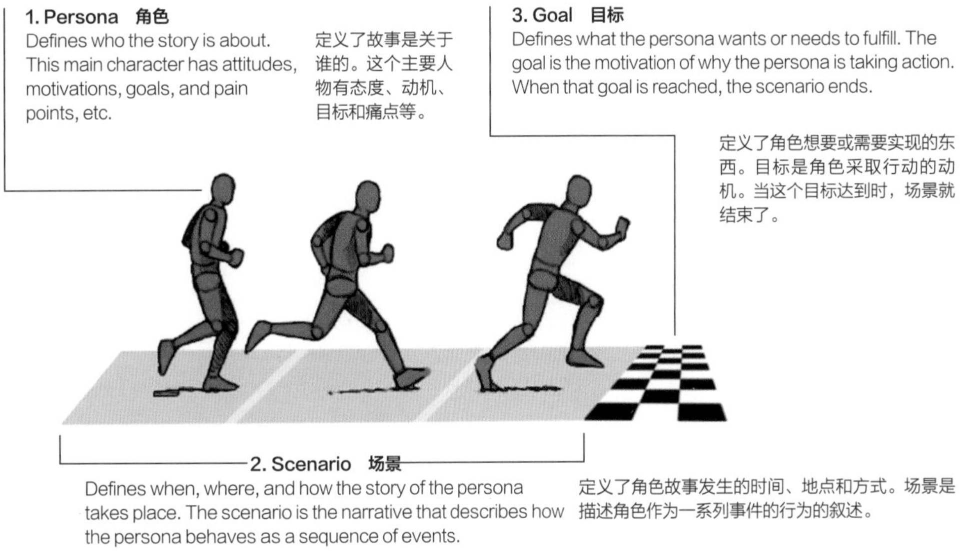

图5-12　以目标为导向的设计考虑三件事——角色、场景和目标

一张完整的故事板通常包括角色、场景、情节、叙事（图5-13）。情节可以是草图、插图或照片。故事板的标题描述了用户的行为、环境、情绪状态、设备等。因为图像是故事板中的主要内容，所以说明文字应简洁，通常不超过两个要点。

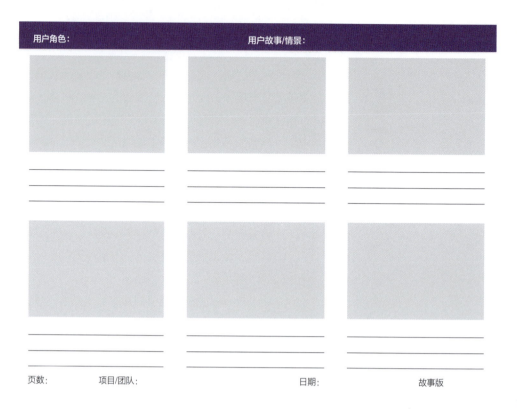

用户角色：	用户故事/情景：

页数：　　　项目/团队：　　　　　　　　　　　日期：　　　　　故事版

图5-13　故事板模板

一、选择要讲的故事

　　真实数据构成了故事板的基础。该数据来自前期收集，可通过用户访谈、实地调查、可用性测试或网站指标数据来获得，以积累有关用户故事的足够信息。接下来，选择要讲的故事。在用户体验故事板中，故事是人们如何与服务互动的示例。因此，我们要专注于产品的用户，而不是产品本身，应该从用户的角度考虑操作的顺序（即故事的进展），使用户的目标更清晰。

二、定义角色和情境

　　首先选择一个用户画像和单一路径的情境，明确在故事板中想要突出的步骤，确保故事板不会分出多种发展方向。为了使故事具有一定的吸引力，可以参考故事弧来规划故事板的主要情节。古斯塔夫·弗雷塔格的故事弧金字塔（图5-14）有五个部分：亮相、上升动作、高潮、下降动作和结局，实现此目标的一种方法是确保用户对产品的体验遵循故事弧，即故事应该有一个明显的开头、中间和结尾。

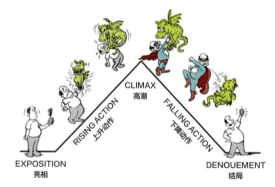

图5-14　古斯塔夫·弗雷塔格的故事弧金字塔

　　接着，我们可以从第一个正方形定位故事的镜头，显示故事发生的地点和时间，建议限定为5~7个故事，并可以从纯文本和箭头开始，将每一个故事布置成一系列时刻。

三、绘制故事情节

使用简笔画的人物图和最基本的草图来表达故事板中的各个部分，还可以在视觉图片下面添加文字说明，以描述的引含额外信息。文字说明能够为画面中的视觉元素提供说明和解释。

低保真草图或便签的优点是有利于在一步步的迭代中进行不断修改。值得注意的是，不要把所有信息全部展示给用户，如果故事板包含太多信息和细节，过大的阅读量可能会使用户在使用时负担过重，从而使真正重要的部分被用户忽视，应该在强调重点的前提下，适当展现部分的细节，以确保用户的使用体验。故事板的设计实例见图5-15。

图5-15　故事板的设计实例（图片来源：张林广、谢天佑等）

第五节　任务分析

任务分析需要对用户为实现某一目标所要完成任务进行可视化呈现及分析。任务一般会有可观察的起点和终点（图5-16），说明任务与目标不同，例如，为之后使用某种服务而完成注册是用户的目标，而不是任务，其中的填写表单才是任务。

图5-16　任务分析过程

任务分析最常见的输出物是一个图表，说明用户为完成目标必须采取的步骤。通过列出用户（或某些系统）为实现目标而采取的所有操作步骤，可以清晰地看到哪些地方需要给予用户额外的支持（如自动执行用户当前执行的一些操作），或者消除不必要的步骤，以尽量减少用户在没有帮助的情况下必须执行的操作数量[1]。相对于用户旅程图关注用户在整个服务中的体验，任务分析更加侧重于服务是否能够支持用户完成任务，实现目标，以及实现目标的简易性。在《界面设计的用户和任务分析》（*User and Task Analysis for Interface Design*）中，JoAnn等[2]指出任务分析能够帮助设计师解决以下问题。

（1）用户的目标是什么。

（2）用户为实现这些目标实际做了什么。

（3）用户执行任务的体验如何。

（4）用户如何受到其物理环境的影响。

（5）用户以前的知识和经验会产生怎样的影响：他们如何看待自己的工作，他们执行任务时遵循的工作流程是什么。

一、收集信息

在收集信息阶段，需要有针对性地收集与任务相关的数据，同时还需要明确自己分析的目标是什么，从而确定观测值的起点和终点，以确定何时开始跟踪数据。收集信息的方式可以在特定的场景对用户进行观察，并采用相关的工具记录，也可以采用用户访谈让用户回忆关于关键事件的过程及具体细节，或者对相关的场景进行模拟。收集的数据应该包括以下内容[3]。

（1）触发（Trigger）：是什么促使用户开始他们的任务？

（2）预期结果（Desired Outcome）：用户如何知道他们的任务已经完成了？

（3）基础知识（Base Knowledge）：用户希望在任务开始之前知道什么？

（4）所需知识（Required Knowledge）：为了完成任务，用户需要知道什么？

（5）人工制品（Artifacts）：用户在完成任务的过程中需要什么工具或信息？

二、分解任务

通过整合与分析收集到的数据，使用分层任务分析图（Hierarchical Task Analysis）的形式将结果可视化，分层任务分析图以目标和场景开始，第一级（图5-17的1/2/3/4）为用户实现目标所要完成的主要任务，主要任务可以不断地分为多层级的子任务，分解的颗粒度取决于活动的复杂度。

图5-17中，用户的目标是将实体信件扫描为电子版，第一级为实现这个目标需要完成的步骤，包括下载软件、启动扫描程序、扫描文件和保存文件。接下来可以进一步拆解，如任务1（下载软件）包括检查打印机—在应用商店查找打印软件—点击下载链接—输入应用商店的密码—重置密码—输入新的应用商店密码。一般建议将一级任务控制在4~8个，如果过多，可能是目标过于抽象，需要重新思考任务的设定。

由于情境的多样性和复杂性，不同用户完成同一目标会出现不同的流程，因此可以用"计划"来描述不同子任务的组合，"计划"在每个级别上指定步骤顺序，以及何时或由谁可以执行哪些步骤，例如，在任务1中，只有忘记应用商店密码的用户才需要执行子任务1.5和1.6。因此，这些子任务可以更加灵活地适用于不同的情境中。

[1] Interaction design foundation. How to improve your UX designs with Task Analysis [EB/OL]. https://www.interaction-design.org/literature/article/task-analysis-a-ux-designer-s-best-friend, 2022-10-05.

[2] JoAnn T. Hackos, Janice C. Redish. User and Task Analysis for Interface Design[M]. New York: John Wiley and Sons, 1998.

[3] Indeed Editorial Team. What Is Task Analysis: Definition, When To Use and Examples [EB/OL]. https://www.indeed.com/career-advice/career-development/task-analysis, 2021-11-30.

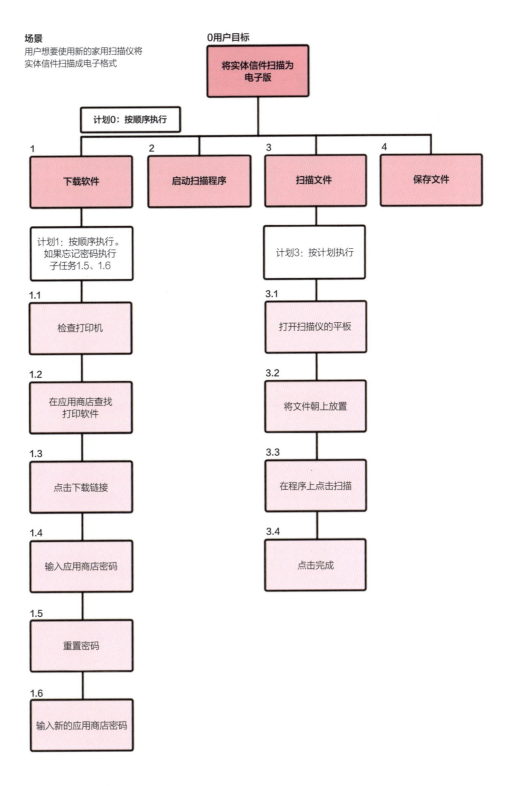

场景
用户想要使用新的家用扫描仪将实体信件扫描成电子格式

0用户目标

将实体信件扫描为电子版

计划0：按顺序执行

1 下载软件

2 启动扫描程序

3 扫描文件

4 保存文件

计划1：按顺序执行。
如果忘记密码执行
子任务1.5、1.6

1.1 检查打印机

1.2 在应用商店查找打印软件

1.3 点击下载链接

1.4 输入应用商店密码

1.5 重置密码

1.6 输入新的应用商店密码

计划3：按计划执行

3.1 打开扫描仪的平板

3.2 将文件朝上放置

3.3 在程序上点击扫描

3.4 点击完成

图5-17　分层任务分析图

三、优先级排序

　　分层任务分析图呈现了整体流程中的所有步骤，并且有助于分析整个流程中子任务数量是否过多，是否有重复。功能优先级排序可以基于任务分析网格（Task Analysis Grid）来进行。任务分析网格（图5-18）是任务分析的一个可视化工具，能够直观地呈现用户在哪一个步骤会产生哪些困惑以及需求点是什么，他们的心智模型会是如何，以

	使用前的场景			使用后的场景		未来场景	
次任务	次任务1	次任务2	次任务3	次任务4	次任务5	次任务6
情境	情境1	情境2	情境3	情境4	情境5	情境6
考虑	考虑1	考虑2	考虑3	考虑4	考虑5	考虑6
痛点	痛点1	痛点2	痛点3	痛点4	痛点5	痛点6
功能	功能1.1	功能2.1	功能3.1	功能4.1	功能5.1	功能6.1
	功能1.2		功能3.2	功能4.2	功能5.2	功能6.2
	功能1.3		功能3.3	功能4.3		
				功能4.4		

- 🟧 高优先级优先处理这些任务
- 🟩 中等优先级的任务排在高优先级任务之后
- 🟩 低优先级在高优先级和适度优先级任务之后处理这些任务

图5-18　任务分析网格

及他们的痛点是什么。同时还可以从用户决策、解决问题、记忆、注意力和判断力的角度来分析每个步骤中所需要的认知负荷水平。

通过汇总前面的分析结果，设计师进一步产出设计决策，即在哪一个步骤为用户提供支持功能以及信息，需要删除或修改哪个子任务，并进一步提出功能优先级排序。为了更加有利于后续的产出，可以用不同的颜色来分别代表用户需要执行的操作、系统可以执行的步骤、用户所需要的对象工具或信息、有关任务的问题。由于设计思维是一个迭代的过程，在后期，设计师可以继续使用任务分析的方法来分析设计的产出。与其他的设计工具一样，任务分析需要时间、资源、人员和预算，因此还须尽力平衡这些要求。

第六节　服务触点

触点是任何可能改变客户对产品、品牌、业务或服务的感觉的互动（包括没有物理互动的接触）。触点有几种不同的分类方式，如可分为人类或非人类、在线或离线、物理或非物理。一般从用户体验的角度来看，服务触点可分为物理触点、媒介触点、人际触点三类。

（1）物理触点：物理触点是指看得见、摸得着的实体触点，如菜单、家具、门店、产品等。它们可以通过固定标准去衡量和统一，维护难度低，但变更和替换的成本较高。

（2）媒介触点：媒介触点是无实物的数字触点，这种触点种类丰富，从App、H5到LED展示墙、wifi登录、支付、扫码、AR、VR、AI等。数字触点的迭代相对简单，成本也相对物理触点低。在信息服务设计中，媒介触点是主要的设计对象。

（3）人际触点：人际触点比前两者更灵活，能动性更强。在服务管理中，需要针对人际触点制定相应的标准，如店员接待用语、服装、表情等，并提供对标准的执行水平。

触点应该都是可以设计的东西，触点的设计应考虑如下几类。

1）可适应性（例如，交互的语境和交互的文化基调都满足用户的需求）。

2）相关性（例如，交互执行的功能满足用户的实用性要求）。

3）有意义（例如，用户认为交互是重要的或有目的的）。

4）亲切感（例如，通过互动与用户建立了渴望、愉悦等形式的联系）。

一、触点映射的方法

第一步是了解整个服务系统中存在的触点以及组成活动的任务是哪些，通过用户研究（用户访谈、焦点小组）了解用户整个活动过程，识别用户在整个过程中与服务系统的触点以及流程中的关键任务。触点分析可以借助触点营销理论（Touchpoint Marketing）的两个模型提供方法。对于较小的产品，可以从客户关系管理的角度分为购买前、购买中、购买后，以时间序列列出所有可能触点（图5-19），从而建立三类关系阶段，有针对性地对需要改善用户体验的地方进行突破。

对于较大的产品，这样的列表可能会变得笨拙，触点可以形成客户旅程映射的基础，并充分了解典型用户如何随着时间的推移与品牌、产品等进行交互（图5-20）。

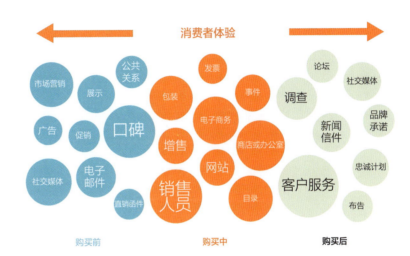

图5-19　较小的产品的触点示例

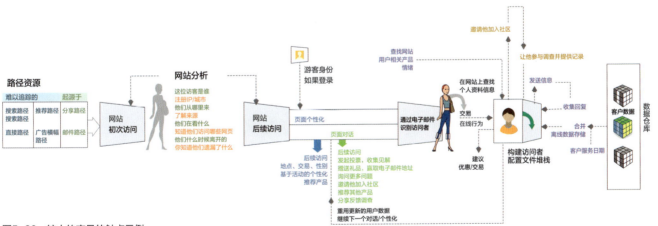

图5-20　较大的产品的触点示例

二、全渠道触点矩阵

全渠道触点矩阵（Multichannel Touchpoint Matrix）用于可视化用户与各种互联产品服务系统中不同触点的交互，分析现有服务系统以及支持设计概念阶段，如移动网

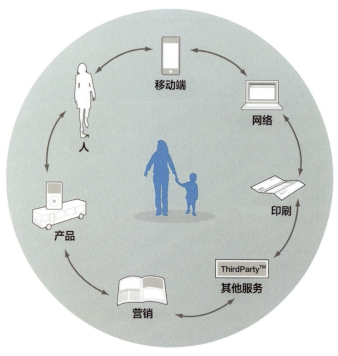

图5-21 全渠道触点矩阵

络、移动或平板电脑的应用程序、智能手表应用、在线聊天、即时通信、社交网络、纸媒、人等（图5-21）。该词是由青蛙设计工作室设计师（Gianluca Brugnoli）提出的方法，重点针对不同环境和情境中所使用的多个互联的设备组、应用程序和渠道的服务系统[1]。这种服务系统会受到特定场景变换的影响，产生不同的需求，进行无缝的体验流动。全渠道触点矩阵提供了一种视觉框架，使设计师更好地理解服务系统，通过连接用户在服务系统中体验的点，看到不同的界面、设备、内容、交互组合所产生的结果。此工具能够灵活地表示用户在不同场景下的体验路径，可以用来分析和评估现有的系统，从而找到能够改进服务系统的点。触点矩阵不再只针对封闭的系统和特定的任务，而是探索用户在特定的情境中为实现目标多种动作和操作可能的组合，思考整个信息服务系统如何能够成功完成一项活动。

触点矩阵的制作过程如下。

（1）准备触点矩阵，第一行：列出服务或产品的主要功能；第一列：列出用户在体验过程中接触到的元素。

（2）让参与者扮演一个角色并想象他们使用不同触点的旅程，确定服务系统中的触点和关键任务。

（3）在相应单元格中用圆点标记触点和功能，并连接相应的点，利用触点矩阵将它们可视化，以便于后面的分析与探索。

（4）突出设计机会和用户需求。

如图5-22所示，在触点矩阵的纵轴列举服务系统中的组成触点，利用横轴列举用户在整个流程中的关键任务，如果在某一任务中某一触点有参与，则在此任务与此触点的交集处添加一个点，此交集点代表潜在的用户行为。

[1] Gianluca Brugnoli. Connecting the dots of user experience [J]. Journal of Information Architecture, 2009（1）: 7-18.

触点	捕捉	管理	发布/查看	分享
数码相机	●	●	●	
手机	●	●	●	●
电脑程序	●	●	●	●
网络/程序		●	●	●
可携带媒体播放器	●		●	●
打印			●	●
家庭媒体中心			●	

图5-22 触点矩阵示例

三、触点矩阵的串联分析

触点矩阵可以应用于设计过程的不同阶段，为了达到不同的使用目的，矩阵上的点的串联方式也不一样，触点矩阵在设计过程中有以下用途：发现阶段——用户旅程图的前期工作；定义阶段——分析现有设计系统中各触点之间存在的问题，并且加以改进；发展阶段——探索或模拟可能的设计概念。

（1）发现阶段。根据用户研究获得的对特定用户的活动流程的了解，将触点串联，从而形成对此针对性用户的服务路径，并进一步转化为用户旅程图，从而分析用户在此服务中的体验。

（2）定义阶段。利用已经列举好的触点矩阵，我们可以进一步分析探索信息服务系统中可能存在问题的体验流程，直观地展现用户接触服务中关于触点层面的问题。例如，图5-23是关于用户使用航空旅行服务的整个过程，在现有的服务中，用户需要接触不同的触点来使用服务，给用户带来了不便并且会浪费用户的时间。而在对现有服务的改进中，设计师将智能设备这一触点补充到了更多的阶段，从而使用户只需要通过一个触点就可以完成整个过程的大部分任务，减少了因为不同接触点之间的切换带来的繁琐性，改善了用户的体验。

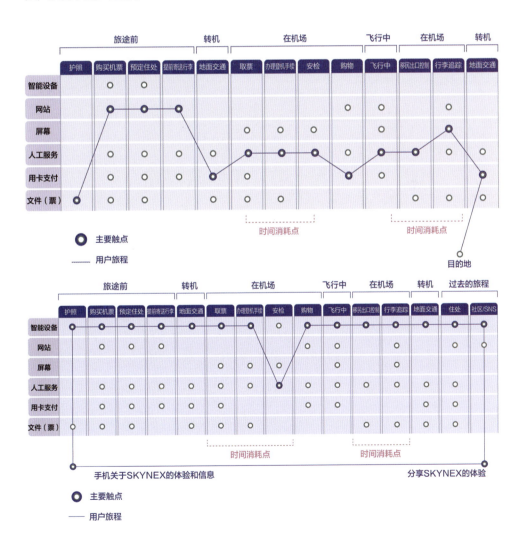

图5-23 航空旅行服务的触点矩阵改进设计

（3）发展阶段。在发展阶段，使用触点矩阵可以探索用户在不同情境中使用服务的场景，根据实现目标的场景，将不同的触点串联起来，就有可能勾勒出不同的用户体验路径。这种潜在的联系能够激发出随后关于新产品或新应用的想法。同时利用触点矩阵能够对提出的设计概念进行模拟。如图5-24展示了传统的使用数码摄影的活动过程是用户使用数码摄像机来拍照，接着再使用电脑上的应用程序来管理照片，并利用网站来发布和分享自己的照片。由于智能手机和可移动媒体播放器加入进数码摄影的系统，并且设备在不同的活动阶段充当的角色增多，用户接触服务的场景更加灵活，例如，在办公室分享照片，或在客厅使用移动媒体播放器来观看照片。

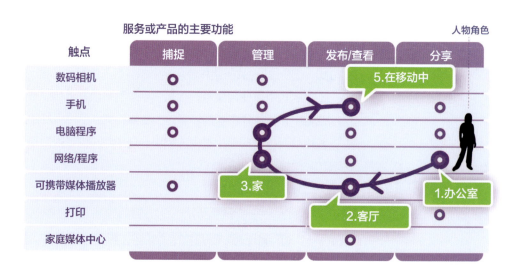

图5-24　数码相机的触点矩阵分析

第七节　用户旅程图

用户旅程图（Customer Journey Map），也可称为用户体验旅程图，是角色为实现目标而经历的过程的可视化。用户体验旅程图有助于了解用户如何随着时间的推移朝着目标努力。用户体验旅程图有很多不同的变体，但最基本的形式如图5-25所示。

用户旅程图一般包括以下内容。

（1）时间阶段：定义的旅程期（如全天），包括从意识到转化等过程。

（2）角色与场景——用户需实现目标（如用户想在App上买票）的情境和事件顺序，从第一个动作（如识别问题）到最后一个动作（如订阅续订）。

（3）触点——用户在互动时做了什么以及他们是如何做的。

（4）渠道——用户执行操作的地方（如某个应用程序）。

（5）想法和感受——用户在每个触点的想法和感受。

在旅程的整个过程中，用户使用多个不同的渠道多次与企业进行交互。这些交互中的每个环节都代表了客户和企业之间的一个触点（图5-26）。用户旅程包括一系列触点，每个触点都是一个交互用例。在寻求改善交互时，第一步是了解这些交互是什么，以及它们发生在哪里。

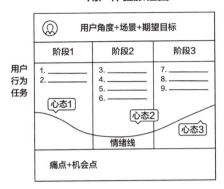

用户体验旅程图

图5-25　用户体验旅程图模板　　　　　　　图5-26　行程-触点-交互-微交互的关系

一、设定用户角色

　　用户旅程图是以用户的角度出发，强调用户行为、目标和任务。因此，创建用户旅程图前，需要确定该用户旅程图的绘制对象。在一个复杂的服务系统中，会拥有多种不同的用户角色，例如：在学校的服务系统中，其用户角色有学生或者教职员工。根据不同角色的视角会创建出不同的用户旅程图，不同的选择导致的结果也有所不同，建议每张旅程图使用一个用户角色。设定用户角色的方式可以如图5-27所示设置。

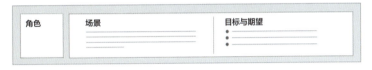

图5-27　设定用户角色

二、设定情境目标

　　情境描述了旅程图所处的活动场景，并且与用户的目标需求以及具体的期望相关。情境的设定可以是真实的，即针对现有的产品与服务，也可以是虚拟的，针对尚在开发阶段的产品与服务。例如，在一个线上购买保险的场景中，用户的期望是能够快速了解保险产品种类并进行购买。在确定用户角色和情境后，需要思考利用旅程图想要什么目标，例如，利用用户旅程图改进付费用户的转化率。

　　情境范围描述了旅程图中所有系列事件的场景。情境的具体范围应以用户画像作为参考依据。用户画像已提供了用户属性、用户偏好和初步使用场景。随着时间的变化，用户行为过程可能涉及多种场景的变化，它的范围可以是从端到端体验（图5-28），用户在线上购买剧院的门票，可能先从笔记本上查阅电影时间开始特定的需求，然后在手机的程序上进行购买，并电话询问具体的问题，确认后下单，最后以电子门票的方式去剧院至结束需求。情境范围应该根据前一步中定义的目标来选择。

　　接下来，根据用户使用产品或者服务的情境来确定旅程阶段。它为用户旅程图上的其他信息，如行动、思想和情绪提供了组织框架。划分阶段的标准根据设定情境目标有所差异。例如，在餐饮服务的场景下，旅程阶段可以是点餐、付款、取餐、进食、离店。在医疗服务的场景下，例如，去医院看病，旅程阶段可以是挂号、签到、排队就医、拿药、离院。在公共交通服务的场景下，如搭乘铁路，旅程阶段可以是攻略、计划、购票、订票、订票后、行前、行中和行后。

图5-28 用户行为过程涉及多种场景的变化

触点1	触点2	触点3	触点4	触点5
在笔记本电脑上浏览电影放映时间	在手机上买票	打电话给剧院问问题	下载门票	扫描门票进入

三、划分触点和渠道

在客户旅程中，用户会使用多个不同的渠道与组织进行多次交互。这些交互实例中的每一个都代表了客户和组织之间的触点，包括正在使用的设备、用于交互的通道以及正在完成的特定任务。每个设备提供不同的渠道，如图5-29所示。

一些渠道是特定于设备的（如移动网站、移动应用程序、智能手表应用程序），而其他渠道存在于多个设备上（如实时聊天、电子邮件）。每个渠道的体验根据访问它的设备有所不同。例如，电子邮件在智能手表上的显示方式与在计算机上的显示方式不同。列出客户触点（如支付账单）和渠道（如在线）。寻找要包括的其他触点或渠道。

每个设备提供多个交互渠道

图5-29 不同设备的访问渠道

四、映射行为、心态和情绪

在划分旅程阶段后，添加用户的行为，确定用户在特定情况下的所作所为、所想、所感、所言、所闻等。此阶段的本质是分解用户行为并叙述用户每完成行为的感受和想法。用户行为任务是用户实际采取的行为和步骤，需要将用户行为活动分解成任务，包括产品/服务内部的特定功能与发生的交互行为。心态对应于用户在旅程不同阶段的想法、问题、动机和信息需求。在理想情况下，是在用户进行相对应的任务后进行实地采访并进行记录研究，可以创建同理心地图（Empathy Map）帮助更好地了解用户感受。同理心地图是以用户为中心，对用户思考情况进行可视化的图表。它一般包含说、想、做和情绪四个方面的主要内容。

旅程图不但要跟踪用户在旅程的每一步做了什么，还跟踪他们在与产品和服务交互时的感受。用户在情绪上的反应有助于识别出体验过程中步骤的优点与缺点，从而直观地看到用户体验中优劣的部分，为产品或者服务的改进提供了方向。在旅程图中，情绪的表达通常被绘制成一条贯穿旅程各个阶段的单线。

五、分析痛点和机会点

当完成用户旅程图的绘制后，应根据所设立的目标进行痛点和机会点的寻找和分析。从用户痛点中洞察机会点，机会点是从用户行为映射和痛点中获得见解，这两者能够帮助产品和服务进一步优化用户体验：

（1）设计师需要这些信息做什么。

（2）用户角色身上发生了什么样的变化。

（3）产品/服务最大的改进机会点在哪里。

（4）应该如何衡量未实施的改进措施与产品本身带有功能之间的关系。

头脑风暴和"我们可以怎样"（how might we）有助于更好地分析以上问题。头脑风暴是一种常见的激发创造力的方法，能够让整个团队都参与到思考中，为预先定义的问题找到更有创意且能落地的解决方法。在团队了解了用户痛点后，头脑风暴可以很快地帮助他们获取大量解决方法的方式，然后将这些解决方法进行层层筛选并提供反馈，进一步完善。这种方式有助于建立团队共识，创造出更有包容性、明智的解决方案。"我们可以怎样"针对解决问题的多种方向，对问题进行多方面剖析，确保团队能针对用户的想法提出正确的问题，挖掘到他们的深层需求。客户旅程图的设计案例如图5-30所示。

图5-30　用户旅程图设计案例

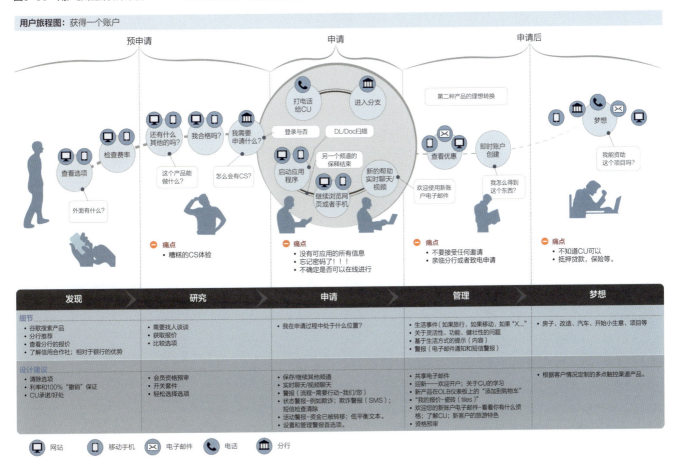

图5-31 品牌模型

图中文字：
阶段4：接触点编排
阶段3：服务设计
客户旅程
什么：行为
品牌承诺
什么：行为
如何：任务
如何：任务
原因：愿景
原因：愿景
谁：身份
谁：身份
阶段1：
内部品牌：
组织
阶段2：
外部品牌：
客户

第八节　服务蓝图

　　服务蓝图（service blueprints）是对服务体验提供了可视化系统图的展示，显示了与特定客户旅程中的触点直接相关的不同服务组件（人员、物理或数字道具和流程）之间的关系。服务蓝图有助于服务设计，这反过来又适合品牌管理的大局（图5-31）。服务蓝图跨越许多服务相关产品的复杂场景，叙述了整个服务的生态系统，因此拓展了除了用户外的服务供应商和跨职能部门，如公司经理、高管或者与之相关的员工。

　　一般而言，我们将服务蓝图视为客户旅程图的第二部分。服务蓝图对应于特定的客户旅程以及与该旅程关联的特定用户目标。这个旅程的范围可能会有所不同。因此，对于同一个服务，如果它可以适应多种不同的场景，即可能会有多个蓝图。例如，对于餐厅业务，可能有单独的服务蓝图，分别用于订购外卖和堂食的任务。服务蓝图应始终与业务目标保持一致：减少冗余、改善员工体验或融合孤立的流程。

一、设定目标

　　为了更好地了解服务过程，应对市场及客户进行细分，确定蓝图的场景范围和对应的用户角色。绘制服务蓝图的过程依赖组织或者团队的目标。例如，一个餐饮系统会涉及堂食和外卖等多种场景，有不同的场景需要适应，可能要创建多个蓝图，如果只是针对堂食的顾客，创建用于堂食任务的服务蓝图即可。理论上，将所有的顾客都划分至一张用户蓝图中的可能是存在的，但是针对目标创建蓝图才能使其效能最大化，从而帮助服务提供商有效地识别问题，挖掘市场的潜在机会。

二、收集资料

　　服务蓝图除了要收集用户调查资料外，还要收集服务内部运转的资料。员工和高管会熟悉服务内部运转的规则。例如，当需要做一个关于医疗相关的服务蓝图时，服务供应商就是医院的医生、护士和医院其他员工，需要对医生、护士以及其他员工进行采访，从服务供应商的角度了解服务流程。下面有一些对他们进行调研的方法。

　　员工访谈（Employee Interviews）是比较常用的方法之一，它是直接对相关服务高管和员工进行访谈，了解服务的工作流程以及完成服务需要知道的信息和供应支持，熟悉服务提供的核心目的与现有服务提供给客户的范围。

　　直接观察（Direct Observation）是指在服务场景中对员工和服务流程进行直接观察。如果无法与员工直接进行交流，直接观察是一种不错的方式，有助于创建蓝图的团队了解员工行为。

　　情境调查（Contextual Inquiry）是指在员工正常的工作环境中进行观察与交流。在员工熟悉的环境中进行观察和访谈有助于挖掘员工服务行为的重要细节。

三、绘制蓝图

　　服务蓝图有五个关键的组件，分别是物理实体（触点）、用户行为、前台触点、后台动作和支持性流程。服务蓝图基本元素的布局如图5-32所示。

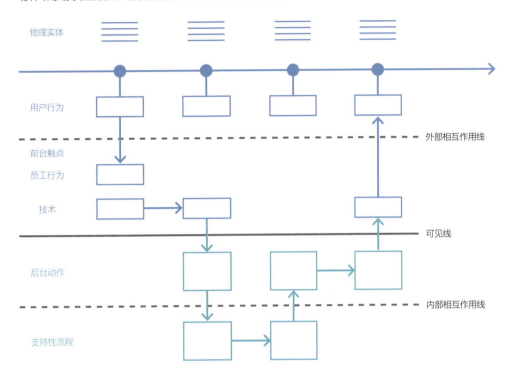

图5-32　服务蓝图基本元素的基本布局

　　物理实体（触点）是指在服务过程中的实际沟通渠道，即服务触点的体现。这些触点包括实体设备、应用程序和交互行为等一切直观体现的物理存在。

　　用户行为是指用户为了达到特定目标与服务接触时所执行的步骤、选择、活动和交互。在服务蓝图中，用户行为按照从开始到结束的时间顺序进行描述。一般可以在用户体验旅程地图的基础上进行加工，因为蓝图的重点是员工体验，而不是用户体验，所以用户行为在蓝图中会简化成用户接触点和行为操作。

　　前台触点是直接针对用户发生的操作。这些操作可以是用户对前台员工所执行的步骤和活动或对计算机的操作。当用户与自助服务技术（例如，移动应用程序或ATM）进行交互时，人对计算机的操作就会进行。此步骤是服务蓝图映射的核心，分析员工行为等于分解服务的阶段，为后台动作和支持性流程的分析打造框架，就像建设舞台一样，分析出舞台需要什么，后面产生出舞台建设，以及寻找合作伙伴进行运营。

　　后台动作是指支持服务运转的必要过程。用户无法看到后台动作。例如餐厅内客人向服务人员点单是可见的，但是服务员向厨房输入订单这个过程是客人不可见的。后台动作的流程应该从真实的员工行为中提取，并通过定性研究进行验证。

　　支持性流程是指支持员工交付服务的内部步骤和交互。它是员工与客户进行有效交互所依赖的流程。这些流程涉及公司内部所有员工的活动，包括那些通常不与客户直接交流的员工。为了交付服务的顺利完成，支持性流程十分重要，服务质量的好坏经常受到这些背后的交互活动的影响。

四、完善蓝图

服务蓝图的组成除了五个关键组件，还有箭头、指标、时间段、规则或政策和情绪等次要元素。添加这些元素，服务蓝图可以进一步扩展（图5-33）。

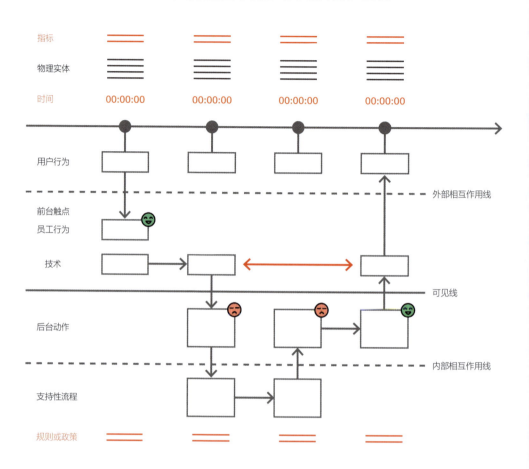

图5-33　服务蓝图扩展

箭头和线都是服务蓝图的关键元素。它能清晰地表示各个关键组件之间的依赖关系。箭头有单箭头和双箭头：单箭头表示组件之间是单向交换，双箭头表示组件间需要达成一定协议或相互依赖。服务蓝图中设置外部相互作用线、可见线和内部相互作用线来分割这五个关键组件。外部相互作用线描述了用户与服务之间的直接交互。可见线将客户可见的所有服务活动与不可见的活动分开，前台的所有对用户可见的内容均显示在此线上方，而后台所有对用户不可见的内容均显示在此线下方。内部相互作用线将后台动作与支持性流程交互区分开来。

服务蓝图中可以添加时间段这个元素。例如，在餐饮服务系统中，时间是服务的主要变量，每个用户行为的持续时间应被记录在蓝图中。表现情绪可以利用可视化卡通表情直观体现，清晰地给服务提供商展示员工的情绪变化，有助于在设计改进过程中更轻松地定位痛点，从而使服务变得更加人性化。

服务提供会根据社会法规有所调整和限制，在蓝图中添加现存任何给定政策或法规（如食品法规、安全策略等），有助于设计人员了解优化时更改内容的限制范围。服务蓝图示例如图5-34~图5-36所示。

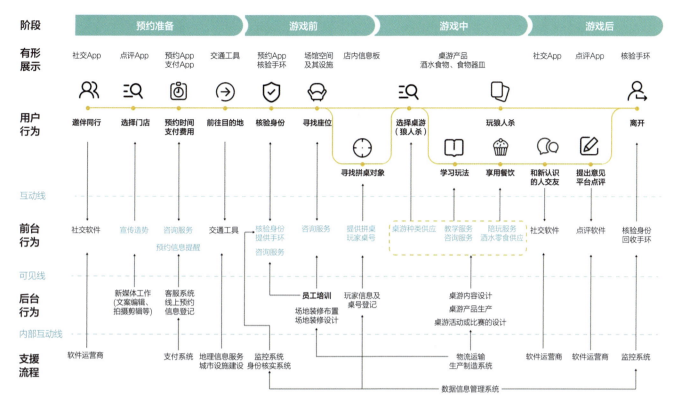

图5-34 桌游店服务蓝图示例（图片来源：黄晓钧、高洁、黄丹玥、张经纬）

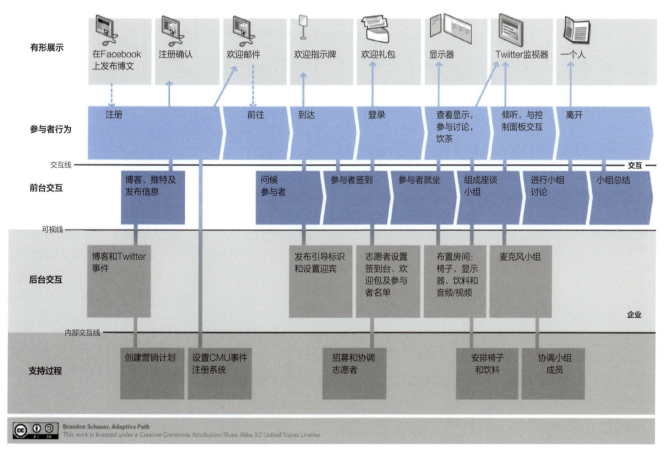

图5-35 服务蓝图示例

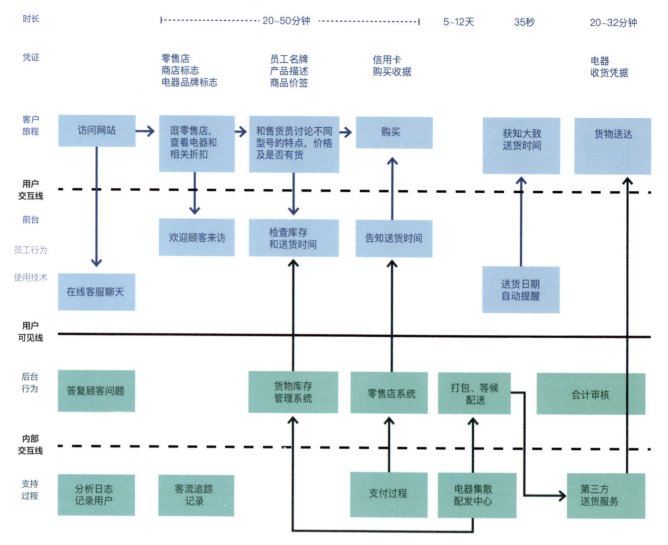

| 时长 | | ← — — — — — 20~50分钟 — — — — — → | | | 5~12天 | 35秒 | 20~32分钟 |

凭证： 零售店 商店标志 电器品牌标志　员工名牌 产品描述 商品价签　信用卡 购买收据　电器 收货凭据

客户旅程
- 访问网站 → 逛零售店，查看电器和相关折扣 → 和售货员讨论不同型号的特点，价格及是否有货 → 购买
- 获知大致送货时间
- 货物送达

用户交互线（虚线）

前台员工行为
- 欢迎顾客来访
- 检查库存和送货时间
- 告知送货时间

使用技术
- 在线客服聊天
- 送货日期自动提醒

用户可见线（实线）

后台行为
- 答复顾客问题
- 货物库存管理系统
- 零售店系统
- 打包、等候配送
- 会计审核

内部交互线（虚线）

支持过程
- 分析日志记录用户
- 客流追踪记录
- 支付过程
- 电器集散配发中心
- 第三方送货服务

图5-36　家电零售商的服务蓝图示例

本章小结

　　用户角色是指从多个具体用户中抽象出来的典型用户，目的是回答"我们是为谁设计的"。通过构建用户角色，可以帮助设计师建立对用户的同理心，走出设计师的自我认知，获得与用户相似的视角，了解目标用户的期望、关注点和动机，从而设计出满足用户需求并因此获得成功的产品。

　　故事板（又译为分镜、脚本）以图形来组织故事，显示一系列事件，旨在讲述一个故事并说明事件的过程和经历。故事板以可视化、容易记忆、移情、吸引性为特点，塑造用户旅程和角色，帮助设计师直观地预测和探索用户对产品的体验。

　　任务分析需要对用户为实现某一目标所要完成任务进行可视化呈现及分析。任务一般会有可观察的起点和终点，说明用户为完成目标必须采取的步骤。通过列出用户（或某些系统）为实现目标而采取的所有操作步骤，可以清晰地看到哪些地方需要给予用户额外的支持或者消除不必要的步骤，以尽量减少用户在没有帮助的情况下必须执行的操作数量。

服务触点可分为物理触点、媒介触点、人际触点三类。触点的设计应考虑可适应性、相关性、有意义、亲切感。对于较小的产品，服务触点可以从客户关系管理的角度分为购买前、购买中、购买后，以时间序列列出所有可能触点，有针对性地对需要改善用户体验的地方进行突破。对于较大的产品，这样的列表可能会变得笨拙，触点可以形成客户旅程映射的基础，并充分了解典型用户如何随着时间的推移与品牌、产品等进行交互。

用户旅程图，也可称为用户体验旅程图，是角色为实现目标而经历的过程的可视化。用户旅程图有助于了解用户如何随着时间的推移朝着目标努力。客户旅程图包括时间阶段、角色与场景、触点、渠道、想法和感受。在旅程的整个过程中，用户使用多个不同的渠道多次与企业进行交互。这些交互中的每一个都代表了客户和企业之间的一个触点，每个触点都是一个交互用例。

服务蓝图是对服务体验提供了可视化系统图的展示，它显示了与特定客户旅程中的触点直接相关的不同服务组件（人员、物理或数字道具和流程）之间的关系。服务蓝图有助于服务设计，这反过来又适合品牌管理的大局。服务蓝图跨越许多服务相关产品的复杂场景，叙述了整个服务的生态系统，因此拓展了除了用户外的服务供应商和跨职能部门，如公司经理、高管或者与之相关的员工。

本章基本概念

用户角色，访谈法，问卷法，观察法，移情图，用户行为模式，故事板，任务分析，服务触点，全渠道触点矩阵，用户旅程图，服务蓝图。

练习与思考

（1）结合你所在的学院官网的用户进行细分，对各用户族群进行优先级排序，并尝试创建主要用户画像。

（2）回想一下你在学校的图书馆借书的过程中所经历的信息服务，列出各个服务场景下你的行为、服务提供者及其服务流程等，并尝试绘制出相应的服务蓝图。

（3）针对一个已有的信息服务软件，分析用户的使用行为，识别用户角色，应用故事板绘制典型的交互场景，了解用户的使用感受并绘制客户旅程图，确定任务结构并画出任务流程图，最后定义出问题和目标。

第六章

基于设计作品共享的
信息服务设计

第一节　设计创意作品共享平台设计背景

一、设计共享与知识服务

在知识共享的背景下，越来越多的高校愿意在官方平台分享设计教学资源与课程作品。当下，数字展览的兴盛促进了高校建立设计共享平台。每年都有高校举办线上展览，一是宣传设计作品，二是为了进行高校的推广。因此，建构设计创意作品共享平台，不仅可以展示学生作品，体现教师成果，还可以增强学生对草图、模型、演示文本、设计报告展示、设计分析、概念构思等设计过程的深层理解。

国内的站酷、图翼网、花瓣网，国外的Behance、Pinterest等网站虽然提供了大量的优秀设计作品，但少有作品能提供设计全流程和设计背后的思考。设计思维形成与发展的适应性和进化性的认知，以及将设计知识合理化和具体化的过程，是学习设计的一种重要技能。在这个过程中，不同经验的设计师呈现出了不同的设计行为方式。有经验的设计师拥有庞大的知识基础、丰富的经验和技能，他们往往可以在短时间内快速检索到满足需求的解决方案，而新手设计师由于缺乏基础知识，为了得到最终的设计概念，需要花费大量的时间去寻找资源，甚至依靠直觉、经验和个人判断（图6-1）。

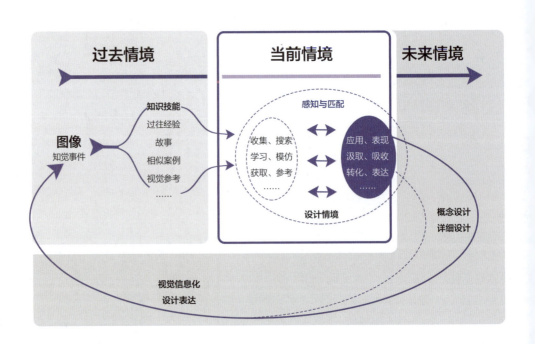

图6-1　基于设计情境的知识循环

因此，利用知识服务理念，将设计师的设计思考、设计过程框架、设计理念等经验性知识，以阶段性的问题分析、草图、模型、图式、文本的方式对应呈现，并利用知识管理等手段将设计过程知识整合与优化，通过主题标签关联、问题分析关联、设计类型关联、课程关联、教师关联、竞赛关联等多种数据管理的手法，有针对性地解决新手设计师"动手难"的问题，有望实现高阶的设计知识服务。

二、基于设计过程的平台架构分析

基于以上分析，建构通用设计模型以及各个过程的交付物将成为该平台信息架构的重要参考。因此，本节基于通用设计过程模型，整合用户体验设计、产品设计和工程等设计过程模型，从内容、方法和交付物三个维度对设计过程进行描述（图6-2）。

从图中我们可以发现，设计过程可以描述为：在“发现”阶段获得洞察力，更好地定义问题/任务，产出市场分析报告项目计划书等。“定义”阶段对问题、目标和用户有清晰的认识，产出需求分析报告，接下来依据前两个阶段的产出物，解决问题的方案，输出详细的设计报告，完成开发。最后，交付方案并进行沟通和演示，并输出沟通与演示文档以供迭代修改。

描述	内容	方法	交付物
获得洞察力，更好地定义问题/任务	市场分析	市场定位、价值定位、竞争力分析、生命周期	市场分析报告 项目背景陈述 设计调研目标
	设计团队组建		
	项目可行性	技术限制、文化背景、系统支持	
	设计调研范围	用户访谈、焦点小组、实地研究、日记研究	
对问题、目标和用户有清晰的认识	利益相关者沟通		需求分析报告 概念设计方案
	理解用户	用户角色、用户旅程地图、用户故事版	
	定义需求	需求层次、亲和图、卡片分类、多元化假设	
	定义问题	映射功能、洞察优先级、问题陈述、价值组张	
	原型反馈与测试	确定概念测试的目的、选择调查人群、选择调查方式、沟通概念、测试、用户反应反馈	
	概念设计	弄清问题、外部搜索、内部搜索、系统搜索、项目实现	
用洞察力找到解决问题的办法并迅速执行	解决方案	模拟/预测性能、考虑替代解决方案	详细设计报告 低保真原型
	开发周期	甘特图、PERT图	
	开发结构	信息架构、站点地图	
	线稿和草图	纸原型、线框图、低保真、视觉规范	
	原型	微交互、交互原型	
这个解决方案是否能解决问题	技术图纸	技术模型、工艺、尺寸、材料	沟通与演示文档 可用性测试报告
	3D模型/高保真		
	设计规范	风格指南（按钮、组件、布局、插图、图标、版式、色彩）	
	结果沟通		
	可用性测试	SUS调查、专家评估、A/B测试	

图6-2　设计过程整合框架

第二节　面向设计院校师生的用户研究

一、用户访谈

学生作品共享平台上传作品大多数为高校设计系学生。本次目标用户调研了31名设计系学生。针对其浏览设计资源网站、浏览课程作业和上传个人作品三个行为，分动机、行为、痛点和期望四个方面设计了访谈大纲（表6-1）。

学生	浏览设计资源网站	浏览课程作业	上传个人作品
动机	你经常使用的设计资源网站有哪些？你注重设计网站的哪些功能？	你会想要查看同学的课程作业吗？为什么你会想要查看呢？为什么不会想要查看呢？	你愿意向同学们分享自己的课程作业吗？为什么愿意呢？/为什么不愿意呢？什么因素可以让你想要上传自己的作品呢？
行为	你每天都会浏览设计网站吗？什么情况会打开这些网站呢？	你上一次是在什么平台了解到同学的课程作业呢？你想要查看谁的作品呢？（班委、朋友等）	你在什么平台上传过自己的作品呢？你一般会上传自己的什么作品呢？
痛点	使用这些软件的时候有哪些疑惑或者不满的地方？	当你看完同学的课程作业后，你有什么感触呢？使用这些软件查看同学作品的时候有哪些疑惑或者不满的地方？	关于上传作品的过程你有什么不满的流程？
期望	你对设计资源网站有什么期望？	你对浏览同学的作品有什么期望？	上传完自己的作品你有什么期望呢？

　　根据访谈大纲进行的面对面访谈，我们发现 94% 的高校设计系学生经常浏览设计网站并收藏网站的作品，目的是通过浏览最新的作品获取灵感和设计思路，掌握设计动态，了解最新的设计趋势，用来指导自己的设计方向。84% 的学生愿意查看优秀同学的课程作业以及愿意彼此分享课程作业，但很少会在平台上传自己的作品，一方面是出于对自己作品的版权保护，另一方面是担心自己的作品不够优秀。对平台的期待是希望可以更新作品更加频繁一些，可以展示的信息更全面一些，以及收藏的作品可以长久保存等。

二、用户场景

　　本阶段基于访谈和问卷调研获得的使用阶段的场景。在进行访谈后，我们发现用户使用的高频场景包括以下几种：

　　（1）用户为了完成作业，选择到学校网站查看优秀作品，并在网站社区里寻求意见；

　　（2）完成作业后，用户在个人主页上上传作品并展示作业；

　　（3）作业上传后，指导老师对学生的作业进行点评和打分；

　　（4）用户认为自己的作业比较优秀，会报名参加比赛；

　　（5）用户会在个人空间浏览自己整个大学期间的作品，生成作品集，创建简历。

三、用户需求分析

　　共情图作为一种移情映射的工具，可以帮助设计者设身处地地站在用户的角度思考问题，更贴近用户的心理，理解用户。主要从想法、看到的、行为、情感四个方面与用户共情，采用头脑风暴的方式与团队中的成员共同思考和讨论，得到以下信息。

　　（1）部分用户需要一种激励方式来促使他们产生上传作品的意愿，因为他们对作品不够自信或者没有动机上传。

（2）部分用户需要一种判断方式来告知他作品的完整度和优良程度，因为他不知该从什么维度对作品进行评判。

（3）部分用户需要一种方式来整合与存储日常搜集的资源，因为他会丢失或者信息碎片化。

（4）部分用户需要一种方式来拓宽学术和专业知识的交流，因为他可交流这些内容的伙伴很固定。

在获取需求的过程中，我们首先通过焦点小组访谈进行用户访谈，确定问卷的问题有效性，在此基础上进行问卷编制，随后对问卷进行分析，发现需求，并对需求进行层次的划分，表层为观点和行为，深层为目标和动机、人性和价值观（表6-2）。

表6-2   **需求描述**

现存需求	需求成因	需要解决	需求层次
大多数用户并不会在设计资源网站上传作品	不愿公开自己的作品，作品质量不自信，习惯性地自己保留，对设计资源网站的可靠性存疑	提升大家上传作品的积极性，避免信息的泄露，提供可靠的上传渠道，帮助保留作品和形成作品集	观点和行为
100%的设计专业学生或者从业者会经常浏览设计资源网站		建立校内设计资源网站对于设计专业学生来说是非常必要的	人性和价值观
浏览设计资源网站的情景是：做作品集的时候，做作业的时候，参加比赛的时候	设计专业学生对设计资源网站的需求主要集中在作品集、比赛和做课程作业三个方面	作品集制作、比赛推送和课程作业集是必须存在的三个内容	目标和动机
大家经常使用的排名前三的网站是：站酷、Behance、花瓣		这三个网站具有国民性和普适性，验证了竞品的必要性	观点和行为
大家浏览作品时最关注的三个信息是：设计灵感、封面图和标题		在设计网站信息的过程中需要重点关注设计灵感、封面图和标题的信息可视化	观点和行为
大家在浏览作品时的顺序是：心得与体会—使用的软件—视频—原型—用户研究—设计定位—设计细节—造型和色彩—设计思路		根据用户的心理期待将这些信息有序排布	目标和动机
发布作品的时候通常会要求：标题、标签、作品说明、上传者、封面图、图片、视频、作品类型、行业、原型和设计灵感		上传作品的必要内容	目标和动机
建议：能够简单排版，自己不会编程；想要看到痛点；内容搜不到（搜索引擎有问题，需要换好几种关键词去搜才能出来）		提供易用的搜索引擎，上传作品的内容进行优化和丰富，提供简单的排版模版等	目标和动机

我们总结目标用户现阶段对校内作品共享平台的需求和期望为：课程作业集、比赛推送、作品集制作、版权保护、设计思维的表达、易用的搜索引擎以及规范化的上传渠道。图6-3通过需求层次定义了用户需求，接下来就要定义用户在使用设计作品共享平台时的问题，进行需求点到用户痛点以及设计机会点的转化。我们把核心的用户定义为学生群体，对学生使用平台的需求进行发掘以及功能转化。

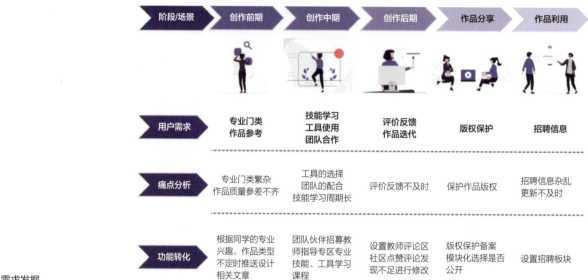

阶段/场景	创作前期	创作中期	创作后期	作品分享	作品利用
用户需求	专业门类 作品参考	技能学习 工具使用 团队合作	评价反馈 作品迭代	版权保护	招聘信息
痛点分析	专业门类繁杂 作品质量参差不齐	工具的选择 团队的配合 技能学习周期长	评价反馈不及时	保护作品版权	招聘信息杂乱 更新不及时
功能转化	根据同学的专业 兴趣、作品类型 不定时推送设计 相关文章	团队伙伴招募教 师指导专区专业 技能、工具学习 课程	设置教师评论区 社区点赞评论发 现不足进行修改	版权保护备案 模块化选择是否 公开	设置招聘板块

图6-3 需求发掘

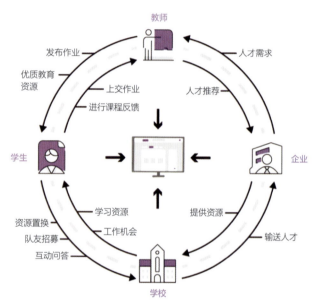

图6-4 服务蓝图

通过链接利益相关者完成整个平台的运作，根据以上分析我们得知，利益相关者包括教师、学生、企业和学校，校内生态包括学校、教师和学生，三者通过教育资源和教学活动进行链接和交互，形成一个资源内部共享优化存储的生态；校外生态概化为广大企业，通过提供校外资源和人才需求与校内生态进行链接，达成互利共赢的局面，校内和校外两部分共同作用达成平台的目的（图6-4）。

四、用户角色

用户角色的构建更有普适性和代表性，可以将收集到的用户要素进行分类分析，将数据进行解构重组。前期进行了31位学生用户采访，随后我们抽样提取其中的20位用户进行属性划分（图6-5）。我们提取了10个具有关键意义的行为和意愿作为用户角色描述，将20位不同的用户角色与10个关键词进行互相匹配，发现几个典型行为：80%的用户会高频次地浏览作品资源网站，55%的用户会经常看展和参加讲座来提升自己的设计思维，50%的用户会经常和同学们合作，共同参加比赛，45%的用户很珍视自己的作品等。基于以上信息，我们提取了几个典型要素，将其赋予我们最终的用户角色属性当中，使得其成为典型的有特征的用户角色，有助于我们更好地理解和分析用户需求。

通过对目标用户进行定性的用户访谈和定量的用户分类验证，可以对用户角色进行梳理，从而创立用户画像。用户画像是当前或理想中的典型客户的故事与详细描述。用户画像由具体用户的生动具体的故事组成，其信息不能来自猜测，必须来自事实和真实的信息。

在这个例子中，如图6-6所示，根据前面的用户类型划分，我们将用户角色梳理为以下三种：有课程作业需求的迷茫的同学、面临毕业的找工作遇到问题的毕业生、苦心

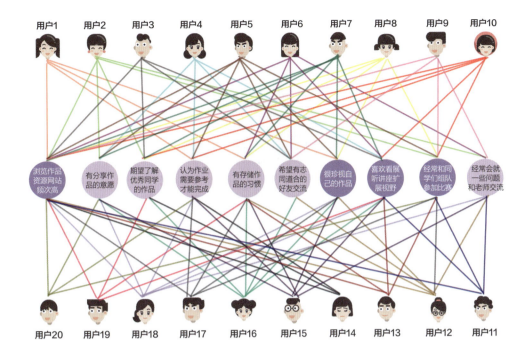

图6-5　用户类型划分

蒲戈阳

年龄	年级	地理位置	家庭情况
21岁	大二	广东·广州	小康

`课程设计` `想交流` `想了解作业要求` `如何组队和分工`

戈阳是大二学生，最近面临很多课程作业，课程作业中不仅有个人作业还有小组课程作业。但是戈阳对于选定课程作业的设计方向、如何收集灵感、整理过往的优秀设计作品，如何组队课程小组、合理分工，课程作业的规范又有哪些等等并不是很清楚。除此之外，关于作品完成之后还需要汇报和展示相关的注意事项也都想要了解……

大二学生

"我需要了解怎么选择一个合适的课程选题和一份优秀课程作品的要求"

● 用户目标
- 选择课程选题的方式和灵感
- 了解一份优秀课程作业的要求

● 用户需求
- 获取课程作业的灵感
- 了解课程作业整个制作的流程
- 了解一份优秀课程作品的要求
- 对课程作业有疑问的可以在社区交流

● 正常流程行为记录
- 收集自身感兴趣的选题及选题信息
- 被驳回或者思路无法延伸
- 不了解整个课程作业时间安排流程和要求
- 对作业有疑问想要提问

郭姗姗

年龄	年级	地理位置	家庭情况
22岁	大四	广东·佛山	小康

`找工作` `作品集` `简历优势不突出` `作品集要重新做`

姗姗毕业在即，已经经历了秋招的姗姗仍未找到合适的工作，春招马上到来了，要做好完全的准备。提交简历的时候才发现个人简历并没有突出自己的优势，作品集也是非常的零碎，姗姗决定重新做一个作品集但是自己的作品都不知所踪了，不完整且做的都比较差，排版也很丑如何是好……

大四学生

"我需要一个可以直接生成的作品图集链接方便企业的观看、了解我的作品和个人基本信息"

● 用户目标
- 快速生成个人作品图集
- 链接的方式方便企业观看和找工作需求

● 用户需求
- 简单高效生成作品集
- 对工作、实习等问题可以在社区交流
- 分享链接无需另外找平台，避免登陆才能看作品集等问题

● 正常流程行为记录
- 完成作品集的时间较长，工作机会容易错过
- 通过多方平台上传生成链接，上传者、观看者的使用都较为复杂
- 作品集压缩不当容易出现画面质量下降问题

图6-6　用户角色

顾皖洲

年龄	年级	地理位置	家庭情况
24岁	研究生	广东·深圳	中产

`想整理` `作品存储` `灵感收集` `需要优质平台`

本科到现在无论是做作业还是参加比赛都积累了很多作品，最近想要再参加一些比赛。需要再去收集一些灵感，同时也需要把之前的作品整理、归类和上传。自己整理和存储作品的时候很容易丢失，如果有一个云盘之类的东西可以让我上传作品就好了。但不知道我的作品是否完整，需要为后面作品储备一些作品了……

● 用户目标
- 上传优秀设计作品
- 查看优质设计作品且可共享

● 用户需求
- 获取灵感需求
- 整理归类原来的设计作品
- 需要优质作品完美的呈现和保留
- 想要上传优质的设计作品

● 不足之处
- 初期做决策比较难
- 平台筛选工作量繁杂
- 上传作品不一定优质
- 优质作品的呈现时常受到影响

"我需要对设计作品进行整理和上传，需要完美地呈现作品。"

图6-6　用户角色（续）

钻研学术为毕业做准备的研究属性的同学，三种角色分别涵盖了高校学子的几种普遍状态，既具有代表性又各自拥有很强烈的特殊需求。我们将构建用户角色的基本信息和详细的使用场景，目的是清晰地表达目标角色，使设计者可以完成共情化的需求解读。

五、用户旅程图

在设计定义阶段，用户旅程图是一种理解用户的方式。用户旅程图基于用户的需求和期望，经过一系列的行动和行为达成期望的目标，并记录在此过程中产生的情绪和使用不适的地方。在设计作品共享平台中，我们分析了最常见的三种用户：有课程作业需求的大二学生、有作品集制作需求的准毕业生和有获取灵感需求的研究生。在对用户进行访谈和问卷调研后，我们为三种用户在设定的场景下的行为绘制用户旅程图，以期挖掘用户完成目标需要的功能。

用户角色1是有课程作业需求的大二学生。在用户查找参考往届作业并进行汇报和展示的场景中，整个用户旅程中遇到了几个痛点问题，包括参考作品的来源、如何组队、作业的规范要求和作品的价值实现，相对应地，我们发现了其中的机会点：①过往作品的收集、整理和展示；②校内社交平台的搭建；③规范化的作品流程和作业要求；④作品的附加价值实现（图6-7）。

用户角色2是有作品集制作需求的准毕业生。在用户优化和迭代简历和作品集用来投递意向岗位以及准备春招的场景中，整个用户旅程中遇到了几个痛点问题，包括个人作品的丢失和遗忘、模版检索的复杂度、作品缺失部分的二次补充和作品集发布后的版权问题，相对应地，我们发现了其中的机会点：①过往作品的收集和存储；②可参考资源的检索机制优化；③规范化的作品流程和作业要求；④作品发布后的版权保护以及作品存储的加密空间（图6-8）。

用户角色3是有获取灵感需求的研究生。以用户产生想要上传优质作品进行整理和保存的意愿为起点，经历了一系列行为和活动，最终为优质作品选择了合适的平台进行上传、存储和共享，从中我们可以发现几个痛点：初期选择平台时工作量繁杂、做决策比较难；中期选定平台后对于上传的作品内容产生疑问，如何才能将优质作品进行完美的呈现和保留；后期在作品上传完成后，期待平台对作品所有文件的完整存储。相对应

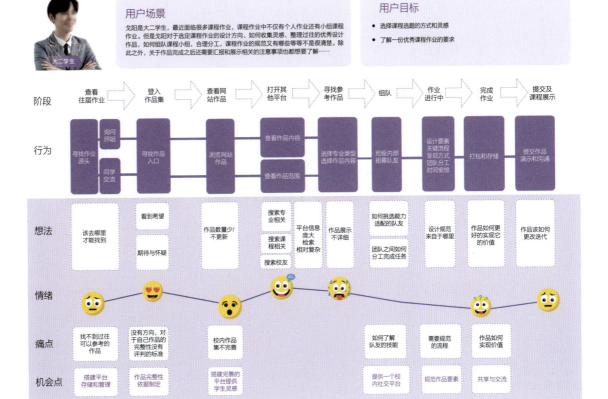

图6-7　有课程作业需求的大二学生的用户旅程图

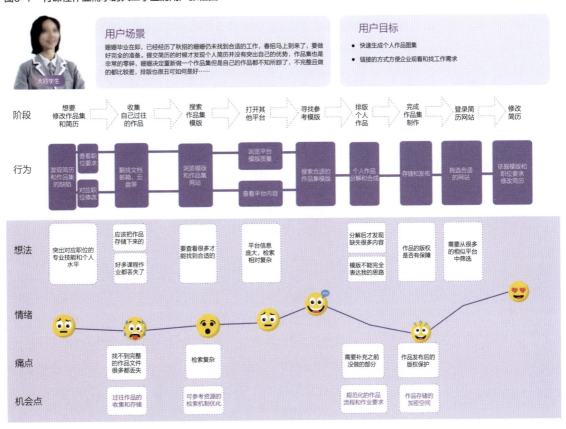

图6-8　作品集制作需求的准毕业生用户旅程图

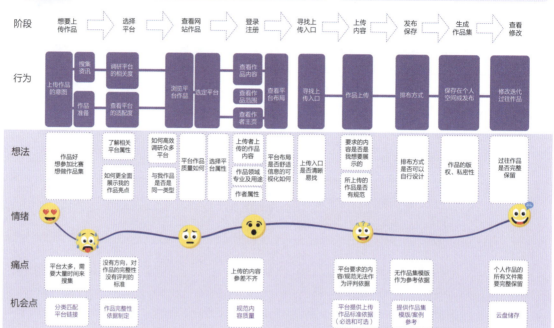

图6-9 有获取灵感需求的研究生的用户旅程图

地，我们发现了其中的机会点：①平台信息资源的汇总推送；②规范化的完整作品要求；③压缩化的源格式存储（图6-9）。

在对拟定的三个用户角色模型的一系列分析后发现，目标用户对作品共享平台的需求主要集中在作品信息与专业课的相关度、作品资源的更新速度、作品内容的规范和完整度，以及作品平台的存储功能。在后续的原型设计中，我们可以把所分析出来的需求当做主要的设计机会点进行展开。

第三节 信息架构分析

一、基于案例的信息架构分析

（一）图钉墙

图钉墙是湖南大学艺术与设计学院为了帮助师生系统展示课程作业而创立的线上设计教学与作品资源管理平台。此平台的设想是利用课程设置、教学管理、教师评价、设计共享等教学资源体系的同步，打造开放、协作、创新的教学体系。图钉墙的核心目标是让学生的定位变成平台资源的创作提供者，教师定位变成协助人，通过角色身份的改变让学生与教师之间构成平等交流互动的关系。

在图钉墙中，教师发布特定的设计课题并创建一个专属的"作业夹"，待学生上传他们的设计作业后，老师可以评价和评论，除了老师打分外，学生还可以对作品进行评论、留言与分享。在课程结束后，设计课题被分为课程作业和毕业设计在网站上进行公开呈现。

学生可以使用图钉墙进行作品的发布，其过程是进入页面登录，点击我的板块，点击我的作品集，添加基本信息，上传学生自己的作品。学生可以预览并提交自己的设计作品，对自己的作品进行详细的设置，添加作品的基本信息，如设计标题、添加标签、内容说明、上传者、封面图、封面预览、上传设计图片。图钉墙的信息架构如图6-10所示。

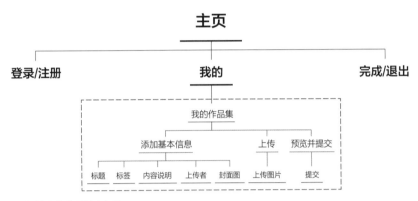

图6-10　图钉墙上传作品信息架构

设计资源共享平台的信息排布均遵循上下结构，主导航栏位于整个页面的顶端，罗列各个板块的入口，下面部分排列主要的操作信息。图钉墙整个上传作品界面非常简约，通过页面的跳转来进行流程的推移。对于学生们而言，"图钉墙"是发现设计灵感、分享设计作品、协助个人选课的重要工具；对于教师来说，"图钉墙"不仅仅是一个展现自己的平台，更是一种认识学生的途径；对于管理者来说，"图钉墙"可以成为教学评价的重要指标，是修改培养计划和课程改革的重要样本数据依据；对于用人单位而言，"图钉墙"是考察和评估学习者专业能力和技术水平的最可靠的考量。

（二）Behance

Behance作为国外著名设计社区，是一款"展示和利用创意作品的领先平台"，专注于展示作品，发掘有潜力的新锐艺术家，为全世界上百万的创意人提供设计灵感与启发。设计师可以上传设计作品，获取设计灵感，线上互动交流，并将其视为自己的博客，涉及网页设计、交互设计、用户界面/用户体验、摄影、工业设计和许多其他主题。

用户在登录Behance之后便可以发布作品，分享作品，添加内容，也可以编辑自己的设计项目，上传设计源文件，继续发布或将其保存为可编辑的草稿。用户也可以对设计作品进行设置，添加如下元素：图像、文本、照片网格、视频/音频、嵌入、Lightroom、NFT、原型、3D、样式、设置、附加文件，随后可以继续发布作品或者保存为草稿。Behance上传作品信息架构如图6-11所示。从内容信息的要求中我们发现其更多地关注设计作品的完整性，包括作品本身的多样化格式以及网站展示的多样化格式，目的是更多地展示创作者的创造性，与其他的创作者进行作品本身或者作者的设计思维的沟通交流，学习和借鉴，共同成长。

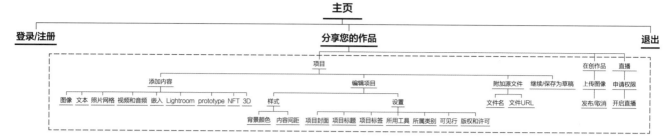

图6-11　Behance上传作品信息架构

Behance上传
作品界面

Behance的上传作品页面。主页面承担内容上传的功能，有四种上传作品的方式：一是建立一个完整的项目展示；二是展示你的自由职业；三是进行中的工作展示，且自动在24小时内消失；四是进行桌面直播。右侧边面板进行内容的导航和辅助主页面的传输，整个页面复杂但清晰，内容丰富且井井有条。

（三）站酷

站酷致力于构建以原创设计为核心的内容，通过"站酷原创版权生态体系"，为艺术设计从业人员在教学、展示、沟通、就业、交易、创业等各个环节提供了专业且优质的服务，为设计师和企业的成长之路提供了高效的版权解决方案和立体化的视觉服务。每年，站酷为超过20000家企业提供服务和专业支持，通过赛事承办、营销策划、人才招聘、版权交易等服务为企业聚拢设计人才与资源，创造综合价值。站酷作为国内设计师交流平台，具有很强的商业属性，通过内容比较发现，站酷的作品的信息更偏向于展示最终结果，方便被用户更快地识别到优秀的作者以进行合作，且更加关注作品版权的问题。

用户可以登录站酷发布自己的作品，点击"个人中心"中"我的创作板块"，随后上传自己的设计作品，点击完成后发布。用户也可以设置作品信息，如作品名称、作品类型、作品行业、作品用途、作品说明、添加标签、上传视频、上传专辑封面。同时，用户还能选择更多设置，如是否允许右键保存、配色方案、创作时间的补充、使用了什么创作工具、调整作品的分类，随后发布作品。图6-12展示了站酷上传作品的信息架构。

图6-12　站酷上传作品的信息架构

站酷网上传功能整体的信息排布方式采用左侧边栏辅助导航，主页面在右侧，通过页面的滑动完成整个流程，左右的内容均罗列在主页面上，一览无余。

通过对比我们发现，所有网站架构都包含首页、发现、个人中心、上传作品、课程等几个板块，但是在站酷和Behance这类型具有商业属性的网站平台上有职位模块，图钉墙作为学术流平台没有这一板块。另外，所有平台对于作品上传这一模块的内容限制性相对较宽泛，仅对格式有要求，对内容的详细性和逻辑性未作出标准要求，这样就导致用户在获取信息时可能无法获取完整的作品信息，对于某些环节未能理解或者不能识别（表6-3）。

表6-3 竞品网站功能对比

内容	网站功能对比	站酷	Behance	图钉墙
首页	推荐	√	√	√
	我的关注	√	√	
发现	分类	√	√	√
	可能感兴趣的内容	√	√	√
职位	城市	√	√	
	公司	√	√	
	职位	√	√	
	我的简历	√	√	
课程	直播课程	√	√	
	我的课程	√		√
	专业课程	√	√	√
个人中心	个人信息	√	√	√
	个人作品	√	√	
	我的收藏	√	√	√
	我的关注	√	√	√
	设置	√	√	√
	版权保护	√	√	√
上传作品	设计思路	√	√	√
	设计方法			√
	设计海报	√	√	√
	视频文件	√	√	√
	作品权限	√	√	√
活动	比赛	√		
	设计展	√		√
	线上线下活动	√		

二、信息架构设计

网站内容架构的建设主要是通过信息架构进行建立。信息架构既要符合用户的概念

1 Jesse James Garrett. 用户体验
要素[M]. 范晓燕译. 北京: 机械工
业出版社, 2011.

模型, 又要确定呈现给用户的各个元素的模式和顺序[1]。设计作品共享平台是一个以内容
为主的设计网站, 信息架构的主要目的是设计组织分类和导航的结构, 让用户可以高效
率地浏览网站内容。

现有的设计作品共享以及设计资源平台的展示均以成果的形式出现, 设计师构想作
品的过程是不可见的。但是, 根据我们前期的调研了解到, 对于设计系学生和设计师
而言, 学习设计师构想作品的过程是非常重要的, 有助于开拓思维, 掌握方法, 习得
经验。所以在信息架构的设计中, 我们需要在上传作品这个功能中进行此方面的信息
补充。

例如图6-13的上传作品过程的信息架构, 列举了上传作品的架构部分主要分为五
个模块, 分别是作品大纲、设计规划、需求分析、详细设计、沟通与演示。作品大纲是
展示作品的基础信息, 包括标题、作品说明、封面图、视频链接、标签、协作者等信
息, 通过作品大纲将整个作品简明完整地呈现在用户面前; 设计规划通过前期的规划将
整个设计周期陈列说明, 我们可以了解到作品的设计目标、设计周期, 以及为作品进行
的前期准备包括设计调研、竞品分析、市场分析等内容; 需求分析部分主要对用户进行
调研和分析, 基于用户需求进行问题定义、设计定位, 进而进行概念设计; 主要的设计
操作集中在详细设计部分, 在这部分中, 作者选定设计方案, 对方案进行草图、线稿图
的绘制, 然后进行原型、源文件等的制作, 整个设计行为在这里几乎已经完成; 最后一
个部分是沟通与演示, 对设计作品的各个组成部分进行交付与演示, 以及完成对结果的
沟通。

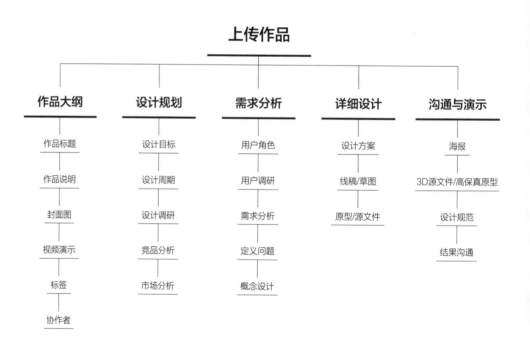

图6-13 上传作品过程信息架构

本节我们收集的访谈关键词、功能关键词、理论框架和交付物关键词, 按照词汇属
性进行分类整理, 形成功能和信息架构。表6-4展示了设计作品共享平台的信息组织。

表6-4	信息组织
功能	设计展、比赛信息、赛事推荐、课程作业、课程简介、获奖作品展、设计小课堂、排版模版、视觉配色、3D建模、技能培训、大咖讲座、校内资讯、作品上传、就业信息、简历制作、职位推荐、设计趋势等
体验	操作简单、便捷快速、更新及时、内容优质、交流互动、检索快捷、信息明确、流程清晰、参考案例、版权保护、多次查看、案例收藏等
内容	心得与体会、使用的软件、视频、原型、用户研究、设计定位、设计细节、造型和色彩、设计思路、标题、标签、作品说明、上传者、封面图、图片、视频、作品类型、行业、原型和设计灵感
设计过程	市场分析、设计团队、项目可行性、设计调研、利益相关者沟通、理解用户、定义需求、定义问题、原型反馈与测试、概念设计、解决方案、开发周期、开发结构、线稿和草图、技术图纸、高保真原型、3D模型、设计规范、可用性测试、结果沟通
交付物	市场分析报告、项目背景陈述、设计调研目标、需求分析报告、概念设计方案、详细设计报告、低保真原型、沟通与演示文档、可用性测试报告

　　图6-14展示了设计作品共享平台的信息结构梳理。我们将功能板块设置为一级架构、内容和信息设置为二级架构，将上节检索到的所有关键词进行加工和处理，设置在框架内，将平台可能涉及的所有内容堆叠在一起，方便信息的梳理。

　　图6-15展示了学生设计作品共享平台的信息架构。在信息结构的基础上，我们发现，依据用户对平台的功能需求和用户认知中的作品共享平台的功能应该包括：作品展、课程作业、比赛信息、就业信息、设计技能、作品上传、搜索和个人中心，将其转化为相对应的信息作为高校学生作品共享平台的一级导航：首页、毕业作品、课程作业、获奖作品、上传作品、个人中心六个部分，将不同种类的信息进行分区分模块，易寻找易使用。

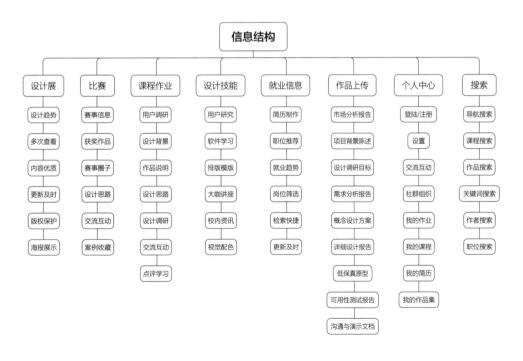

图6-14　信息结构梳理

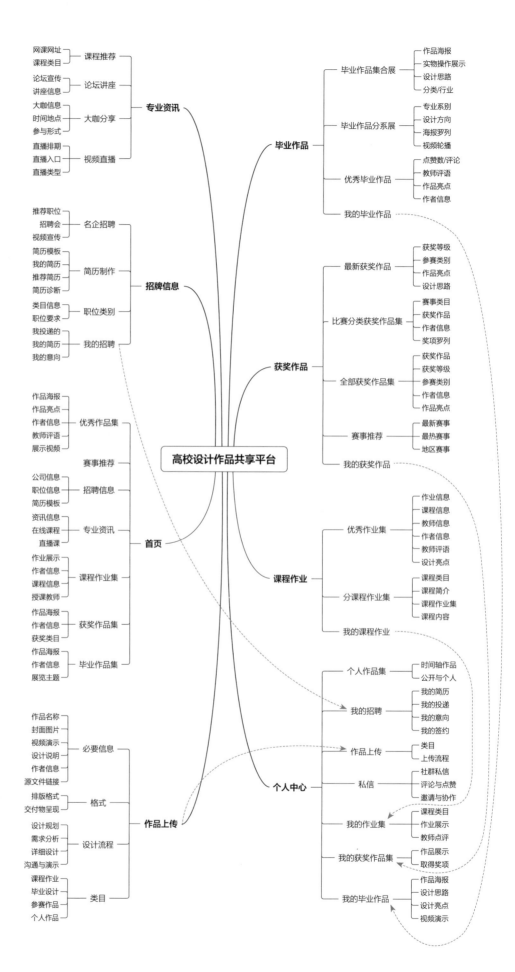

图6-15 学生作品共享平台信息
架构

一级导航结构下各模块具体为：首页包含优秀作品集、赛事推荐、招聘信息、专业课程、课程作业集、获奖作品集和毕业作品展；毕业作品中包含优秀毕业作品、毕业作品分系展、毕业作品集合展和我的毕业作品；获奖作品中包含最新获奖作品、比赛分类获奖作品集、全部获奖作品集、赛事推荐和我的获奖作品；课程作业中包含优秀作业集、作业课程推荐、分课程作业集和我的课程作业；招聘信息中包含名企招聘、简历制作和我的招聘；专业课程中包含专业筛选、课程推荐、论坛讲座和大咖分享等；个人中心包含个人作品集、我的招聘、上传作品、私信、我的作业集、我的获奖作品集和我的毕业作品。

三、页面布局设计

设计资源共享平台的视觉浏览模式主要有F形与Z形。多数设计资源共享平台的首页，是以图片为主文字为辅的宫格排布。用户在首页的浏览顺序为Z形。设计资源共享平台的作品详情页和作品上传页文字信息居多，所以用户的浏览顺序基本为F形。设计作品共享平台属于Web应用，用户一般用网页浏览器进行观看。在此情境下，设计作品共享平台的线框图设计还是遵从主流的网页设计规范。

以图6-16为例，网页整体宽度采用1280px进行界面设计，上边栏借鉴现有平台的主导航模式，将主要模块的入口罗列在主导航处，符合视觉规范和用户的操作习惯。下面部分采用左中右结构进行排布，左边栏为信息内容框架，用来规范作品上传要求，采用下拉列表进行信息的呈现，右边栏陈列作品的必要信息，包括作品名称、设计说明、封面图等，右边栏将必要信息固定，用户的操作空间主要集中在中间区域，可以根据自己的作品信息选择合适的表达方式进行内容的上传，页面最底端隐藏着各规范要求的参考案例，方便用户理解和进行操作。

图6-16　上传作品线框图

第四节　设计作品共享平台界面原型构建

一、低保真界面设计

首页展示优秀作品、招聘信息、专业课程推荐等信息，课程作业集、获奖作品集、毕业作品、上传作品、搜索作品的快捷入口；课程作业集方便师生了解学院教学最新动态，获奖作品集、毕业作品方便企业及其他外来人员了解学院优秀人才动向，招聘信息、专业课程为提升同学们的设计能力服务。

作品详情页通过作品简介、设计规划、项目调研、详细设计、终稿展示、教师评价六大模块对设计作品进行展现；可以点赞、收藏、了解作者及导师等其余相关信息，可以推荐相关作品方便用户浏览，设置留言区方便用户与作者直接进行交流。

课程作业部分以课程作业集的形式呈现教学成果，更为整体、系统，用户可以点赞、收藏、了解作者及导师等其余相关信息，一方面对优秀作业进行推荐、设置留言区方便用户与作者直接进行交流；另一方面帮助同学们存储和保留自己的课程作业并形成作品集。

获奖作品部分将用户上传的获奖作品形成集合，通过奖项分区将各类作品集中呈现，方便同学们借鉴和参考。同时，在这个部分中也有大赛推荐的板块，为同学们提供一个参赛的选项。

毕业作品部分按照专业、学年对历届毕业作品进行整合，形成毕业作品展，线上的展览一方面可以将优秀作品进行大规模长时间的展览，另一方面给予企业或外界人员一个了解获取优秀毕业生的渠道。

上传作品部分主要分为五个模块进行导航架构，分别是作品大纲、设计规划、需求分析、详细设计、沟通与演示。通过五个模块的结合，将创作者在设计过程中进行的设计思考、设计行为尽可能完整地展示在作品页面上，方便观看者获取信息，进行同理心的思考、思维的交流，最大化地实现作品的价值。

招聘信息页展示公司招聘信息以及简历模板信息，通过搜索框可以直接筛选自己喜欢的岗位，点击招聘企业信息可以查看详细要求，点击简历模板可以直接套用模板进行简历制作，提供完善的求职体系，完善简历的校内外通道，完成人才的输送。

专业资讯页提供校内讲座、展览的最新信息，方便同学们及时报名参加；提供网上课程学习的通道，方便有需要的同学们自行学习；提供设计资讯，方便同学们拓展视野和了解设计趋势。

通过展示学生基本信息、导师信息、领域池、圈子、过往作品，让用户了解作者的求学历程；通过课程作业、获奖作品、毕业作品的系统化呈现，可展示作者的创作历程；通过奖励徽章，可激励用户学习成长。

通过展示教师基本信息、同系教师、领域池，让用户了解教师的教学历程；通过课程作业、个人奖项、学生奖项、指导作品的系统化呈现，可展示教师的教学成果和研究方向。

登录页。分为学生、教师和游客三个入口进行登录，也可以扫描二维码直接绑定微信进行登录。

学生作品共享
平台低保真原型

二、高保真界面设计

高保真界面
设计案例

以GDUT logo的紫色作为主题色，以紫色的对比色黄色、不同明度的紫色作为辅助色，白色、灰色和黑色作为背景色，使用大面积的图片和小面积的文字进行信息的呈现，方便用户获取内容。

三、可用性测试

可用性测试是指在特定的环境中，针对特定的目标用户的特定目的，测试产品的可用性、易用性和体验满意度的工具，可用性属性直接关系到产品能否满足用户的功能需求，是用户体验中非常重要的内容，是衡量交互产品质量的重要手段。可用性测试一般在产品或产品原型阶段进行，通过观察、访谈或两种方法的结合，找出产品原型的可用性问题，并为改进设计提供依据。可用性测试的主要目的是发现潜在的误解或错误。

（一）测试准备

此次测试所采用的交互式是"高保真原型"，重点测试以下两个方面：一是评估产品的总体有效性和效率；二是产品设计的易于使用，以及使用感受。

1. 测试实施人员

测试实施人员首先制作好测试脚本，了解用户的基本信息，其次观察测试中发生的事情，管理测试场景，并做好笔记。

2. 确定测试用户类型（表6-5）

表6-5　　　　　　　　　　　　测试用户角色（来源：作者自制）

角色类型	入学一年的设计系师妹	设计系毕业生	互联网设计系校友	设计系教师
教育水平	本科	硕士	本科/硕士	博士
使用经验	接触类似网站不久	使用7~8年	使用10~12年	使用10年
工作类型	视觉设计、交互设计、产品设计、工业设计	工业设计、视觉设计、服务设计	产品经理、交互设计、平面设计	视觉设计、交互设计、信息设计
年龄	22~23	25~27	27~29	32~40
性别	女	男	男	女
人数	6	6	5	3

3. 制订测试计划

根据不同角色的不同目标场景，用简单易懂的语言提示用户的场景任务。它主要描述了用户要达成的目标，用户要参与的行为以及行为可能产生的结果，关注的是设计场景中每一步可用的功能。通过场景，观察用户是否所有功能都可用，操作程序是否流畅，任务目标是否可达成（表6-6）。

表6-6   **可用性测试计划（来源：作者自制）**

任务	使用学生的身份登录平台	查看"范恒飞"团队的获奖作品	查看红点奖奖项介绍	上传作品	查看戴教授的个人主页
场景	公众号看到我们学校新上线一个平台，去看看	看看有没有我们同学的作品，范恒飞上传了获奖作品，去看看	竟然是红点奖，我也想参加，去看看怎么参加	我也有做得不错的作品，上传试试吧	选择指导教师？选项里有我们老师，我去看看教师主页吧
结果	成功	失败	成功	失败	成功
困难	简单	困难	简单	困难	困难
需求		定位失败		流程复杂	
迭代		定位明确		流程简化	
任务	查看美术系的毕业作品展	查看导向设计的课程介绍	查看最近的专业资讯	查看个人作品集	查看小米的招聘信息
场景	作品上传完了，浏览下大家的作品吧	有课程介绍，看下下学期我要选的课程情况吧	信息好全面，我要去看看专业资讯是什么	浏览了一圈，我的作品上传完成了吗，去看下	有招聘信息推荐，查看下要求，我好为毕业找工作做好准备
结果	成功	成功	成功	成功	成功
困难	简单	简单	简单	简单	简单

4. 创建情境与任务

在这个阶段，对任务进行设定，将任务以一定的逻辑顺序展示给用户，且设置明确的起点和终点，同时控制每一个任务的完成时间。在创建测试任务时，向被试者展示软件的信息架构与流程，并给用户描绘一个贴合实际的场景。详细见表6-7。

表6-7   **可用性测试任务表（来源：作者自制）**

任务	操作
任务描述	使用学生的身份登录平台
任务开始状态	未登录主页
任务结束状态	已登录主页

（二）测试

我们首先发送消息告知用户本次测试的主题、测试时间、测试地点、报酬，一周内招募到计划人数10人并符合目标用户群特征的被测者。向用户大致介绍测试相关事项，告诉用户我们的目的和他们要做的事情。特别强调：用户需要反馈在产品使用上的问题而不是用户的问题。

数据整理与分析，详细见表6-8与表6-9。

表6-8 测试任务时间统计表（来源：作者自制）

用户	任务一	任务二	任务三	任务四	任务五	任务六	任务七	任务八	任务九	任务十
组1	50s	53s	10s	15min	10s	8s	18s	20s	20s	9s
组2	35s	60s	10s	20min	10s	8s	15s	12s	20s	9s
组3	20s	68s	9s	25min	5s	5s	10s	10s	18s	5s
组4	22s	49s	12s	30min	8s	8s	12s	10s	25s	12s

表6-9 测试数据分析表（来源：作者自制）

关注点	问题	比例	原因	备注
上传作品流程	比较复杂	9/20	上传的内容比较多	
登录和未登录状态下的主页	信息展示无差别	3/20	登录和未登录状态下信息展示的层次有区别	首页需要内容吸引用户
个人主页	需要更多的功能设置	1/20	功能不够完善，缺失内容和信息	

　　对以上问题进行分析和整理，得到以下需要迭代更改的功能和操作：①学生主页和老师主页的转换路径不流畅；②上传作品流程需要先熟悉才能上传；③个人主页需要更多的内容。

第七章

基于位置的智慧停车信息服务设计

第一节　智慧停车服务系统的设计背景

一、城市停车难

　　根据国家公安部于2021年10月12日发布的数据统计，截止到2021年，全国各地汽车保有量为3.02亿辆，在其中以自身为名申请注册的小型车（私家轿车）为2.3亿辆。全国各地机动车驾驶人为4.76亿人[1]（图7-1）。

图7-1　2021年我国汽车保有量超3亿辆（来源：公安部、开源证券研究所）

　　随着城市私家车的快速增长，乱停车、违规停车、无处停车的现象越来越明显。大城市面临着"车太多，车位太少"的困境。由于没有足够的停车场，许多车主不得不把车直接停在公路上。"停车难"是特大城市在经济高速发展过程中普遍面临的问题（图7-2）[2]。一项调查显示，88.6%的受访者认为在他们所在的地区停车是一个严重的问题，73.4%的人经常看到乱停车。为了降低停车难度，63.4%的受访者明确提出改进停车设备、增加立体停车场等新的停车方式，60.7%的受访者明确提出发展智能停车控制系统提高停车场利用率。停车最困难的是商业地区（63.7%），其次依次为住宅小区（59.0%）、办公场所（52.4%）、娱乐区（31.8%）等[3]。

　　停车不仅影响城市静态和动态交通秩序，而且调节着社会关系和秩序。对于一个城市来说，良好的交通秩序是维持城市空间秩序、城市环境优美、人们生活便利的强大驱动因素。一个无序的停车环境，不仅会破坏市容，阻塞交通，而且会导致各种交通事故。对于一个社区来说，如果解决了停车难的问题，就可以保证社区的安全性和宜居性，从而为居民提供一个良好的居住环境。

图7-2　中国停车位需求量

[1] 任沁沁. 3.90亿辆4.76亿人[N]. 新华每日电讯, 2021-10-13（005）.

[2] 张晓亮. 关于缓解泰山景区周边行车堵、停车难问题的对策建议[J]. 旅游纵览, 2022（01）：84-86.

[3] 叶进. 社区停车难题待解[N]. 中国信息报, 2022-03-23（003）.

[4] 杨璐楠, 张皓雯, 徐昳哲, 向佳慧, 周露. 信息不对称情况下停车场利用率低的解决方案研究——以武汉市为例[J]. 现代商贸工业, 2021, 42（23）：94-96.

二、车位利用率低

　　事实上，停车难的问题不仅与停车位的总数有关，还与停车位的利用率有更大的相关性。一份CBN Data和ETCP协同发表的《ETCP2017中国智慧停车场系统行业大数据汇报》[4]表明（图7-3），一方面，我国的停车位短缺率高达50%，另一方面，停车位闲置率高达51.3%，停车位资源没有得到很好的利用。2017年8月，ETCP停车利用率调查显示，全国超过90%的城市停车利用率低于50%，北上广深等一线城市停车利用率仅为40%~50%，远低于部分国家60%~80%的利用率水平。在其中，机关单位、机

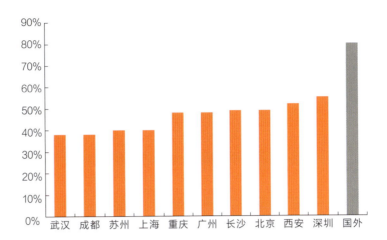

图7-3　2020年核心城市车位利用率（来源：中国智慧停车行业大数据报告，平安证券研究所）

关事业单位、居民小区的等公共停车场的车位使用率均不足50%。公共车位区域分配不均，有的停车位长期闲置，有的停车位长期被车辆占用。在我国，停车位的平均利用率仅为30%。停车位资源没有得到充分使用，这是资源的浪费，也间接导致了停车难问题的发生。

目前，因停车问题引发的纠纷时有发生，停车难、找不到停车位成为无数城市居民的烦恼。总体而言，城市商业街区、学校区、娱乐区等区域的停车难问题比较严重。由于停车位总量相对有限，人流密集地区的停车位在高峰时段供不应求，而公寓楼的停车位闲置。地下停车场出入口难找，停车不方便，于是许多车辆就索性停在路边，因此经常造成道路的拥堵。不仅如此，交通拥堵造成的车辆尾气也破坏了生态环境，同时产生了噪声污染。目前，废气污染和噪声污染已成为城市的主要污染源。停车位的供求失衡在市中心尤为严重。[1]

停车场利用率低的原因可以归纳为以下两个方面：第一，停车场与使用者之间的信息不对称。目前，大多数停车场的智能化水平较低，信息相对孤立，这极大地影响了停车资源配置的效率。第二，一些地方的停车位供求分布不平衡。例如，一些老旧的小区和街道分配的停车场容量小，甚至没有停车位。小区停车场夜间利用率可达100%，而白天只有20%~30%。单位停车利用率在工作日达到60%~80%，夜间和周末仅为10%。

因此，缓解停车难问题，仅仅依靠增加车位量的供给是远远不够的，更应该提高目前现有车位的利用率。停车信息不对称是造成停车空间利用率下降的一个重要原因，这个时候，我们可能会把工作的重点转移到如何提高停车位利用率上。这个问题解决了，停车难的问题自然也就解决了。[2]

三、共享车位的可能

O2O智慧停车服务集成了O2O云停车技术和LBS基于位置的服务技术，通过热图可视化将车位信息共享。在现有资源不变的情况下，通过服务共享提高了产品的利用率，降低了服务的成本。服务共享将线上资源和线下资源整合在一起，打破了时间空间的限制，为用户提供即时即地的个性化服务。

（1）用户层面：一方面，在现代社会中，车主的数量逐渐增加，在寻找停车位方面有很多问题。首先，上班的时候找停车位需要很长时间，很难找到合适的停车位。第

1 文凯，李梦洁. 共享经济下的停车位系统设计研究[J]. 时代汽车，2021（03）：114-115.

2 刘佳. 基于"车联网+"的智慧停车模式的研究[J]. 石河子科技，2022（01）：38-39.

二，在一些地区停车位稀少而且昂贵。

（2）技术层面：虽然找车位的应用程序很多，但它们却都面临着很多问题：首先是停车位的在线率低，合作车位或停车场太少；其次，在停车场寻车的搜索功能不能单靠应用程序来解决。

（3）市场层面：停车消费是汽车消费中的高消费项目，消费市场大。目前普通城市停车位利用率不足50%，这给共享停车位创造了非常有利的市场条件，有着极其广阔的市场前景。

第二节　基于城市停车场景的用户研究

一、用户场景分析

需求场景就是用户产生需求的场景。以用户找车位这个场景为例，该场景下用户会遇到什么问题，有哪些需求，这直接决定了我们可以运用什么样的界面元素、什么样的交互方式。想一想用户打开找车位这个界面时候的目的是什么，有哪些需求，希望看到什么。用户希望看到的东西实际上就是他的本体需求。设计师依据这一本体需求设计主页面，在找车位这一需求下还有一些比较小的需求场景，例如用户在什么时间找车位，是工作日还是节假日，在什么地点找车位，这个时候用户的状态是什么，是加班还是休假，这些具体的小场景下的需求实际上和界面的设计都有关系，为界面色彩、排版、声音等因素提供了依据。每一个很小的需求场景都可以为交互设计的方案制定提供依据。

基于使用场景的交互设计方法要求我们确定用户的使用情景，并带有同理心去思考用户在这样的场景下需要哪些交互方式解决目前所遇到的问题，这是一种以人为本的交互设计方法。我们要模拟用户在该情景下所看、所听、所想，通过换位思考体会用户的内心感受，然后再把这些信息搜集起来进行总结[1]。基于使用情景的同理心设计方式见图7-4。

图7-4　基于使用情境的同理心设计方式（来源：作者自绘）

（一）场景一：忘记车停在那里/向朋友借车不知道车的位置

停车后办完事回来，因为对停车场地理环境不熟悉，在偌大的停车场内，难以找到自己的车（图7-5）。

（二）场景二：城市车位的资源调配不均衡

老旧小区的车位紧张且价格昂贵，把车停在马路边又会担心有安全隐患。而周边的大型商场停车场晚上的利用率极低（图7-6）。

（三）场景三：紧急情况需要快速停车却找不到车位

时间紧迫却找不到最便利最合适的车位，耽误很多时间。现有的停车App也没能提供相关的帮助（图7-7）。

[1] 谭浩，冯安然. 基于手机使用情景的交互设计研究[J]. 包装工程，2018，39（18）：225-228.

图7-5 场景一

图7-6 场景二

图7-7 场景三

二、用户行为分析

（一）停车服务的用户旅程

客户旅程图通过可视化的方法细化用户为完成每个行为而做的每一小步，可帮助我们理解用户接下来的行为有哪些，将每一个用户故事细化成一个小事件，有助于理解整个系统的功能（图7-8）。

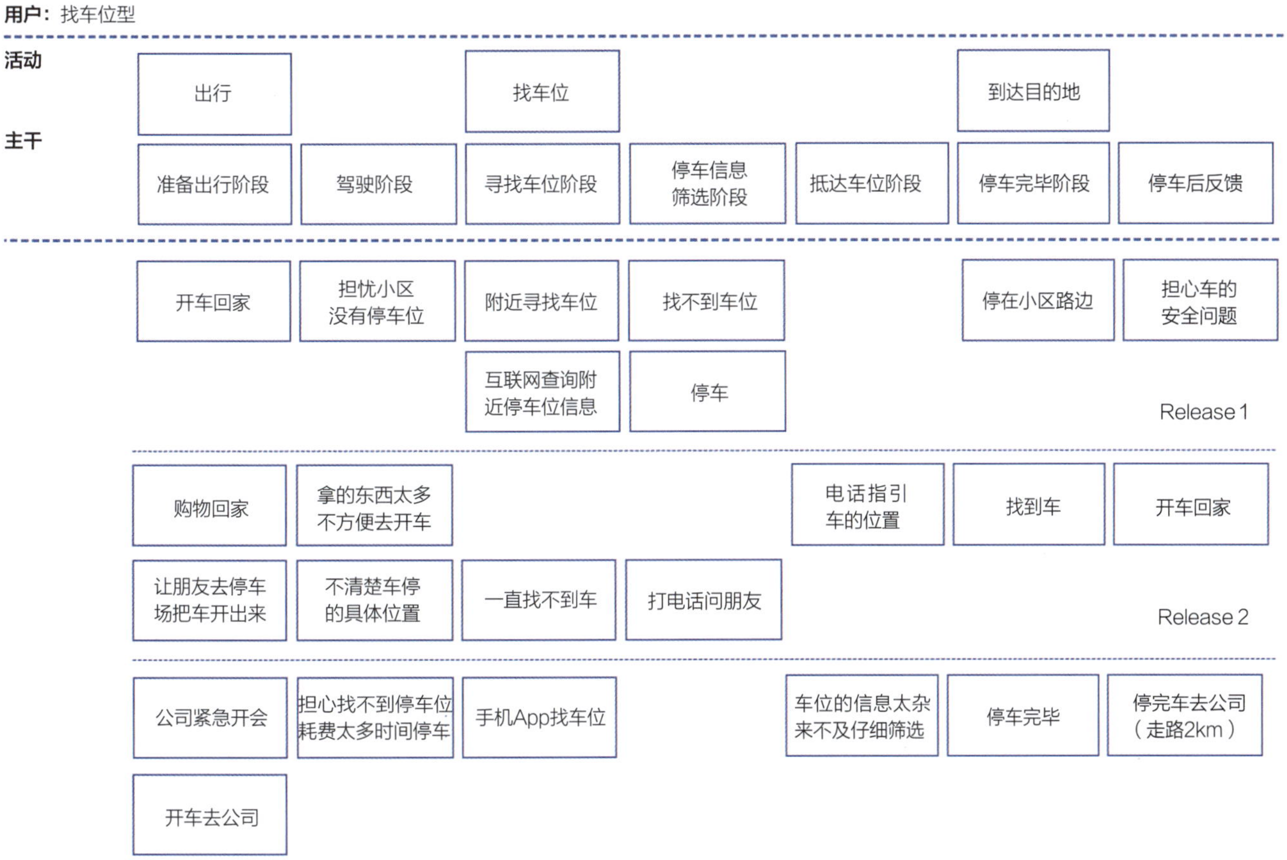

用户：找车位型

活动 主干	出行		找车位			到达目的地	
	准备出行阶段	驾驶阶段	寻找车位阶段	停车信息筛选阶段	抵达车位阶段	停车完毕阶段	停车后反馈
	开车回家	担忧小区没有停车位	附近寻找车位	找不到车位		停在小区路边	担心车的安全问题
			互联网查询附近停车位信息	停车			Release 1
	购物回家	拿的东西太多不方便去开车			电话指引车的位置	找到车	开车回家
	让朋友去停车场把车开出来	不清楚车停的具体位置	一直找不到车	打电话问朋友			Release 2
	公司紧急开会	担心找不到停车位耗费太多时间停车	手机App找车位		车位的信息太杂来不及仔细筛选	停车完毕	停完车去公司（走路2km）
	开车去公司						

图7-8 客户旅程图

（二）用户研究及需求分析

用户研究方法分为观点（态度）和行为两大类，观点是用户当下说出来的、表达的内心对当前事物的主观看法，行为则是用户做什么（实际产生的动作）。我们采用用户访谈的方法，以定性的方式了解事实，以挖掘用户行为背后的深层动机。用户访谈提纲见表7-1。

表7-1   用户访谈提纲（来源：作者自绘）

基本信息	姓名、年龄、性别、职业 所在城市 停车月花费 寻找停车位的渠道
停车App	关于停车App的使用感受 1-您是否使用过停车App或公众号？是/否 2-您觉得停车类App最吸引人的亮点是什么？ 3-您对停车类App不满意的地方在哪里？ 4-您对停车App的第一印象是什么？ 5-您会选择什么样的支付方式支付停车费用？ 6-对于绑定银行卡等要求，您的感觉是？ 7-您觉得停车场的哪些信息最重要？ 8-您是通过什么方式了解到停车App的？ 9-您是否会考虑出行前使用停车App提前预约号车位？ 10-您期望中的停车类App第一呈现的信息是什么样的？ 11-您居住的小区是否有足够的停车位？ 12-您最常用的停车App是哪款？为什么用这款App？ 13-您是否有不愉快的停车体验？遇到的问题是什么？

通过分析共性和差异性，采取以下分类维度将用户分为三类：临时停车用户、长期停车用户、紧急情况停车用户。访谈分析总结见表7-2。

表7-2   访谈分析总结（来源：本文自绘）

	临时停车用户	长期停车用户	紧急情况停车用户
用户定义	临时停车是指平时有自驾出门购物逛街，或者驾车游玩等临时停车的用户	长期停车型用户指经常需要在某个固定的地方停车，但很难找到停车位	有紧急情况要自驾出行，对时间的要求较高的停车型的用户
用户特征	1. 停车的时间较短；2. 停车的位置没有较高的要求；3. 对于停车位的价格敏感度较低	1. 对于车位的位置有较高的要求；2. 停车的时间较长；3. 对于停车位的价格敏感度高	1. 对于停车位的位置没有较高的要求；2. 对于停车位的价格敏感度；3. 对于停车的时间要求最高，希望停车的时间达到最少
用户痛点	1. 偌大的停车场内，难以找到自己的车；2. 现有的停车App对于停车的位置和信息没有记录；3. 家人朋友来帮忙开车找不到我停车的位置	1. 自己小区车位紧张且价格昂贵，把车停在马路边又会担心又安全隐患；2. 每天都要寻找车位很麻烦，而且现有的停车App也没能提供相应的帮助	现有停车App，停车信息多而且杂乱，要花时间选择有效的停车信息，因此很容易因为车位问题而耽误的重要紧急要做的事情

（三）停车服务的用户角色

在设计案例——智慧停车服务系统中，基于用户旅程图的理论分析，用户角色是寻找车位的车主，进一步细分为三种有不同停车需求的用户画像，分别是反向寻车型（图7-9）、资源调配型（图7-10）和情景定制型（图7-11），根据不同的用户画像可以分为三个情景与旅程。三个情景分别是：①在停车场反向寻车；②老旧小区周围车位紧张价格昂贵，且周边大型商超晚上车位利用率低；③时间紧急时找不到便利车位。

基本信息

姓　名：壮壮　　　性别：男
年　龄：35
职　业：公务员　所在城市：北京
个人宣言：拯救路痴，人人有责。

场景：
壮壮向正在逛街的小美借车，壮壮拿到车钥匙后，在偌大的停车场难以找到小美的车。

用户痛点：
偌大的停车场内，难以找到自己的车

壮壮
反向寻车型

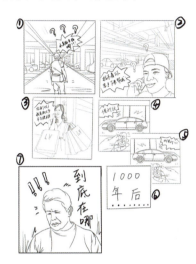

图7-9　反向寻车型用户角色

基本信息

姓　名：大华　　　性别：男
年　龄：32
职　业：程序员　所在城市：江西
个人宣言：热爱生活，物尽其用。

场景：
大华所居住的地方是老旧小区，车位紧张且价格昂贵，把车停在马路边又会担心有安全隐患。而周边的大型商场停车场晚上的利用率极低。

用户痛点：
城市车位的资源调配不均衡。

大华
资源调配型

图7-10　资源调配型用户角色

基本信息

姓　名：菲菲　　　性别：女
年　龄：28
职　业：上班族　所在城市：广州
个人宣言：生活和工作要有一个在路上。

场景：
正在调休的菲菲因为公司要开紧急会议，时间紧迫，菲菲却找不到最便利最合适的车位，耽误大部分时间。

用户痛点：
不同使用情景需要不同类型的停车位。

菲菲
情景定制型

图7-11　情景定制型用户角色

三、基于用户体验的停车功能设计

（一）用户体验流程图

用户体验流程图可以用来研究用户在使用产品过程中的痛点、交互和体验，为设计提供机会点。它将用户在体验服务过程中的行为、情绪、思考等信息通过可视化的方法表现出来。[1]通过体验流程图，可以很直观地了解用户在各个流程中的体验，为设计师提供一个全局化的视角，因为从多个场景、多个触点出发更能找到提升用户全局体验的方法。它是以用户的视角去评判整个服务的好坏，描述了用户在整个体验流程中的情绪变化和思考变化，情绪高潮点更能抓住用户的体验高潮，调动用户情绪，打造愉快的用户体验。

场景：壮壮向正在逛街的小美借车，拿到钥匙后在偌大的停车场内找不到小美的车在哪里（图7-12）。

场景：大华所居住的地方是老旧小区，车位紧张且价格昂贵，把车停在马路边又会担心有安全隐患。而周边的大型商场停车场晚上的利用率极低（图7-13）。

场景：正在调休的菲菲因为公司要开紧急会议，时间紧迫，菲菲却找不到最便利最合适的车位，耽误很多时间（图7-14）。

1 [日]原研哉. 设计中的设计 [M]. 纪江红译. 桂林：广西师范大学出版社，2010.

图7-12　场内寻车型用户体验流程图

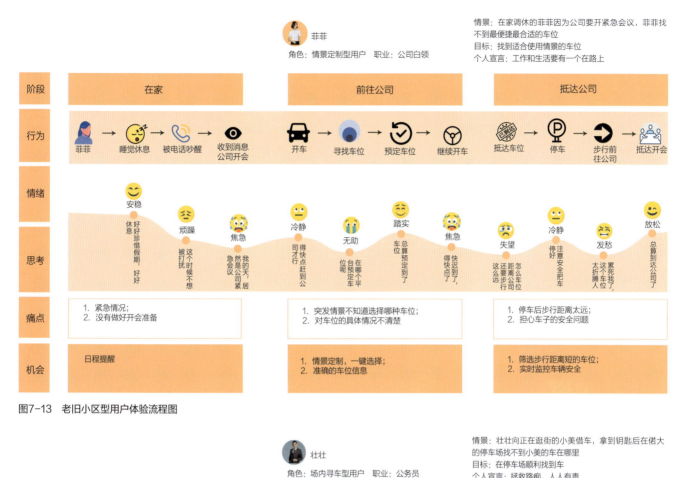

图7-13　老旧小区型用户体验流程图

图7-14　情景定制型用户体验流程图

（二）痛点分析和功能转化（表7-3和表7-4）

表7-3　　　　　　　　　　痛点分析和功能转化（来源：作者自绘）

	反向寻车	资源配置	情景定制
痛点分析	1. 因为自己是路痴，回来开车时找不到车停在哪里；2. 车借给朋友，朋友找不到车停在哪里	1. 因为住在老旧社区车位不够，车没有地方停；隔壁商业区停车场晚上利用率不高	1. 时间不够，不知道该按哪种标准选择停车位；2. 不同的情景选停车位的标准不同
功能转化	App在寻车位的同时具备反向找车功能，我们将采用车牌识别技术，通过前端摄影机进行实时回传视频的图像，以此获得车辆的车牌号码信息，来进行车辆定位。然后，引导车主寻到车辆	国内大部分商业广场在打烊后停车场都处于放空状态。通过合作方式使这些停车场在商场打烊后依旧向用户开放，提高城市停车场利用率	车立停向用户提供个人出行方案的定制，提高用户停车的效率和便捷度

表7-4　　　　　　　　　　软件需求和硬件需求（来源：作者自绘）

	痛点以及需求	功能
找车位	1. 希望提前了解停车优惠 2. 想在家预订车位 3. 路况不佳 4. 路线太远 5. 希望能早点到达 6. 周边服务不健全 7. 途中爱车出问题 8. 车位信息虚假 9. 没有综合评价 10. 想了解车位价格 11. 想了解车位与目的地距离 12. 不能知道车位准确位置 13. 详细了解停车场情况 14. 难以找到停车场入口 15. 和物业沟通困难 16. 物业门口到车位路程复杂 17. 车场或小区内拥堵 18. 回程找不到车位位置 19. 车位锁需要手动开锁 20. 了解车位锁价格优惠 21. 车位锁的能源解决	1. 推送功能（软件） 2. 实时预定功能（软件） 3. 4. 5. 路线规划导航（软件） 6. 7. 周边服务收录（软件） 9. 11. 车位筛选（软件） 8. 9. 10. 12. 13. 车位具体信息提供（软件） 14. 16. 17. 场内导航或导视（软件） 15. 物业门禁系统数据互通（硬件） 18. 反向寻车（硬件） 19. 21. 车位锁的便捷性（硬件） 20. 车位申请介绍和协议（软件）

（三）特色功能提炼（表7-5）

表7-5　　　　　　　　　　特色功能提炼（来源：作者自绘）

灵感源	特色功能	优势	目的
1. 在特殊情景下用户不知道哪种类型的车位更适合自己。2. 用户在不同的情景下需要的车位类型不一样	1. 根据所在情景一键选择内置的情景模式快速筛选车位。2. 手动选择筛选条件创建我的情景模式	一键选择情景模式筛选最合适的车位，帮助用户在紧急情况下快速做出正确的选择	1. 满足用户在不同使用情景下对车位的需求。2. 减轻用户对车位的选择难度。3. 减少用户的选择时间

（四）功能细化及优先级（表7-6）

表7-6   功能细化（来源：作者自绘）

	"找车位"阶段			"行车"阶段		
用户行为	对比筛选	了解车位	去车位	开车前往	入车场	停车
用户痛点	缺乏车位的价格和距离信息	当前选定车位的情况信息不够完整	导航信息不完整	缺乏路况信息 缺乏周边服务信息	找不到车场路口位置	车辆损坏不知情 东西容易落在车上
引导方式	基于多维度信息的个性化车位筛选功能	图片、短视频的车位信息提供。 具体信息的卡片式提供	提供最佳的地图显示	提供路况功能，最佳的行车路线 提供周边服务显示功能	到达目的地附近提供入口信息的提醒功能	车辆自检功能语音、备忘录等提醒功能

通过市场调研确定需求强度、愿望强度、市场延展性、功能创新性，并通过这四个维度的矩阵分析对主要的功能进行优先级排序，排序结果作为平台信息架构功能级别的参考（表7-7）。

表7-7   功能优先级排序（来源：作者自绘）

	"实时"多维度车位信息筛选功能	多维度的车位信息筛选功能	图片、视频车位信息的提供	提供路况、路线规划	提供周边生活服务信息	最佳回车位路线规划
需求强度	5	4	5	4	3	4
愿望强度	5	5	5	4	4	5
市场延展性	5	5	3	3	5	3
功能创新性	3	3	3	4	4	5
综合性评分	18	17	16	15	16	17

第三节   基于位置信息的智慧停车设计方案

一、核心需求功能与服务系统

智慧停车系统为用户提供了搜索车位、其他服务、停车服务、个人信息、车位筛选、停车积分等几大核心功能，从用户的需求出发，解决用户的停车痛点。表7-8展示了六大核心需求功能。

表7-8　　　　　　　　　　　　　核心需求功能（来源：作者自绘）

搜索车位	其他服务	停车服务
根据定位搜索附近车位、情景模式自动匹配车位	洗车、加油站	停车位详情、停车位预约
个人	筛选条件	积分商城
个人信息、身份认证	价格最低、离我最近	通过积分的形式，鼓励用户按时离开车位

　　场内找车：有些车主把车停在车位出去办事，回来后却找不到车停在哪里，场内找车功能很好地解决了这个痛点。该功能通过定位车在停车场的位置，引导用户快速找到停车位置（图7-15）。

　　情景模式：不同情境下用户对车位的需求是不一样的，平台预设几种使用情景供用户选择，并根据情景筛选停车位，用户也可以自己手动设置该情景下所需车位的一些参数（图7-16）。

　　整个服务系统由应用程序、智能停车锁硬件、后台管理设计项目以及用户和关系伙伴构成，图7-17展现了各角色之间的关系线以及资金线。

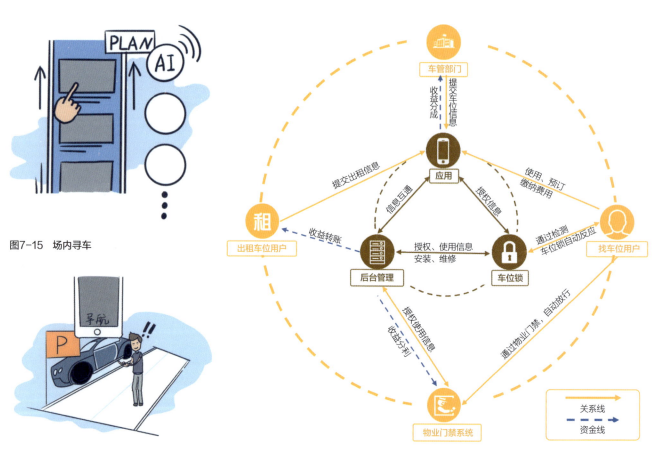

图7-15　场内寻车

图7-16　情景模式

图7-17　服务系统图（来源：作者自绘）

二、信息架构（图7-18）

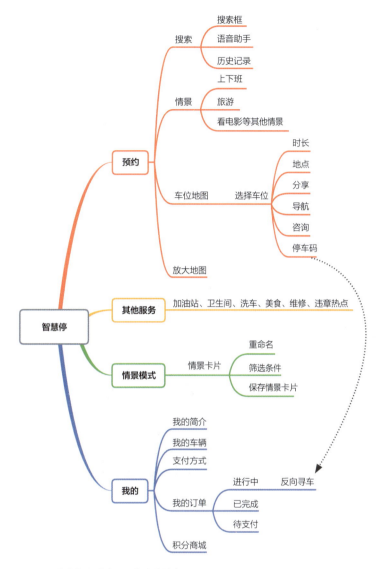

图7-18 信息架构（来源：作者自绘）

三、高保真和使用流程

1. 登录验证

当用户进入智慧停，分为新用户和老用户两种情况。

新用户创建个人新账户，填写个人资料后，系统会向用户的手机发送一条验证码信息，用户收到信息后查看验证码，填写验证码创建个人账户；老用户可以直接输入账号和密码登录智慧停账号，或者使用微信快捷登录，开始享受"智慧停"App带来的停车服务（图7-19）。

2. 情景模式+其他服务

系统默认给用户设置了上下班、旅游、看电影、出差、经济模式几个情景模式并预设了其中的参数。用户点击情景模式，编辑情景卡片，选择该使用情景下自己需要的车位参数。在找车位之前，选择自己所在的使用情景，系统根据预设的参数匹配合适该情

图7-19　登录页面高保真示意图（作者：谢天佑、全炜轩、刘婕等）

进入"智慧停"　　　创建个人账户　　　发送验证码　　　输入验证码

选择情景模式　　　编辑情景卡片　　　选择其它服务

图7-20　情景服务页面高保真示意图（作者：谢天佑、全炜轩、刘婕等）

景下的车位。

　　智慧停还人性化地为停车用户提供加油站、卫生间、洗车、美食、维修和违章热点等其他服务，考虑到用户在停车的过程中可能会遇到的一些痛点，真真正正地使得智慧停成为有车一族的好帮手（图7-20）。

3. 预约车位+反向寻车

　　用户选择最上方的使用情景，LBS定位服务提供用目前的位置信息，通过热图可视化将附近合适的车位可视化在用户的眼前。用户点击选择合适的停车场，选择需要的停车时长，挑选停车场内空闲车位，支付费用预约，生成停车码。用户可凭借此停车码进入停车场门禁（图7-21）。

搜索停车位　　　选择并预定车位　　　选择时长　　　选择停车地点　　　确认信息并支付　　　获得停车码

图7-21　预约车位页面高保真示意图（作者：谢天佑、全炜轩、刘婕等）

用户进入停车场，把车停入车位，步行离开去办事，系统保留了车位的位置信息。完事后回到停车场，但是停车场车位众多，用户第一次来不熟悉环境，找不到自己的车停在哪里，这个时候方向寻车功能便派上了用场。用户在"我的"菜单栏里面查看我的订单，看到正在进行的订单，点击反向寻车，系统根据用户所在位置导航用户步行到车位。"我的"这一菜单栏里面，也提供支付方式、我的车辆信息等，用户也可以在"我的简介"里面设置自己的其他信息（图7-22）。

智能停车锁和配套的App设计如图7-23和图7-24所示。

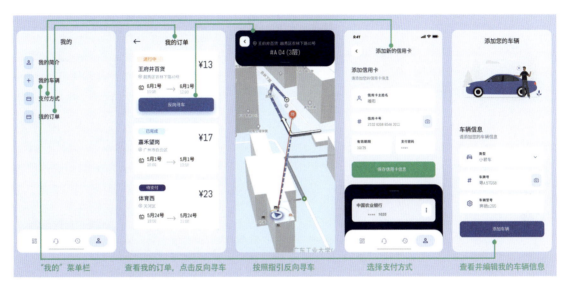

图7-22　反向寻车页面高保真示意图（作者：谢天佑、全炜轩、刘婕等）

图7-23　智能停车锁示意图（作者：谢天佑、全炜轩、刘婕等）

图7-24　配套App设计示意图（作者：谢天佑、全炜轩、刘婕等）

四、原型的测试和优化

（一）测试

测试的大概流程为：第一步，给被试者原型二维码和任务列表，并录屏用户的操作屏幕；第二步，对被试者进行一段访谈，记录其在使用过程中的体会；第三步，评估分析原型的优缺点，根据反馈进行迭代（表7-9）。

表7-9	测试目标（来源：作者自绘）
目标	研究问题
为了验证最终设计原型的可用性	在测试时，参与者能否在没有协助的情况下使用原型？ 参与者能否在没有不便的情况下完成所有任务？ 参与者面临的障碍是什么？ 原型和概念的改进机会是什么？
评估最终设计的可及性	1. 他们用什么方式来体验这个概念？ 2. 他们对解决问题的方案的满意度如何？

    四名参与者是22~35岁之间的有车一族（2男2女），他们被邀请体验和评估原型。其中两人（1男1女）居住在老旧小区，经常找不到车位。另外两个人经常因为找不到车子停在哪里而苦恼。参与者被邀请单独使用在线会议软件进行面对面原型测试。最终测试分为两个步骤（图7-25），将原型的二维码和包含七项任务的任务列表交给他/她；参与者需要在使用原型的同时完成任务。原型在测试过程中没有任何介绍和帮助。在完成测试后，进行了半小时的访谈，询问他/她对这次经历的感受和想法。

    为了收集数据，要求参与者在使用原型时分享屏幕，并将本次最终测试的所有过程记录下来，以便审查和记录。录像结束后，填写任务完成清单。根据它们所涉及的主题，对这些引文进行聚类。之后，对产生的见解进行总结（图7-26）。

图7-25 最终测试的过程

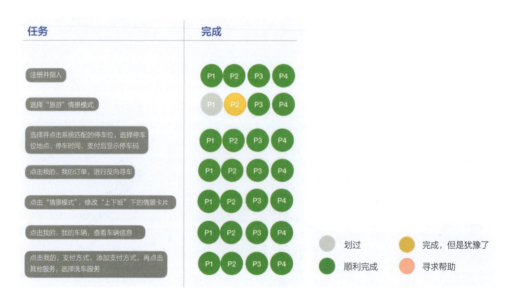

图7-26 任务流程（来源：作者自绘）

（二）测试结果

1. 可用性

    由于在原型开发阶段对前一版本的原型进行了可用性测试，加上原型的改进，最终的设计可用性非常好。从任务完成列表中可以看出，有一半的参与者能够顺利完成所有任务。有一个参与者跳过了阶段。

    在选择"旅游"情景模式部分，有两个参与者因为同样的问题而犹豫不决，他们一开始对原型的使用有一点紧张，原因是他们太害羞了，不太愿意在我面前使用原型（测试时我在屏幕前观看）。对于原型最精彩的部分，他们都给予了积极的反馈。

2. 可及性

关于可及性，一些相关的引语被分为积极的部分和消极的部分。加粗的引语是积极的部分，未加粗的引语是消极的部分。

关于整个设计理念，不同的人给出的反馈完全不同。

参与者1和参与者2对整个设计没有兴趣，他们认为智慧停是一款普通的停车应用程序，与其他应用程序相比没有显著差异。

另外两名参与者则给出了非常积极的反馈。参与者3认为目前需要这个设计，而参与者4认为它很特别。

"一般来说，我认为这是一个普通的停车应用程序加上车位筛选功能。"

"它是可替换的，市面上类似的找车位应用有很多。"

"根据使用情景自动推荐合适的停车位，这在很大程度上缩减了我挑选停车位的时间，对于一个选择困难症的我来说，自己做选择是一件很耗费时间的事情。"

他们喜欢和不喜欢的部分如下。

"场内寻车"和"情景模式"是这个概念中最受欢迎的部分，因为它们很实用。此外，视觉风格也受到了参与者的欢迎。没有人指出哪些具体的部分是不喜欢的部分。

"我喜欢它（场内寻车），因为这很实用。现在的停车场真的很拥挤，经常会有回来后找不到车停在哪里的情况，这款应用程序提供车位实景导航，这一点对于路痴的我来说很实用。"

"觉得'其他服务'这一栏可能有一点点多余，这样看起来不是一款专门针对停车的应用程序。"

在真实环境下的使用情况如下。

所有人都表示，如果智慧停App真的存在，他们会尝试，智慧停的实用程度对其体验意义重大。

"我会试试看，我觉得它至少对我有吸引力。但我不确定真的可以帮助我找到适合我的停车位。"

"我会使用它，我现在真的很需要这样一款应用程序。"

"我会尝试几天，但这取决于它的实用程度，如果周围的人都不使用它，我可能也不怎么会用了。"

（三）测试评价

评估有两个主要目标：评估概念是否能达到设计目标。评估设计是否能实现设计愿景和要求。

关于设计愿景，分别评估了以下四种愿景。

1. 充分利用车位资源

"找车位"功能可以快速找到可以使用的车位，提高车位利用率，但这也和车位实时信息是否准确有关。

"如果周围可以找到合适的车位，我觉得这对于我们有车一族来说是一件很友好的事情，毕竟现在要购买一个固定停车位是一笔不小的开销，本来买车就要不少的花费。"

"我希望除了找车位以外，这款应用程序还可以开发出租车位的功能，这样可以充分利用闲置停车位。"

"共享车位是一个很好的概念，但是我觉得应用程序的推广还有很长的路要走，有些小区的停车位是不向外来车位开放的。"

2. 改善公共停车秩序

"这个应用程序可以为用户提供停车位，这在某种程度上减少了乱停车的现象，有助于维持良好的公共停车秩序。"

"上下班高峰期，路面临时停车位上甚至不允许停车的地方都停满了车，这使得交通拥挤，车辆不能通行，这款应用程序的确对维护停车秩序有所帮助。"

3. 安全可靠

"智慧停的硬件部分可以为用户监控车位，确保车辆的安全，发生盗窃或者恶意破坏车辆的情况及时报警处理。"

"我不确认硬件部分是否可以确保车辆的安全，如果有来车刮蹭或撞到我的车会怎样处理。但是目前软件部分我感觉还比较可靠，车辆信息和支付信息都有详细记录。"

4. 出乎意料的人性化的体验

"场内寻车、情景定制、其他服务等都从用户角度出发，便捷可靠地解决了用户问题，适用于各种用户的不同使用场景。"

"如果我在开车的时候需要洗车或者是找洗手间，这款应用程序提供的附加服务确实会很便捷，它考虑了我所需要的。"

"场内寻车这个功能对路痴的我来说真的很友好。"

"界面风格很漂亮，用起来很舒服。"

（四）建议

1. 关于设计的建议

（1）情景模版。当自己都不知道什么情景下该选择什么样的车位时，系统应该提供其他用户上传的情景方案模版可供用户选择。

（2）业务扩展。一位参与者提到，"如果我有空闲车位出租，该怎么办？"。这启发了我，智慧停应该不仅仅包含找车位的功能，一个更新的版本可以是——用户可以在智慧停应用上出租停车位。

（3）场内寻车浮窗。一些用户预订完车位后，想使用场内寻车的功能，但是必须打开"我的""我的订单""进行中"，才可以选择场内寻车功能，这样操作起来比较麻烦。如果预订完车位后，页面上直接出现场内寻车浮窗，这样用户在使用该功能的时候可以减少操作步骤，增加用户的操作效率。

2. 测试建议

（1）当参与者在测试原型时，不要看他们。正如测试结果的可用性部分所述，一名参与者遇到了一些不便，因为我在观察她，另一名参与者跳过了这个过程，因为他认为在我面前操作界面有一点尴尬。对于未来的测试，应该考虑到这一点。

（2）尽量模仿真实情况。当参与者1和参与者2进行测试时，与他们配对的角色由我扮演，这让参与者很难体验到"出乎意料的人性化体验"。这种不正确的测试设置可能会影响测试结果。

3. 对原型的建议

在选择不同的使用情景时，最好有对应的情景动画效果，因为这样可以让用户对智慧停里的情景模式产生共鸣。使用情景贴和用户现在所在的使用场景，可调动用户情绪，因此，符合用户使用场景的动画可以让原型体验更加流畅。

第八章

基于O2O的中药
代煎信息服务设计

第一节　零售药店中药代煎服务设计背景

一、居家熬制中药难

随着居民消费水平的提升以及健康保健意识的加强，中药市场需求逐渐扩大。但如今中药产业普遍数字化程度不高，从医院把一包包草药拎回家，大费周折地煎煮熬制，过程繁琐、耗时长的居家熬制的方式已经难以满足人们的需求，再加上中药服用周期长，熬制过程放多少水、用什么锅具、熬多久药效最好，都需要专业知识，"中药代煎服务"成为不少人的心仪之选。但目前中药代煎一般为一次性代煎多次剂量，居民自行冷藏、加热服用，流程繁琐，代煎服务缺乏规范化管理，不同主体的参与也带来用药安全隐患，且存在诸多监管盲区，代煎服务质量难以保障，与居民期望值相差较远。

在此背景下，国家和各省市都纷纷出台新法规以加强对代煎服务的质量监管。各大医院纷纷开始提供中药代煎服务，伴随社会需求量的增加，零售药店等也逐渐开展自己的代煎业务。但是，如何能更好地搭建资源平台，推动代煎服务发展仍有很多方面值得思考。

二、中药代煎服务需求增长

据相关健康类报告指出，我国人民的健康意识逐步提升，多数家庭的年度健康消费金额在500~5000元不等。同时，由于线上平台的药品品类是线下药店的15~25倍，所以更多人表示会倾向于通过电商平台进行健康消费。另外，鉴于传统观念的影响，以温和、副作用少著称的中药往往是中国人脑海里的调理养生的首选。所以，中药代煎市场仅在华东地区便能每年保持100%以上的同比增长。而对于18~35岁这一代已经习惯互联网生活的消费主力军来说，若中药代煎与线上服务接轨，则能更好地符合当下高强度、快节奏的生活，也能满足年轻人高效、省时的需求。同时，中药代煎服务数字化也是中药代煎市场未来的发展趋势。

本项目希望能为用户提供更加便捷的中药代煎服务，让用户足不出户便可完成中药购药、代煎、配送过程。其次，希望能搭建中药代煎服务的O2O平台，一方面能让消费者与零售药店的信息差进一步减少，使消费者快速找到心仪的中药代煎药店；另一方面，加快零售药店数字化转型的步伐，改善零售药店中药代煎资源浪费的现象。

第二节　竞品分析

李开复在自传《世界因你不同》写道：真正好的产品，其实不是求人去买的，而是必须有市场需求，真正好的产品是有人来拉住你的手，来恳求你。竞品分析是对竞争对手的产品进行比较分析的过程，一种带有主观性的横向分析过程，通过对所分析产品的整体架构、功能、商业模式、产品策略等多维度的横向对比分析，从而获得目的性的结论。一份出色的竞品分析能够使阅读者通过分析报告，直观地看到、体验到竞品，能够指引自身产品商业模式、架构、功能或交互细节等方面的改进。竞品分析有助于我们更好地立足于市场，设计出满足市场需求的优质产品，而竞品分析的第一步便是收集竞品。

一、竞品功能分析

根据桌面调研发现，目前的中药代煎服务主要存在两种形式：一种是依托于大型中医院；一种是依托于零售药房。竞品来源是通过"买药""代煎"等相似关键词在各大搜索引擎及应用商店进行检索，根据搜索结果的相关性和下载量来综合地筛选竞品，筛选结果分为线上药房、线下药店和大型中医院三类。线上药房为采芝林、北京同仁堂、康爱多掌上药房、大参林、京东健康、掌上药店、叮当快药、小鹿中医、美团买药；大型中医院为广东省中医院、广东中医药大学附属第一医院。接下来，我们需要对这些筛选出来的产品进行维度上的分类，并进行可视化呈现。

此阶段，通过波士顿矩阵法对以上提炼出来的竞品进行可视化分析，能直观地看出竞品之间的差异。基于不同的使用目的和使用形式将竞品分成"购药-代煎""线上-线下"两大维度（图8-1）。不少线上平台的业务开展开拓了新的业务模式，但其对代煎服务的关注度不高，线上代煎服务发展也较为缓慢。

另一方面，依据中药代煎的全服务流程梳理出搜索、问诊、购药、代煎、资讯、健康管理、配送、商业模式八个功能模块，并围绕这八大功能模块对竞品进行使用与测试。由于大型中医院与传统药店业务发展较为单一，则不将这两大类进行细分，仅对线上医药零售平台进行细分比较。通过产品功能罗列后发现（表8-1），现有的产品在代煎这一模块上关注度相对较少，部分平台并无搭建代煎模块。针对目前这一市场开发相对滞后的情况，我们的设计目的是帮助用户提升代煎服务的体验，构建一款以中药代煎

图8-1 竞品分析

服务为核心的购药、代煎、配送的一站式数字化平台，便携高效、省心省力，为用户提供更适合自己的中药代煎服务。

二、主要竞品分析

筛选出最具代表的京东健康、大参林、传统线下药店、医院代煎作为本研究的主要竞品分析对象，分类为直接竞品、间接竞品和潜在竞品。直接竞品是产品形式和目标用户群相同、品牌不同的竞品，也称为品牌竞品，而本研究的直接竞品是以线上零售医药服务的京东健康为代表。间接竞品是产品形式不同、目标用户群类似的竞品，也称为品类竞品，而本研究的间接竞品为以大参林为代表开始实行数字化转型的线下药店与传统的线下药店。潜在竞品是产品形式、品类不同、目标用户群类似，能满足用户相同需求的竞品，也称为替代品，而本研究的潜在竞品则以大型中医院为代表。

通过分析这三大类竞品的基本信息、使用场景、使用驱动力、商业模式、推广及优

表8-1　　　　　　　　　　　　　　　　　　竞品功能分析

功能\产品	搜索					问诊			购药				代煎				资讯				健康管理			配送		商业模式		
	药店	药品	历史搜索	按类推荐	热门推荐	开具药方	审核药方	常驻专家	西药房	中药房	医疗器械	辅助治疗	按方抓药	自主抓药	名方抓药	药膳购买	健康百科	用药指导	药品指南	在线客服	健康记录	电子病历	提醒	自提	物流	广告推送	信息服务	产品主导消费
大型中医院		√				√	√	√	√	√	√	√	√			√		√	√	√	√	√		√	√	√	√	
传统药店		√		√			√	√	√	√	√	√	√		√	√								√	√			
康爱多掌上药房	√	√	√	√					√	√							√				√	√			√	√	√	√
大参林													√											√	√			√
小鹿中医						√	√	√					√						√			√						
京东健康	√	√	√	√	√	√	√	√	√	√	√	√	√	√	√	√	√	√	√	√	√	√	√	√	√	√	√	√
掌上药店	√	√	√	√					√	√							√			√								√
叮当快药	√	√	√	√		√	√		√	√			√				√	√		√				√	√	√	√	
美团买药	√	√	√	√					√	√								√		√								

劣势等多方面信息，对比结果见表8-2。显然，优势与劣势是并存的。平台大固然产品链、服务链较为全面，但恰恰产品结构过于复杂、功能过于繁杂，导致用户产生软件过载的感觉。其次，传统或转型中的药店的产品搭建也做得不够完善，用户体验还有很多提升的空间。再者，虽然一般的大型中医院有代煎服务，同时给予用户较强的专业感与信任感，但是大型中医院的覆盖率往往是低于线下药店的，导致群众去使用代煎服务时也存在一定的成本壁垒。因为以医院为单位的潜在竞品属于国家支撑的医疗机构，故我们对竞品进行进一步收拢，筛选后选择直接竞品和间接竞品作为主要竞品对象进行雷达图分析。

互联网知名信息架构专家Peter Morville在《The User Experience Honeycomb》里认为用户体验包含七个模块，可以用蜂窝模型来展示，被称为用户体验蜂窝模型（图8-2）。蜂窝模型的七大模块包括以下内容。

有用性（Useful）：面对的用户需求是真实的，不能仅按照管理者的想法行事，须查看产品是否真的有用。

可用性（Usable）：功能可以很好地满足用户需求，产品的可用性是必要的。

满意度（Desirable）：涉及情感设计的方面，比如图形、品牌和形象等具有独特价值。

图8-2　用户体验蜂窝模型

表8-2　　　　　　　　　　　　　　　　　　　　　　　　　主要竞品分析

竞品性质	竞品名称	基本信息	使用场景	商业模式及推广	优势	劣势
直接竞品	京东健康	在线医疗健康平台，以医药及健康产品供应链为核心，医疗服务为抓手，数字驱动的用户全生命周期全场景的在线医疗健康平台；产品涵盖范围广、受众广	主打线上：涵盖线上医疗的众多服务，包含问诊、购药、中药代煎、健康管理等多种服务	利用京东原有生态与影响力加以推广，同时通过健康社区的建设，配合京智康系列检测设备，把中医诊疗手段转化为数字诊疗，提升社区居民意识和归属感	享有京东全产品的服务链	系统太大，产品架构复杂
间接竞品	大参林	大参林医药集团股份有限公司是一家集医药制造、零售、批发为一体的集团化企业。旗下有中药预定、互联网医院等小程序	线上+线下双链：医院就诊后，用药方到门店买药或线上下单买药，以及预定中药代煎	平价，全国连锁战略；"薄利多销，客商共赢"的经营策略	品牌效应	"中药房"模块在平台中层级较低，用户难以寻找
	传统药店	所有中小型药店，提供购买、抓药基本服务，个别拥有中药代煎服务	主要线下：医院就诊后，用药方到门店进行买药、抓药、代煎等服务	普通零售店；线下促销活动等	社群流量	中药抓药、代煎服务流程也存在瑕疵
潜在竞品	大型中医院	医院是指按照法律法规和行业规范，为病人开展必要的医学检查、治疗措施、护理技术、接诊服务、康复设备、救治运输等服务	主要线下：医院问诊的同时，要求代煎服务，进行付费，然后到智慧药房服务区填写配送地址，最后等待收获	我国的医疗服务带有明显的社会福利性质，现有医院的利润主要来自药品耗材等医疗物资的附加利润、高新技术产品利润以及附加服务利润	专业，患者信任感强	覆盖率小于传统线下药店

可寻性（Findable）：用户能找到他们需要的东西。

无障碍性（Accessible）：用户能够方便高效地完成操作与达到目的。

可靠性（Credible）：让用户产生信任，影响用户相信和信赖产品的因素。

价值性（Valuable）：产品必须带来价值。对非营利性产品来说，用户体验必须促进完成目标；对盈利性产品而言，产品需要提升客户的满意度为投资人创造价值。

用户体验蜂窝模型的每个模块均可以作为一个参照点，在一个动态多维的空间里更全面地去转换看待产品、服务、用户体验的角度。我们可以结合"用户体验蜂窝模型"，将"抓药、代煎、配送"这一服务流程，按照有用性、可用性、可寻性、可靠性、无障碍性、满意度、价值性这七大维度对筛选后的主要竞品进行可视化分析，发现以京东健康、大参林、传统线下药店为代表的这三种产品在每个维度都有所欠缺，均存在可改进的空间。

三、竞品小结

线上代煎。虽然线上代煎服务形式较为新颖，在形式上，信息传递均为在应用软件中完成，但是在实际体验中发现线上代煎下单流程的引导不够成熟、过程冗杂的现象导致用户学习成本较高。在内容上，线上代煎的信息较多可直接溯源药材、药店、代煎机构等，内容信息较为透明，但中药代煎服务往往是依附在大型购药平台上，大型的购药平台不以代煎服务为主要功能模块，因此，中药代煎的产品功能入口设置较为隐蔽、不明显，一般设置在第四、五级页面，使得用户需要花一定的时间去寻找代煎服务的入口。而在体验上，线上代煎的合作方较多为专业代煎中心，据了解配送多以普通物流为主，药汤可能会存在包装损坏的风险。其次，配送的药汤通常为周期疗程的所有剂量，导致用户贮藏代煎汤剂时有一定的不便。

线下代煎。用户在选择线下代煎点时常常以距离远近、光顾频次、品质良莠作为选择的参考要点。虽然线下代煎点距离用户近、领取代煎汤剂速度快，但是现有的中药代煎包装形式不固定（如需用户自带保温杯、密封包装袋等），使用的药材信息在溯源上也无法查询，以及中药代煎服务价格缺乏标准性与透明化。传统线下药店的代煎服务下单以传统线下下单的记录形式为主，或借助电话、微信等日常生活工具作为下单的通信工具。一方面失去了顾客自身生活的隐私性，另一方面没有数字化的手段进行记录，增加了沟通的成本与管理风险。因而，线下代煎在数字化发展的浪潮中，应积极进行数字化转型，进一步提升顾客的用户体验与加快降本提效、促进增收的步伐。

竞品策略。综上所述，在应对竞品时将从形式、内容、体验三个方面提出相应策略。在形式上当以用户为出发点，结合"线上代煎"透明化的服务形式与"线下代煎"方便快捷的服务特点，为顾客提供全代煎流程透明化的查看功能，并优化目前"抓药、代煎、配送"的服务流程。在内容上本产品应将中药模块作为平台特色，区别于其他大型线上购药软件，专注中药的垂直领域，打造一款以代煎服务为核心的中药抓取、代煎、配送数字化服务平台。在用户体验上，平台应对中药代煎、物流配送等有明码实价的收费标准，应为零售药房的汤剂包装类型与规范提出建议与要求，应连接各地区可提供中药代煎服务的中小型药房，并构建中药代煎汤剂个性化配送的方式，提升顾客的满意度与用户体验。

第三节　用户研究

一、用户研究方法路径

本项目的用户研究路径同样是以双钻模型为研究的行动路径，贯彻"发散-聚焦"的思维方式。研究的整体路径可归纳为六步：①信息来源；②信息获取；③信息提炼；④关键洞察结果；⑤整合分析；⑥用研结果（图8-3）。

以桌面调研和用户访谈作为用户研究的信息来源。首先，通过桌面调研明确目前市场的动态需求与确定用户访谈的研究对象，有助于访谈时有目的地去寻找合适的访谈对象。其次，通过用户访谈可以深入了解用户的使用动机与基本需求、真实的生活状态、实际的服务体验环节和进一步的痛点挖掘。再次，以问卷调查去验证桌面调研和用户访谈分析的关键洞察结果，并结合前面做的背景调研和竞品分析的结果，导出本研究的用户画像。

二、确定调研对象

根据京东健康与《第一财经》杂志面向各年龄层、各城市的消费者所发起的《2021健康消费洞察报告》健康消费调研（图8-4），其中18~25岁人群约占30%，26~35岁人群占46.6%。在"网上购药、保健和滋补品时，希望得到哪些信息与增值服务？"一问中，14.9%的消费者希望健康消费平台能提供中药代煎服务，过半用户均希望有相应的专业用药指导、专业用药方案等。这些指标不仅表明存在相当一部分消费者期望通过

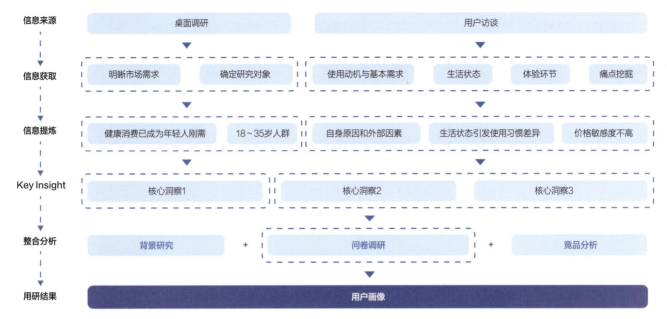

信息来源	桌面调研		用户访谈			
信息获取	明晰市场需求	确定研究对象	使用动机与基本需求	生活状态	体验环节	痛点挖掘
信息提炼	健康消费已成为年轻人刚需	18~35岁人群	自身原因和外部因素	生活状态引发使用习惯差异		价格敏感度不高
Key Insight	核心洞察1		核心洞察2		核心洞察3	
整合分析	背景研究	+	问卷调研	+	竟品分析	
用研结果	用户画像					

图8-3 用户研究路径图

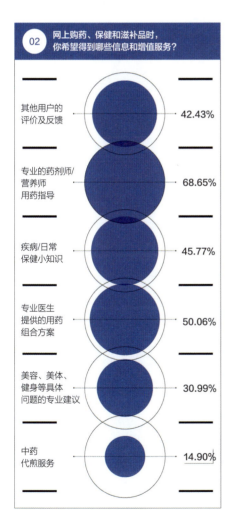

02 网上购药、保健和滋补品时，你希望得到哪些信息和增值服务？

其他用户的评价及反馈 —— 42.43%

专业的药剂师/营养师用药指导 —— 68.65%

疾病/日常保健小知识 —— 45.77%

专业医生提供的用药组合方案 —— 50.06%

美容、美体、健身等具体问题的专业建议 —— 30.99%

中药代煎服务 —— 14.90%

图8-4 2021健康消费洞察报告

线上平台获取中药代煎服务，也充分体现了当今社会背景下，消费者对养生保健、中药代煎的关注度逐渐提高。中药代煎的数字化转型也能满足年轻消费者对于"少跑一趟""省心省力"的线上中药代煎服务的殷切需求。另外，可洞察到消费者在购药用药时渴望平台能提供一些来自专业人士的指导与建议。因此，专业度对于平台特征而言，也可作为深挖设计的一个方面。

据尼尔森咨询公司、波士顿咨询公司、中央广播电视总台经济之声、艾瑞咨询等组织及机构发布的报告数据显示，18~35岁的人群已成为我国消费市场的主导力量。其次，大数据显示随着年轻人的"健康危机"大幅提升，年轻一代开始对自身健康管理愈加重视，健康消费已成为年轻人的"刚需"，健康消费的用户"画像"正越来越年轻化。因此，我们的研究对象年龄范围主要聚焦于18~35岁的年轻人群。

三、用户访谈

访谈目标主要是了解用户使用中药代煎的原因，收集用户的使用动机与基本需求，了解用户的生活状态与中药代煎的联系，洞察用户的实际需求。通过对比不同用户在中药代煎过程中的服务体验，挖掘用户使用阶段中的痛点。

首先，经过小组内部讨论，我们按代煎次数"3次以下""3次及以上"将用户分为新手用户和熟练用户。艾伦·库珀在《About Face4：交互设计精髓》一书中写道，在交互和界面设计中，如何用同一个界面满足新手用户和专家用户的需求是长久以来存在的难题之一。因此，我们需要通过洞察新手用户与熟练用户在使用代煎服务的真实过程中遇到的痛点与不同的用户体验。其次，我们按代煎类型、性别、年龄、职业四大维度进行用户筛选，不同的筛选维度有助于后续用户画像的构建，筛选条件具体如下（图8-5）：

用户分组	新手用户		熟练用户		
代煎次数	1次	2次	3~6次	6~10次	10次以上
代煎类型	医院代煎	线上代煎	医院代煎	医院、药房代煎	药房、线上代煎
性别	女	男	男	女	女
年龄	25	23	24	28	24
职业	上班族	学生	上班族	上班族	学生

图8-5 访谈对象

· 代煎类型：医院代煎、药房代煎、线上代煎；

· 性别：男、女；

· 年龄：18~35岁；

· 职业：上班族、学生。

访谈纲要分为四个部分，包括：①了解被访谈对象信息；②了解过往代煎经历；③了解用户生活状态的详细情况；④了解中药代煎过程的体验情况。通过对8位访谈对象各自进行了1小时以上的深度访谈，我们运用卡片分类法对访谈结果进行整理，总结出了五个层面的内容，分别是：①用户居住环境；②用户生活状态；③使用代煎的原因；④代煎服务体验；⑤对代煎的态度。同时，我们对各层面的子元素进行了关系的汇总，观察这些层面的元素是否有相应的连接关系。通过梳理后可以发现用户选择代煎的三个重要影响因素，分别是使用动机、体验差异与服务细节。

使用动机。用户选择中药代煎一般是从个人实际情况出发去做出选择的，而个人实际情况无外乎以惰性为导向的自身原因和以时间、环境等为导向的外部因素。据访谈结果发现，用户怕麻烦而选择中药代煎是首要原因，但中药代煎的汤剂会存在一定的质量下降，这与用户追求新鲜汤剂的需求略有矛盾。另外，从时间角度去看，用户具有较多的空闲时间才会进行中药调理，上班族人群的空闲时间较为固定，而学生人群的时间自由度就较为充足。

体验差异。在访谈中发现用户在初次使用中药代煎时，代煎的便利性会成为最核心的体验感受，但随着中药代煎的使用次数逐渐增多，用户的期望也逐渐提高，而用户的满意度也更难提升。同时，用户的生活状态不同也会导致使用习惯的差异，可以体现在用户的服用时间和作息调整上。

服务细节。设计平台时，价格也是需要考虑的重要维度。在价格方面，代煎总价、代煎服务费、药剂单价等价格条目同时出现，发现用户对价格的敏感度普遍较低，但相对而言会更关注所花费的产品总价。通过深度访谈，能明显察觉到用户在整个中药代煎的服务过程中出现诸多体验不佳的问题，而我们将在后续的研究中对用户访谈所提及的问题进行一一验证。

因此，问卷将重点围绕用户使用动机、体验差异、服务细节这几个方面去设置题目，整合此定量定性的用户研究结果（图8-6）。

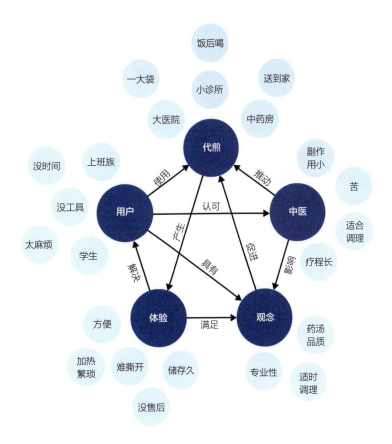

图8-6 访谈汇总

四、问卷调查

问卷调查是最常见、最简单的用户研究方法。问卷调查成本低，基本无须动用过多的资源，耗费的时间精力也似乎并不多，拟定问题不需要太高的门槛。因此，我们将问卷调研作为我们的用户研究方法之一，目的是通过问卷调查定量分析的手段去验证用户访谈的定性分析结果，以更加严谨的数据分析去综合分析用户画像，并且可以根据用户的体验触点洞察与明确用户特质，细化用户画像。设计得当的问卷往往是慎之又慎，好的问卷能赋能我们的设计，提供很多有价值的参考，但是有缺陷的问卷可能会引导我们走向完全错误的结论。在设计问卷时，切忌设计具有引导性的问题，尽量避免敏感话题，少设计问答题，问题数量切忌过多。

我们的问卷是面向18~35岁具有代煎经历的学生以及上班族群体，内容主要围绕被调查者的基本信息、个人习惯、价格敏感、服务评价、使用情况五大方面进行设计。我们通过走访广州多间大型综合型医院与中医院进行实地派发问卷，共收集问卷166份。数据发现，存在被调查者有多道题目未作答，数据有缺失的情况。故需要对问卷进行筛选，剔除无效样本后有效问卷共为132份。

问卷分析主要运用SPSS软件提取问卷中用户对中药代煎的使用反馈和使用体验相关的问题，即对服务评价和使用情况这两大模块进行分析，定量用户对中药代煎的首要需求。问卷分析重点为用户特质、使用场景、体验感受，分析步骤分为信度与效度分析、因子分析、聚类和交叉分析。

（1）信度与效度分析。信度分析（Reliability Analysis）在于研究数据是否真实可靠，又称"可靠性分析"，通俗地讲，研究样本是否真实回答问题，测试受访者是否好好答题，具体来说就是用问卷对调研对象进行重复测量时，所得结果的一致性程度。通常情况下信度分析均只能针对量表题进行分析。效度分析（Validity Analysis）在于研究题项是否有效地表达研究变量或者维度的概念信息，通俗地讲，研究题项设计是否合适，即测试调查者是否科学设计问题，或者题项表示某个变量是否合适。信度和效度的关系是：效度高，信度一定高；信度高，效度不一定高。

本研究中效度分析主要是借助 KMO和Bartlett值检验量表中各变量间的相关性。Kaiser&Rice在1974年发表的观点表示KMO值越接近1，则表示变量间的相关性越好，也越适合做因子分析。而在本次问卷结果分析中，KMO取样适切性量数高达0.85，表明该问卷适合进行因子分析，因子分析的效果比较好，数据具备做因子分析的条件。具体情况见表8-3。

表8-3　　　　　　　　　　　　　　　　量表KMO和Bartlett的检验

取样足够度的KMO度量		0.85
Bartlett的球形度检验	近似卡方 df Sig.	1104.80 105.00 0.00

在进行因子分析前，对收集回来的所有有效问卷再进行一次KMO和Bartlett值检验，检测有效问卷是否适合做因子分析，并剔除不合适的问项以达到预期的效果，使得主因子累积总解释方差和因子载荷系数分别达到60%和0.6以上，使问卷结果达到很好的效度结构，进而提取最合适的因子个数。在总方差解释表中，前4个因子总占比高达72.02%，基本能代表所有选项。因此，提取前4个因子作为4个主要的因子。具体情况见表8-4。

表8-4　　　　　　　　　　　　　　　　总方差解释分析结果

成分	总方差解释								
	初始特征值			提取载荷平方和			旋转载荷平方和		
	总计	方差百分比	累积%	总计	方差百分比	累积%	总计	方差百分比	累积%
1	5.11	34.05	34.05	5.11	34.05	34.05	4.79	31.91	31.91
2	3.80	25.34	59.39	3.80	25.34	59.39	2.55	17.02	48.93
3	1.11	7.41	66.80	1.11	7.41	66.80	1.97	13.16	62.09
4	0.78	5.22	72.02	0.78	5.22	72.02	1.49	9.93	72.02
5	0.69	4.62	76.64						
…	…	…	…						
15	0.16	1.06	100.00						

（2）因子分析。因子分析主要用于定义用户的特质，而本研究采取主要成分分析法

萃取因子，采用最大方差法对因子进行旋转，并对提取出来的因子得分进行保存，共提取出4个因子，如表8-5所示。根据问项的描述和问项所属的因子分组情况对提取出来的4个因子进行命名，分别命名为服务评价、实际情况、服药习惯和加热问题。具体情况见表8-5。

表8-5 　　　　　　　　　　　　　　**影响因子载荷分析结果**

旋转后的成分矩阵a				
问题	成分			
	1	2	3	4
你认为中药代煎服务费的收取与以下服务的相关程度是?（对汤剂安全的提醒）	0.87	-0.16	0.12	0.13
你认为中药代煎服务费的收取与以下服务的相关程度是?（物流服务）	0.86	0.04	0.12	-0.12
你认为中药代煎服务费的收取与以下服务的相关程度是?（售后服务）	0.82	0.14	-0.02	-0.17
你认为中药代煎服务费的收取与以下服务的相关程度是?（医嘱的说明）	0.82	-0.19	0.15	0.18
你认为中药代煎服务费的收取与以下服务的相关程度是?（工作人员服务态度）	0.81	0.22	-0.03	-0.15
你认为中药代煎服务费的收取与以下服务的相关程度是?（消费明细）	0.79	0.06	0.00	0.11
你认为中药代煎服务费的收取与以下服务的相关程度是?（汤剂的包装）	0.76	-0.07	0.26	0.08
你对以下问题的忍耐程度是?（收货麻烦）	0.05	0.80	0.12	0.05
你对以下问题的忍耐程度是?（信息不透明）	-0.08	0.77	0.14	0.33
你对以下问题的忍耐程度是?（汤剂变质/损坏）	0.01	0.74	0.25	0.33
你对以下问题的忍耐程度是?（喝药时间不固定）	0.16	0.01	0.85	0.14
你对以下问题的忍耐程度是?（忘记医嘱）	-0.01	0.42	0.76	0.13
你对以下问题的忍耐程度是?（做不到忌口）	0.22	0.36	0.61	0.12
你对以下问题的忍耐程度是?（加热不彻底/过热）	0.01	0.34	0.16	0.83
你对以下问题的忍耐程度是?（汤剂撒出）	0.02	0.46	0.25	0.63

（3）聚类和交叉分析。聚类分析可用于细分用户群体，快速聚类是通过各因子的绝对值差异，从而判断出不同用户特质的偏向。最终聚类中心得出两个用户聚类，将问卷中的用户基本信息进行交叉分析，并将分析进行信息可视化，区分出两类用户群体。具体情况见图8-7。

五、用户画像

　　用户画像概念最初由交互设计之父艾伦·库珀提出，被用来作为一种交互式设计工具，以促进和巩固以用户为中心的设计思路。用户画像又称为用户原型（User Archetypes）、用户模型（User Models）和生活方式快照（Life-style Snapshots）等。通过对用户进行定性、定量研究，将用户进行聚类细分，可以得出目标用户的综合原型。

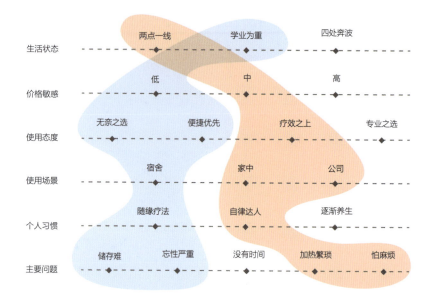

生活状态 —— 两点一线 —— 学业为重 —— 四处奔波 ——

价格敏感 —— 低 —— 中 —— 高 ——

使用态度 —— 无奈之选 —— 便捷优先 —— 疗效之上 —— 专业之选 ——

使用场景 —— 宿舍 —— 家中 —— 公司 ——

个人习惯 —— 随缘疗法 —— 自律达人 —— 逐渐养生 ——

主要问题 —— 储存难 —— 忘性严重 —— 没有时间 —— 加热繁琐 —— 怕麻烦 ——

图8-7 可视化聚类图

　　本项目的用户画像是基于设计与思维进行构建的，构建的逻辑思路是通过调查问卷、用户访谈等方式，了解用户的共性与差异，然后据此分析和设计以形成不同的用户画像。基于设计与思维的构建方法主要是通过开放性的问题、结合定性与定量的数据分析方法来获得用户真实的心理需求与具象用户特征，得出的用户特征或者画像描述维度都相对容易解释。但是这种构建方法也会存在一定的局限性，例如，用户画像的结果在很大程度上取决于设计人员对目标用户群的直觉判断，所以无法确定用户群体是否真实存在。

　　综上，构建出两类大致的用户画像，分别以标签进行命名——"佛系养生族"与"自律调理族"。用户画像的内容包括用户基本情况、生活状态、居住环境、用户需求、使用痛点、动机与过程描述。通过用户画像的描述，可以针对不同的用户或使用情况调整我们的产品策略（图8-8）。

王若宣 / 23岁 / 学生 佛系养生族

在家人朋友的推荐下使用中药调理，但宿舍缺乏煎煮条件，代煎后只能用水桶泡水储存，占用生活空间，每次只能使用热水泡热，调理过程复杂繁琐，居住环境导致变质风险高，但缺乏指引难以判断汤剂品质。

基本情况

◎ 坐　标　广　州
✉ 收　入　较　少
🔒 用药隐私
¥ 价格敏感

生活状态

主要活动地点为宿舍与课室，学业占据主要的日常时间，时间自由度高，较为灵活且日常活动丰富

居住环境

常住多人宿舍，舒适度一般，缺乏加热与储存设备，中药调理的限制大

使用过程

收货　　泡水储存　　沸水泡热　　开封

需求

- 喝药过程更简单，储存更安全
- 汤剂可以直接饮用
- 中药口感更好
- 形成良好的调理习惯

遇到问题

- 物流运输导致汤剂变质
- 售后复杂耗时
- 储存占地方，担心变质
- 经常忘记医嘱，影响调理效果

使用动机

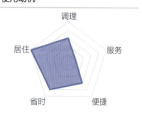

图8-8 用户画像

李梓海 / 28岁 / 公司职员 自律调理族

信任中药调理，存在想调理又怕麻烦的矛盾心理，因此选择代煎，在家中冷藏，根据自身情况制定服药计划。但受加班或琐事影响，难以做到按时服用，加热繁琐，售后缺失，包装便利性差都为调理带来诸多不便。

基本情况

◎ 坐　标　上　海
✉ 收　入　中　等
🔒 用药隐私
¥ 价格敏感

生活状态

两点一线，加班是常态，空闲时间主要是周末和节假日，时间自由度较低，但节奏稳定，比较怕麻烦

居住环境

居住舒适度良好，具备烹饪与冷藏条件，生活节奏不便煎煮中药

使用过程

收货　　冰箱冷藏　　取出加热　　开封

需求

- 新鲜的中药汤剂
- 简单快捷的服用过程
- 规律的调理节奏
- 快速获取的代煎服务信息

遇到问题

- 汤剂长时间储存担心变质
- 加热步骤太琐碎，难以把控
- 信息不透明，售后麻烦耗时
- 包装不便于饮用，难撕开且易洒出

使用动机

第四节　需求功能提炼

一、用户旅程图

在信息服务设计领域，关于旅程和体验研究的工具主要包括用户旅程图（User Journey Map）和用户体验地图（User Experience Map），统称为"旅程可视化工具"（Journey Visualization Tool）。用户旅程图，是一种了解用户与产品、服务或系统之间交互的工具，也是指导设计师进行服务和产品设计的重要依据。用户旅程图有固定的结构样式构成，包括体验阶段、行为流程、触点、用户想法/情绪、痛点与机会点五大板块。用户旅程图的绘制较为注重用户在产品服务中的行为和情绪体验，会选择用图表、线性结构、插画形式来表达。通过分析用户服务体验过程中的行为和情绪变化可以发现用户的痛点，从而发现产品的设计机会点并最终确定服务体验的设计点。用户旅程是指目标用户在相应情境下行为体验的分析，它描述了用户在一个完整的服务体验过程中每个阶段的体验情况，用图形化的方式记录、整理并表现出来。用户旅程图更关注服务接受者、用户个人体验、交互行为，与本研究的关注点相对契合，因此，选取用户旅程图作为记录用户体验过程的载体。

本案例的用户旅程图主要分为用户需求、体验阶段、行为流程、触点、想法与情绪曲线、痛点和机会点七大板块，涵盖了用户从就诊到服用阶段的用户体验分析。此外，从用户的想法与情绪变化提炼出用户的痛点，随后将痛点转化为设计可介入的机会点，梳理出的机会点为一站式代煎服务平台、药房智能识别、保温配送、定制化配送、代煎全过程监控、包装易用、健康管理七大功能（图8-9）。

二、功能优先级

对通过用户旅程图梳理出来的功能进行优先级排序，常用的排序方法为紧急重要四象限法则与KANO模型法。紧急重要四象限法则是由Stephen Covey提出的判断方法，可以把需求分为紧急不重要、紧急且重要、不紧急不重要以及不紧急但重要，主要为主观对需求功能进行快速的判断。而卡诺模型（KANO模型）根据产品客观表现与客户主观感知之间的关系，将产品影响属性特性分为必备/基础型属性（Must-be Quality/Basic Quality）、期望/意愿型属性（One-dimensional Quality/Performance Quality）、兴奋/魅力型属性（Attractive Quality/Excitement Quality）、无差异型属性（Indifferent Quality/Neutral Quality）、反向/逆向型属性（Reverse Quality）五类，更为适合本研究主题，以下为五类产品影响属性的详细介绍。

魅力属性（A）：用户意想不到的，如果不提供此需求，用户满意度不会降低，但当提供此需求，用户满意度会有很大提升。

期望属性（O）：当提供此需求，用户满意度会提升，当不提供此需求，用户满意度会降低。

必备属性（M）：当优化此需求，用户满意度不会提升，当不提供此需求，用户满意度会大幅降低。

无差异因素（I）：无论提供或不提供此需求，用户满意度都不会有改变，用户根本

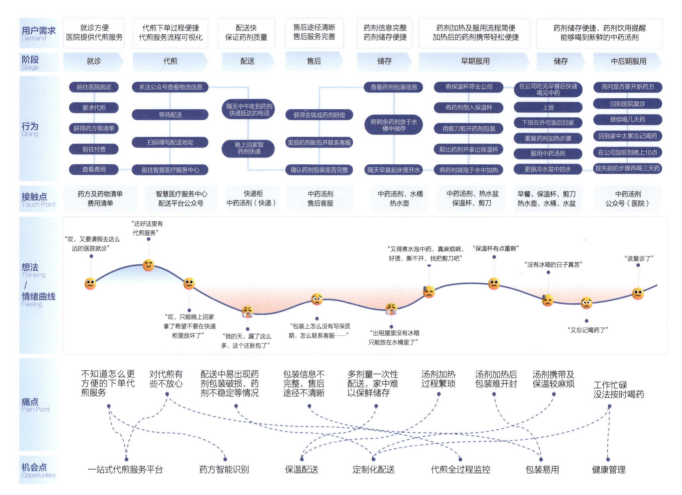

图8-9　用户体验旅程图

不在意。

　　反向属性（R）：用户根本都没有此需求，提供后用户满意度反而会下降。

　　以X轴为具备程度，以Y轴为满意程度，将各类产品影响属性在X-Y坐标轴上可视化显示出来，可见魅力属性与期望属性能反映出用户更高的满意值。

　　通过KANO问卷可以得出产品功能的属性，在KANO问卷中，分别让用户在面对添加或不添加某项功能做出反应。问卷中的问题答案一般采用五级选项：喜欢、理应当然、无所谓、勉强接受、不喜欢，进行评定可得出魅力属性、期望属性、必备属性、无差异属性、反向属性与可疑结果的功能属性归类百分比（表8-6）。可见这次筛选出来的产品功能属性基本分为两大类：魅力属性和无差异属性。魅力属性的功能包括保温配送、代煎全过程监控、定制化配送、包装易用；而无差异属性的功能包括健康管理、药方智能识别。

表8-6   KANO评价结果分类对照表

内容	优值	差值	魅力（A）	期望（O）	必备（M）	无差异（I）	反向（R）	可疑（Q）	结果
保温配送	0.60	-0.23	40.17%	17.09%	4.27%	33.33%	0.85%	4.27%	魅力
代煎全过程监控	0.57	-0.26	35.90%	17.95%	6.84%	33.33%	2.56%	3.42%	魅力
定制化配送	0.57	-0.20	40.17%	13.68%	5.13%	35.04%	0.85%	5.13%	魅力
包装易用	0.54	-0.18	40.17%	10.26%	6.84%	36.75%	2.56%	3.42%	魅力
健康管理	0.51	-0.22	33.33%	14.53%	5.98%	40.17%	1.71%	4.27%	无差异
药方智能识别	0.46	-0.17	32.48%	9.40%	5.98%	43.59%	4.27%	4.27%	无差异

　　通过KANO模型，除了对属性的归属探讨外，还需要计算每个功能的优值与差值（表8-7）。"优值"可以被解读为增加后的满意系数。优值通常为正，代表如果提供某种功能属性，用户满意程度会提高；然而，正值越大或者越接近1，则表示对用户满意度的影响越大，用户满意度提升的影响效果就会越强。"差值"可以被解读为消除后的不满意系数。其数值通常为负，代表如果不提供某种功能属性，用户的满意度会降低；值越负向或越接近-1，表示对用户在不满意程度上的影响最大，用户满意度下降得就会越快。

表8-7   各功能的优值与差值

内容	优值	差值
保温配送	0.60	-0.23
代煎全过程查看	0.57	-0.26
定制化配送	0.57	-0.20
包装便于饮用	0.54	-0.18
包装风险提醒	0.52	-0.39
健康管理	0.51	-0.22
药方识别与存储	0.46	-0.17

　　继而通过优值-差值系得出功能优先级，根据优值-差值系数，对系数绝对分值较高的功能或者服务需求应当优先实施。增加后的满意系数计算公式为优值/SI=（A+O）/（A+O+M+I）；消除后的不满意系数计算公式为差值/DSI=-（O+M）/（A+O+M+I）。从优值-差值系数的四分位图（图8-10）可知，功能优先级排序为：保温配送>代煎全过程监控>定制化配送>包装易用>健康管理>药方智能识别。

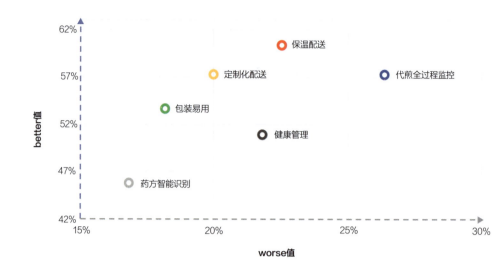

图8-10 better-worse系数的四分位图

第五节　调研总结

我们的产品主要面向因时间、空间条件受限而无法自行煎煮中药的年轻群体，他们讲究效率、放心、个性化的代煎中药服饮需求，致力于构建一个针对中药代煎服务优化升级的O2O平台，为中药代煎行业赋能。它可以为用户提供购药、代煎和配送形成全链路一站式中药代煎服务，而不像传统零售药店及其他医药零售平台，我们的产品旨在追求信息透明全面，实现定制化配送服务，使用美观的包装设计，打造更新鲜、更人性化、更简便的中药服饮体验（图8-11）。

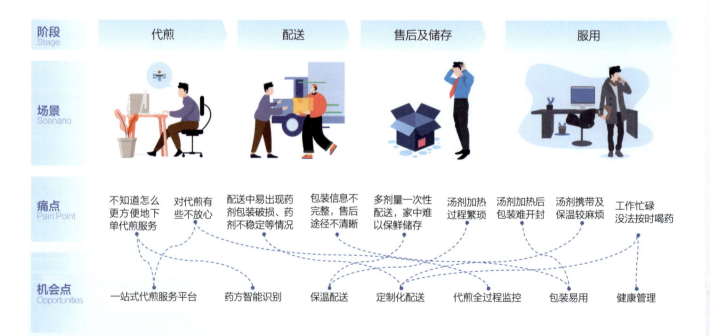

图8-11 设计机会与核心功能

一、产品特征

本产品的特征主要是定制化配送、人性化包装设计与N+X模式。

定制化配送。因用户时间碎片化，生活节奏各不相同，产品可根据实际情况进行时间地点灵活搭配，定制配送计划（一剂一送、多天一送等）能使中药调理与工作生活步调一致，减少时间冲突，提升中药调理的效率。配送模式的优化促使中药代煎的周期随之改变，储存时间缩短，新鲜度提高，温热配送，实现到手即喝，从而满足用户对汤剂新鲜度的需求。

人性化包装设计。可站立式底部与易撕吸嘴口的设计旨在提高用户饮药的便捷度与便携性，减少用户在服用前的准备环节，使用户无论何时何地都能轻松服用新鲜的中药，减少不必要的麻烦。通过优化包装的信息布局并突出温馨提醒，提升用户使用代煎服务时的安全感，实用性与美观兼具，提升用户获取信息效率。

N+X模式。通过链接N个具备中药代煎的零售药店与代煎中心与X个需要中药代煎的用户，一方面让商家汲取更多的用户群体，另一方面用户可以足不出户知道附近可以中药代煎的药店并进行个性化下单。

二、服务特色

在服务特色方面，主要是从行业、企业、用户三个角度来展开，行业规范化、资源链接性和调理便捷化为本产品的建设期望。

行业规范化。中药代煎相关法规的相对滞后，并不代表零售药店的中药煎配没有监管，更不代表药店可以无序操作。在没有代煎规范文件出台前，本项目平台会参考其他省市已出台的中药代煎质量管理规范来运营平台与零售药店，这样不仅可以提前满足监管要求，而且可以避免经营风险，提升煎配质量，更好地服务患者。

资源链接性。通过整合市面上的中小型药房的中草药资源，将代煎服务从"医院—代煎中心—用户"拓宽到"医院—代煎中心/药房—用户"，整合现有资源，将传统代煎服务进一步升级，为用户解决中医喝药的"最后2公里"。

调理便捷化。本项目通过对零售药店的中药代煎的服务进行数字化升级，将为用户提供购药、代煎和配送形成全链路的一站式中药代煎服务，旨在追求信息透明全面，实现定制化配送服务，革新易用美观的包装设计，打造更新鲜、更人性化、更简便的中药服饮体验。

第六节　设计实践

一、设计1.0

本产品在信息架构上分为四大模块，分别是首页、药房、订单、我的（图8-12）。在"首页"页面里包括三大信息，分别为主要功能、代煎信息与推荐信息。而在"首页"点击不同的模块可以使用处方识别、最近药房、代煎流程、操作步骤、附近商家、精选

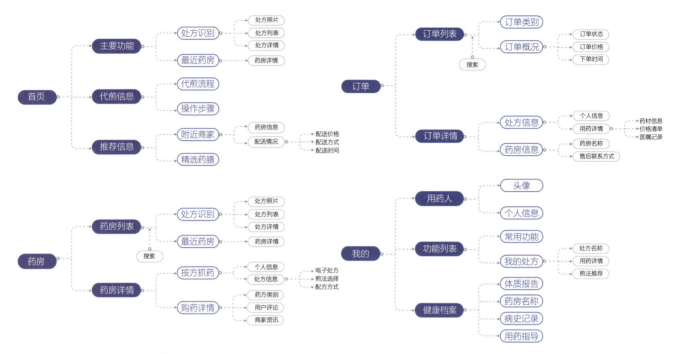

图8-12 信息架构图（作者：黄惠慧 李嵘 黄嘉琳 严柏健）

药膳等功能。处方识别与最近药房为整个中药代煎服务链路的首要步骤，也是本产品的主要功能入口。在"药房"页面可以查看药房列表与药房详情，药房列表通过搜索可以找到附近药店，并能根据用户需求筛选合适的药房；药房详情具备"按方抓药"与"购药详情"等细节。"订单"页面则具备订单列表与订单详情等功能，可以对用户下单新增、跟进中、已完成的订单进行搜索筛选与点击查看。订单详情还记录了该订单的处方信息与药房信息。"我的"页面主要包括用户个人的基本信息与用药信息、常用功能的快速入口。

本产品的核心产品功能路径为"找药店—上传处方—下单—配送"，核心路径为线性，比较清晰明确。对应核心产品功能路径绘制了核心页面流程图（图8-13）。用户需要下单时，首先选择心仪的药房，然后判断是否需要按方抓药，即是否需要购买中药。下一步则判断用户是否上传了合规的处方，系统判断处方合规后用户才能选择是否需要中药代煎功能，不合规的处方便要返回上一步重新上传处方。用户需要中药代煎服务时，需要设置中药代煎的煎法和中药剂量，进而选择是否搭配外卖配送功能，在配送功能页面也可以对配送方式、配送时间、配送地址等信息进行填写。

针对核心页面流程图，我们也绘制了相应的低保真原型图。低保真原型图是以"首页""药房""订单""我的"四个入口为底部标签栏，即产品的四个一级页面。随后便对核心页面路径进行层级拆分，搭建出产品的二级页面、三级页面与四级页面。

低保真原型图关注的是页面布局的思考，而高保真原型图则更关注设计色彩、设计效果和风格方面的呈现。认知心理学主要研究大脑如何工作以及心理过程如何发生。根据美国心理学会（American Psychological Association）的说法，这些过程包括"注意力、语言、记忆、感知、解决问题、创造力和思考"。认知心理学中提到的一些理论对交互设计的理论建设有强相关性，而著名学者唐·诺曼（Don Norman）在他的《日常

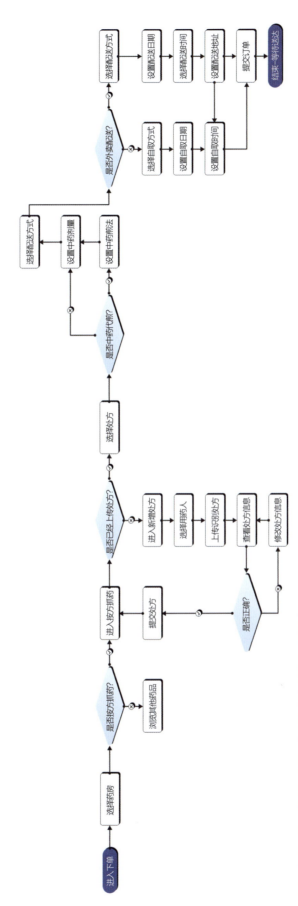

图8-13　核心页面流程图（作者：黄惠慧 李嵘 黄嘉琳 严柏健）

事物的设计》一书中多次提到了一些与认知心理学相关的概念，如认知负荷、心智模型、功能可见性等。通过这些认知心理学的概念，我们能对产品的页面结构、交互逻辑、设计效果等方面有更深一步的思考。

二、可用性测试

可用性测试邀约了五位目标用户在实验室内进行产品试用（图8-14），被测试者需要执行上传处方和中药代煎下单两个主要关键任务的操作。根据测试结果分析，发现问题主要集中在中药代煎下单任务，其中"按方抓药""选择处方""设置配送时间与地址"三个环节的交互流程里面出现问题较多，后续须针对这三个环节从交互方式、界面设计进行修改与迭代（图8-15）。

图8-14　可用性测试实景图

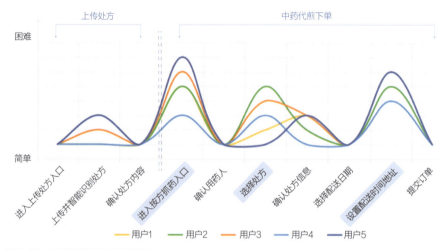

图8-15　可用性测试结果分析图表

（1）按方抓药。在可用性测试的过程中，发现用户在寻找按方抓药的功能时常常会不自觉忽略；结合用户的多方位反馈得知，该功能的位置与设计样式和广告栏过于类似，导致用户会选择性忽视，视线注意偏下。由于大家对中药代煎均比较陌生，所以加入了新手引导环节，引导用户操作进入中药代煎模块；其次，通过对中药代煎功能按钮比例及颜色的调整，强化用户的视觉感受，引起用户视觉注意。

（2）选择处方。在可用性测试的过程中，发现用户选择处方时会出现迟疑；结合用户的多方位反馈得知，处方列表在信息的呈现展示与可选择性的指引方面存在模糊性，而且新旧处方没有明显区别，导致延长了操作的反应时间。首先，对处方列表中的无意义信息进行精简处理；其次，在每个处方左侧增加圆圈选中图标，引导用户进行选择并给予操作反馈；最后，对新增的处方进行明显提示，防止用户选错。

（3）设置配送时间与地址。在可用性测试的过程中，用户在进行时间和地址的设置过程中求助次数最多，这是由于我们将设置与修改的交互设计为前后两个环节，与用户的常规认知不符，导致用户认为确认订单页面中的信息无法修改；此外，三餐间的设置共用一个页面，用户觉得区别不明显。首先，将时间地点的设置与修改全部统一在前一页完成；其次，将三餐的时间地址设置位置完全独立出来，降低对页面逻辑理解的难度。

三、设计2.0

设计2.0案例

综上的不断测试与迭代，产品2.0应运而生。以下将对产品主要页面进行展开描述。

引导页是重要的一部分，对于没有使用过重要代煎的用户来说，可能会存在较大的困难。因此，我们采用简笔画与文字以简单明了的方式给予用户最直接的引导。

首页。上传处方：将纸质处方拍照上传，系统进行智能识别；中药外卖：快速浏览附近药房，选择最优代煎方案；系统推荐：系统推荐最近商家与精选药膳，提高检索效率。

代煎下单。一方一药，智能推荐煎法，自定义设置剂量，准确下单；自选配送，配送模式多样，适合多种生活方式；周期制定，用户自主决定调理周期，减少时间顾忌。

定制配送。自选配送，配送模式多样，适合多种生活方式。周期制定，用户自主决定调理周期，减少时间顾忌。灵活跳帧，时间、地点灵活调整组合，最大化满足用户需求。

信息可视化。信息化管理代煎订单，用药用量皆有迹可循，信息实时反馈，让新鲜感触达用户，平台完善代煎售后渠道，代煎服务更舒心，用药、价格信息详重得当，一目了然。

附录A　认知建构与信息设计原理

所触发的影响	认知建构	设计原理
注意力	人的注意力是有限的。要求读者在同一视觉单元内组合和处理信息的组成部分可能会导致参与时间缩短和阅读习惯不佳	信息设计原则通过使用组合语义融合来格式化内容以保留在内存单元中。这种融合侧重于在离散单元中组合单词、图像和符号
	分散注意力。当读者必须在视觉上寻找、查找和组合来自多个领域的信息时，处理时间可能会加倍并干扰学习核心材料	连续性和邻近性——当信息不在读者期望找到的地方时，可能会导致混淆
	当由于太多不同的信息同时呈现而导致短期记忆无法处理信息时，就会发生认知过载	当过多的信息试图渗透到记忆中时，就会发生过载失忆症。认知过载可能伴随着任意数据的丢失而发生
知识建构	信息处理模型识别大脑如何接受感官信息，使用短期记忆来建立知识，使用长期记忆来存储和回忆	感知-概念整合将感知（显示为视觉图像的对象）和概念（显示为文本的心理想法）结合起来，以便于理解、保留和检索
	图式获取——人类大脑根据意义组织信息	层次结构组和序列信息有助于更容易地理解相关性、优先级和顺序，从而建立意义
	先前知识提供了转移和使用该知识的新信息和线索的附件	建立联系——未能在已知和未知之间建立联系会阻止我们掌握新的想法
回忆	专业理论建议专家将信息分成有意义的理解单元以促进回忆	分块信息将单词、图像和符号聚集成有意义的记忆兼容信息单元

附录B 84条信息设计原则

通过文献综述[1]确定的信息设计原则，创建设计信息图优化沟通时应遵循的指导原则见表B-1~表B-7。

表B-1　　　　　　　　　　　　　　　**认知原则**

传达重要信息	使用视觉线索突出最重要的信息，以优化用户的学习潜力
信息组	将相关信息组织成有意义的"组块"，可增加信息被保留的机会，减少认知负荷。这些应该使用视觉工具来设计，如白色空间，颜色和格式塔原则的应用
空间邻近	当图像和相应的文本被放置在很近的地方而不是很远的地方时，用户学习被优化了
减少认知过载	不要一次显示太多信息，以防认知过载。这适用于文本和视觉信息，意味着设计应该简单明了
减少不必要的线索	去除不必要的视觉提示，让用户将注意力集中在最重要的信息上
吸引外源性注意	外源性注意是对视觉刺激的无意识吸引。使用视觉线索（如颜色）将用户的注意力吸引到信息图中最重要的区域
吸引内源性注意	内源性注意被定义为用户对刺激的自愿注意。信息应该使用引导用户注意力的可见线索来组织，如设计一个指向重要信息区域的箭头
熟悉的视觉表示	通过创建类似于普遍学习的信息的视觉，用户可以更好地理解和记忆信息，因为它与他们以前的知识相关联。一个例子是使用熟悉的图标，如男性和女性厕所标志
考虑认知	理解用户，并在考虑认知处理的情况下，基于信息的应用定制设计
创建层次	视觉信息设计中层次的创建优化了处理；导致优化学习
设计一致性	常见或重复的信息应该以相同的方式一致地呈现，在位置和外观方面，以允许水下机器人快速定位信息
减少可视选择	限制可视选择的数量，以简化设计和阅读顺序，因为过多的选择是不可避免的
对齐信息	通过对用户感知的仔细研究，将信息可视化设计与用户思维模式和任务需求对齐

表B-2　　　　　　　　　　　　　　　**字体原则**

限制字体	在单个设计中，字体系列应限制在2~3种（信息图）
称赞字体的简单	如果选择了多种字体，它们应该是互补的，但又明显不同，以使它们能够被区分开来
简单字体	应该选择简单的字体，避免可能引起不必要的注意或降低信息易读性的字体
大的X高度	当文本显示较小时，使用具有适当大的X高度的字体来增加易读性
避免大写字母	避免在句子中使用大写字母，因为它们读起来更慢
屏幕设计字体	当以这种格式显示信息时，使用为屏幕设计的字体
无衬线字体	最好使用无衬线字体（屏幕上），有证据表明衬线字体更易读
9~12磅字体大小	使用9~12磅之间的字体大小作为正文
55~70个字符的行长	当显示块文本信息时，使用每行55~70个字符的中等行长来优化阅读
左文本对齐	将文本向左对齐，以优化在线文本的易读性
1.5~2倍行间距	使用1.5倍或2倍的行间距来优化文本块的易读性
清晰的文本风格	以简单、整洁的风格显示文本，优先考虑文本的可读性

[1] Baxter M, Lonsdale M, Westland S. Utilising design principles to improve the perception and effectiveness of public health infographics[J]. Information Design Journal, 2021, 26 (2) :124-156.

表B-3	格式塔原则
邻近性	将相关对象（例如图像和说明性文本）放得更近，使用户将它们解释为被分组
相似性	如果对象是相关的，则使它们在视觉上更加相似。这可以通过颜色、形状、大小、价值等的匹配来完成；颜色具有最大的优先性
简单性	减少用户阅读信息图时的认知负荷，使信息更容易理解和更容易理解。这可以通过保持设计简单和减少不必要的视觉混乱来实现
封闭性	通过使用一个轮廓或颜色块来封装信息，可以显示信息是相关的。这有助于组织和取消等级制度
连续性	一旦用户的眼睛跟随一条路径，他们将继续跟随它，直到到达另一个对象，即形状或线条结束。这可用于通过使用相关信息之间的箭头和线条引导用户的阅读方向
图形/前景	人脑将对比图像处理为前景或背景，前景更重要。在前景和背景元素之间创造足够的对比度，以优化视觉易读性
对称	对称在视觉上对用户很有吸引力，对称对齐的对象也可以被解释为相关。如果一个设计在很大程度上是对称的，增加一个不对称的元素可以吸引用户的注意力
焦点	确保设计有一个清晰的焦点来强调最重要的信息。可以改变颜色、大小和形状来创建焦点
连通性	信息或数据点可以使用可视信息区域之间的元素（如直线或框架）进行连接。使用箭头或直线连接相关数据点

表B-4	等级/结构原则
考虑颜色优势	最重要的信息使用高度饱和的颜色，这比颜色值的色调变化具有更大的重要性等级
颜色对比度	确保信息图表上的颜色对比度较高（例如，背景和颜色之间，或颜色之间）。这使得优势更加明显
暖色占优势	暖色比冷色占优势，在冷色中暖色会吸引更多的注意力
粗体吸引注意力	使用不同类型的权重来吸引注意力并创造优势，其中粗体文本比常规文本吸引更多的注意力
字体权重对比	确保常规文本和粗体文本之间的权重对比明显
限制粗体的使用	由于粗体文本引人注目的性质，将其保留给特定的单词和标题，而不是整个句子
主要标题使用标题	有效地组织信息，使信息更容易理解，它们应该是信息图表中最主要的元素
使用类型	通过权重的变化来区别标题，较大的文本被解释为具有较大的优势
使标题更大文本	大小是表示标题层次位置的最有力的提示。标题大约比正文大20%，以确保大小差异明显
标题参数限制	通过有限数量的参数（例如尺寸和重量）定义标题，因为当定义太多时，识别速度会较慢
创建叙事布局	信息图的布局应该清晰且结构化，以创建一个可理解的叙事，具有明显的信息顺序
Z字形结构	以Z字形结构显示信息图表信息，以模仿英语的自然阅读模式并优化理解
考虑阅读模式	确保信息以从左到右、从上到下的顺序结构显示，以模仿英语的自然阅读模式并优化理解
布局网格	以清晰的基于网格的格式呈现信息图形，因为这使得眼球运动更加可预测，并允许设计师控制信息消费的顺序
品牌一致性	如果代表单个组织或品牌，则创建具有一致设计元素的信息图之间的一致性

表B-5	**色彩原则**

颜色偏好	避免使用基于个人偏好的颜色，颜色应能够最好地传达信息并支持信息图的目的
限制调色板	将你的调色板限制在2~3种色调，以减少视觉混乱，如果有必要，可增加色度和价值的变化
颜色信号	利用颜色来吸引注意力和强调最重要的信息
颜色记忆	将颜色应用于希望用户记住的信息区域
颜色编码	颜色编码可以用来将信息分组，这样更容易理解和记忆；使用相同的颜色来显示相关信息
高背景/文本对比度	确保使用高对比度的背景和文本颜色，以最大限度地提高信息的易读性
黑色文字，白色背景	在白色背景上使用黑色文字，在黑色背景上使用白色文字，以增加易读性
考虑颜色理论	某些颜色会影响用户对信息的情绪反应，所以在设计信息图时要考虑到这一点。例如，跨文化信仰认为黑色和灰色是负面的，而白色、蓝色和绿色是正面的颜色
颜色对比易读性	确保应用的颜色明显不同，以使颜色差异清晰
暖色突出使用	暖色突出重要信息，因为它比冷色更能吸引注意力
让用户放松的冷色	当想让用户放松或文本体较大时，使用冷色，例如蓝色
考虑联想色彩	考虑一种色彩的常见联想，并在适当的时候利用这种联想将新信息与先前信息联系起来
谨慎使用红色	红色通常与更高的风险相关，并可能引发更高程度的焦虑，应谨慎使用
考虑使用颜色的语境	考虑颜色在信息图表信息内容中可能意味着什么，以及一种颜色或颜色组合对一种文化的意义
避免复杂背景	避免让人分心的背景，如渐变

表B-6	**图形（插图）原理**

内容考虑	视觉元素应与信息图的功能、内容和关键信息一致，并在设计过程的早期确定
简单图形	使用强有力的简单图形，以最大限度地提高用户对图像的理解
去除"图表垃圾"	信息图应该有目的地存在，以解释和帮助理解书面信息，视觉修饰应该被去除，以避免不必要的分心，它应该只用于为信息提供语境
原创图形	创建原创插图，而不是应用其他设计师的图像，以避免不相关的或分散注意力的图像
图形顺序	使用元素，如线条和箭头，来创建一个清晰的叙事顺序
限制风格变化	限制图形类型，以防止压倒用户
象形图增加理解力	如果需要客观的语气，使用象形图（而不是卡通或基本形状），或者增加低识字水平用户的可及性和可理解性
图标背景	背景可以应用图标来强调它
图形一致性	确保信息图的图形具有一致的样式
图形比例	确保图标大小与视觉平衡成比例
代表性图形	确保图形清楚地代表了其正在可视化的信息
图形说明	确保图形（象形图）附有解释性说明，以确保预期的解释

表B-7 图形原理

避免图形背景	避免图形上复杂的图形背景，因为它们会降低性能准确性
避免图表信息过度	避免在单个图表中包含太多信息，其中多个图表可能更合适，也更容易理解
象形图	象形图有助于向识字能力较低的用户显示数据
图形颜色对比度高	确保变量之间的颜色对比强烈，并强调重要的统计数据
条形图	使用简单的条形图清晰地显示信息
避免堆叠条形图	当使用堆叠条形图时，它们的性能会更差，所以应避免使用
百分比饼图	对于显示简单的百分比数据，饼图很有用，但对于需要准确且更复杂的数据，否则应避免使用
饼图标注	将数据值清晰地标注在饼图中很重要，因为很难从估计面积中辨别出准确的数据值

[1] 商务国际辞书编辑部. 现代汉语词典[M]. 北京：商务印书馆，2020：1178.

[2] 钟义信. 信息科学[J]. 自然杂志，1979（3）：155-157.

[3] 肖峰. 重勘信息的哲学含义[J]. 中国社会科学，2010（3）：32-43.

[4] 软件与信息技术服务业 [DB/OL]，https://baike.baidu.com/item/软件与信息技术服务业/12749085?fr=Aladdin，2022-08-04.

[5] 统计上划分信息相关产业暂定规定[DB/OL]，http://www.stats.gov.cn/tjsj/tjbz/200402/t20040210_8659.html，2004-02-10.

[6] 任道忠，张玉赋，孙斌. 现代信息服务业的国内外比较和发展对策研究[J]. 情报理论与实践，2006（01）：52-56.

[7] 数字经济及其核心产业统计分类（2021）（国家统计局令第33号），http://www.stats.gov.cn/xxgk/tjbz/gjtjbz/202106/t20210603_1818135.html[DB/OL]，2021-05-27.

[8] 黄宁燕. 信息服务与我国信息服务业发展趋势分析[J]. 情报学报，2001，20（3）：5.

[9] 季鹏. 德国乌尔姆设计学院的基础课程研究[D]. 南京艺术学院，2016：93.

[10] 任磊，杜一. 大数据可视分析综述[J]. 软件学报，2014，25（09）：1909-1936.

[11] 人民网. 中国信息无障碍发展报告. [R/OL]，http://wza.people.com.cn/wza2013/article.php?tid=6&aid=544.

[12] 中国通信研究院. 信息无障碍白皮书[R/OL].(2022-05)[2022-7-17]. http://www2.caict.ac.cn/kxyj/qwfb/bps/202205/P020220518510041281463.pdf.

[13] 世界卫生组织，世界视力报告[DB/OL]，https://www.who.int/zh/news-room/detail/08-10-2019-who-launches-first-world-report-on-vision，2019-10-08.

[14] Alan Cooper. 交互设计之路[M]. 丁全钢，蒋芳，译. 北京：电子工业出版社，2006：116-136.

[15] 杰西·詹姆斯·加勒特. 用户体验要素[M]. 范晓燕，译. 北京：机械工业出版社. 2011：88-98.

[16] 刘佳. 基于"车联网+"的智慧停车模式的研究[J]. 石河子科技，2022（01）：38-39.

[17] 谭浩，冯安然. 基于手机使用情景的交互设计研究[J]. 包装程，2018，39（18）：225-228.

[18] 原研哉. 设计中的设计[M]. 纪江红，译. 桂林：广西师范大学出版社，2010，24-25.

[19] Capurro R. Foundation of information science: Review and perspectives[A], Proceedings of the International conference on conception of library and information science, University of Tampere, Tampere, Finland, 1991: 26-28.

[20] Loose RM, A discipline independent definition of information[J], The American Society for Information Science, 1997, 48(3): 254-269.

[21] OECD iLibrary, https: //www.oecd-ilibrary.org/science-and-technology/information-and-communication-technology-ict/indicator-group/english_04df17c2-en[DB/OL], 2017-10-11.

[22] UN-iLibrary International Standard Industrial Classification of All Economic Activities (ISIC), Rev.4, https: //www.unilibrary.org/content/books/9789211561760/read, [DB/OL], 2008-08.

[23] North American Industry Classification System, https: //www.census.gov/

naics/?input=51&year=2022[DB/OL], 2022-06-08.

[24] Jacobson, R.E. Information design[M]. MIT press. 2000: 1-3.

[25] Pedersen P. Visualizing Transformation[C], Design Research Society. 2012: 1465-1482.

[26] Boenink, M., Swierstra, T., & Stemerding, D.Anticipating the interaction between technology and morality: A scenario study of experimenting with humans in bionanotechnology[J]. Studies in Ethics, Law, and Technology, 2010, 4(2), Article 4.

[27] Rogers Y, Dourish P, Olivier P, et al. The Dark Side of Interaction Design[C]. 2021 CHI conference on human factors in computing systems, New York: Association for Computing Machinery, 2021: 1-2.

[28] Dourish P. User experience as legitimacy trap[J]. Interactions, 2019, 26(6): 46-49.

[29] Von Hippel, E. Lead users: A source of novel product concepts[J]. Management Science, 1986, 32(7), 791-805.

[30] Dervin, Brenda. Sense-Making Theory and Practice: An overview of user interests in knowledge seeking and use[J]. Journal of Knowledge Management, 1998, 2(2): 36-46.

[31] ACRL (Association of college and research libraries). Information Literacy, http://www.ala.org/ala/acrl/.[EB/OL]. 2008-01-17.

[32] Rosenfeld L, Morville P, Arango J, Information Architecture[M], O Reilly, 2017: 45-46.

[33] Swanson, E. Burton, Information accessibility reconsidered[J], Accounting Management and Information Technologies, 1992, 2(3): 183-196.

[34] Accessibility Guidelines for Buildings and Facilities, ADAAG, https: //statereview.com/adaagtoc.htm[OL/DB], 1998-01.

[35] Web Content Accessibility Guidelines (WCAG) 2.1, https: //www.w3.org/Translations/WCAG21-zh-20190311/#wcag-2-layers-of-guidance [OL/DB], 2018-06-05, 英文网站为http: //www.w3.org/TR/WCAG/.

[36] Information Architecture Heuristics: A Checklist For Critique, https: //understandinggroup.com/free-posters/information-architecture-heuristics-a-checklist-for-critique[OL/BD], 2022-11-08.

[37] Wurman, Richard Saul. Information architects[M]. Graphis, 1997: 1-10.

[38] Brown D. Eight Principles of Information Architecture[J]. Bulletin of the American Society for Information Science & Technology, 2010, 36(6): .30-34.

[39] Pivo H. The Role of Vision in Ladislav Sutnar and Knud Lonberg-Holm's Designing Information[J]. Design Issues, 2019, 35(3): 3-19.

[40] G. M. Machado, M. M. Oliveira and L. A. Fernandes, A physiologically-based model for simulation of color vision deficiency[J], IEEE Transactions on Visualization and Computer Graphics, 2009. vol. 15, no. 6: 1291-1298.

[41] Xu T, Wang B, Liu H, et al. Prevalence and causes of vision loss in China from 1990 to 2019: findings from the Global Burden of Disease Study 2019[J]. The Lancet Public

Health, 2020, 5(12): e682-e691.

[42] Nader Vossoughian; Isotype: Design and Contexts, 1925-1971[J]. Journal of Design History. Volume 28, Issue 4, 1 November 2015, 448-450.

[43] Jorge Frascara, Graphic Design: Fine art or social science?[J]. Design Isuues, 1988, 5(1): 18-29.

[44] SEGEL E, HEER J. Narrative visualization: telling stories with data[J]. IEEE Transactions on Visualization & Computer Graphics, 2010, 16 (6): 1139-1148.

[45] Lasswell H D. The structure and function of communication in society[J]. The communication of ideas, 1948, 37(1): 136-139.

[46] Roam D. The back of the napkin: solving problems and selling ideas with pictures[M]. Portfolio Hardcover. 2008: 84.

[47] Richards C, Engelhardt Y. The DNA of information design for charts and diagrams[J]. Information Design Journal, 2019, 25(3): 277-292.

[48] Kumar V. 101 Design Methods: A Structured Approach for Driving Innovation in Your Organization[M]. Wiley, 2012: 104-105.

[49] Kumar V, Whitney P. Faster, cheaper, deeper user research[J]. Design Management Journal, 2010, 14(2): 50-57.

[50] Interaction design foundation. How to improve your UX designs with Task Analysis [EB/OL]. https://www.interaction-design.org/literature/article/task-analysis-a-ux-designer-s-best-friend, 2022-10-05.

[51] JoAnn T. Hackos, Janice C. Redish. User and Task Analysis for Interface Design[M]. 1998: 31-34.

[52] Gianluca Brugnoli. Connecting the Dots of User Experience [J]. Journal of information architecture, 2009(1): 7-18.

在强调体验的互联网时代，特别处于在以服务为主导的新经济时期，信息服务设计已成为服务设计、体验设计、信息与交互设计等新兴岗位的核心能力，也是产品经理、软件开发、信息管理等领域的必备知识。信息服务设计是对复杂繁多的信息进行有逻辑的处理，并以一种直观易懂的视觉表现方式，达成清晰沟通的目的。好的信息服务设计，不仅可以使生活更加便利，也可以帮助提升服务质量和消费体验。

如何设计信息服务？不仅需要设计师理解这种技术的底层逻辑，更应该知道：信息的表征与符号意义怎样与信息的运动过程关联；信息怎么用视觉建构来作用于人们的认知；信息作为一种商品或资源服务时，人们如何需要信息、如何使用信息等一系列问题。

《信息服务设计》围绕三个关键词：信息、服务与设计展开，全书共分八章。包括信息服务设计理论探索与信息服务设计案例研究。第一章主要立足于信息的理论基础，系统阐释了信息、信息作为服务、信息服务模式等基本概念。第二章主要阐述了用户的信息需求与行为，重点解释了四种信息寻求行为，并落实到在适老化设计中如何进行信息无障碍设计。第三章以信息组织为基础，阐释了信息架构设计的方法与原则，并重点对导航系统、标签系统、信息架构评估进行了案例讲解。第四章讲述了信息的转译与表达，其中主要强调信息的识别与注意力、信息的使用与理解、信息的意义与扩展对信息视觉化的意义。第五章讲述了信息服务的传递与构建，对用户访谈、用户行为观察、用户角色、故事板、任务分析、服务触点、客户旅程图和服务蓝图等设计方法进行了重点阐述。第六～八章分别以基于用户产生内容的信息服务设计、基于位置的信息服务设计、线上线下融合的信息服务设计为蓝本，进行了相关设计案例的阐述，并对设计流程进行了重点讲解。

本书以建立信息服务设计的方法框架为目标，从用户与信息、行为与媒介、触点与情境对信息服务设计流程进行了梳理，并对信息服务设计实践进行了充分展现。由于信息服务设计多学科性的特点，本书在内容组织与撰写中参考并借鉴了大量情报学、心理学、行为学等相关国内外学者的研究成果。此外，第六～八章分别列举了广东工业大学王璐、谢天佑、黄惠慧等同学的设计实践项目，在此表示衷心的感谢。受限于作者水平，书中难免有不足之处，恳请广大读者批评指正。

编者

2023年11月